Démocratie de travail et internationalisme

Robert CABANES

Démocratie de travail et internationalisme

L'Harmattan

5-7, rue de l'École-Polytechnique, 75005 Paris
http://www.editions-harmattan.fr
ISBN : 978-2-343-23028-3
EAN : 9782343230283

SOMMAIRE

OBSERVER

REFONDER

OBSERVER

INTRODUCTION

Travail, politique, capital

La crise actuelle soulevée par l'irruption du coronavirus souligne dans tous les pays du monde d'une part les difficultés de l'exercice collectif du travail dans les secteurs directement touchés des services de santé, de l'autre la fragilité d'un exercice coordonné du travail dans des services adjacents d'entretien ou de logistique. Nous nous étions interrogés dans un livre précédent[1] sur les raisons de la puissance du capital et de « l'oubli » du travail dans nos démocraties : le contrat de travail « zéro heure » ou le slogan thatchérien : « il n'y a pas d'alternative, pas de société, il n'y a que des individus ». Or la crise actuelle souligne la difficulté d'organiser de véritables collectifs démocratiques de travail. Il faudrait restreindre le principe de l'initiative privée, guidée par le profit, et montrer l'intérêt des activités de services collectifs orientés par la solidarité, lier les travailleurs du monde autour de la maîtrise de la santé publique et dorénavant du contrôle écologique de la planète. On peut se ressourcer à la pensée pré-écologique, mais fondatrice de S. Weil lorsqu'elle affirme qu'il faut remettre à l'ordre du jour l'idée de révolution dans le travail si on veut diffuser l'idée de révolution dans le monde entier. Elle écrit en effet qu'il faut construire ou reconstruire :

> Ce qui a été précisément presque oublié par ce qu'on nomme le marxisme, la glorification du travail productif, conçu comme l'activité suprême de l'homme, l'affirmation que seule une société où l'acte du travail mettrait en jeu toutes les facultés de l'homme, où l'homme qui travaille serait au premier rang, réaliserait la plénitude de la grandeur humaine. On trouve chez Marx, dans les écrits de jeunesse, des lignes d'accent lyrique concernant le travail. On en trouve aussi chez

[1] R. CABANES, *Les promesses du travail,* L'Harmattan, 2019.

Proud'hon, les poètes, chez Goethe, chez Verhaeren. Cette poésie nouvelle, propre à notre temps et qui en fait peut-être la principale grandeur ne doit pas se perdre. Les opprimés doivent y trouver l'évocation de leur patrie à eux, qui est une espérance[2].

En reliant la perspective révolutionnaire de « l'homme au premier rang » à celle, actuelle, de l'inéluctable contrôle écologique de la planète, on définit une vision, un programme, une action de longue durée.

Au long du XXe siècle, le travail « n'a pas mis en jeu toutes les facultés de l'homme », mais il a conquis un statut de subordination qui a été compensé par une certaine reconnaissance du travailleur, le « fordisme » l'émergence d'États dits « providence » et de politiques keynésiennes dans les pays les plus développés. Actuellement le renversement est opéré, la subordination est pensée comme naturelle ou banale par le néo-libéralisme dominant : le travail est d'abord un coût, à réduire par tous les moyens. L'immense majorité du monde (99 %) gagne moins que le 1 % plus riche. Le capital promeut cette guerre où toute perspective de justice a largement disparu. Il faut lui opposer une perspective politique différente[3] où le travail est un droit, une dignité attachée à la personne, accessible à tous, où la garantie d'emploi est généralisée.

Issue d'une veine scientifique parallèle, se pose l'affirmation d'un travail qui ne soit pas gouverné par sa valeur marchande, mais par la considération de son sens ; où la relation de travail est régie par la considération de son contenu, de l'œuvre à réaliser, des « savoirs-valeurs de ceux qui l'exécutent[4] ». A. Supiot[5] en voit les conséquences sociologiques et écologiques : la réduction de l'entreprise à une machine à *cash* n'est plus soutenable écologiquement et socialement ; détruire son milieu vital au lieu de « composer avec » est une solution mortelle.

---

[2] S. WEIL, Sur les contradictions du marxisme, p. 363, in S. WEIL *Œuvres*, Quarto Gallimard, 1999.

[3] Isabelle FERREIRAS, Julie BATTILANA, Dominique MEDA, *Le manifeste travail, démocratiser, démarchandiser,* dépolluer, Seuil, 2020 ; dans ce même volume, Pavlina R. TCHERNEVA, « Créer une garantie d'emploi pour toutes et tous », p. 125-137.

[4] Yves SCHWARTZ, *Reconnaissances du travail : pour une approche ergologique,* PUF, 1997.

[5] Alain SUPIOT, *Le travail au XXIe siècle,* « Introduction », p. 37.

Cet ouvrage inscrit le travail dans la perspective politique de T. Coutrot[6] :

Communistes, sociaux-démocrates, libertaires, nous avons tous échoué, de façons certes différentes, mais pour au moins une raison commune : avoir cru qu'on pouvait changer la politique sans changer le travail. »

La crise actuelle illustre cet écrasement du travail par le capital, l'incapacité du travail à créer un espace de négociation avec le capital et montre qu'il n'y a d'autre solution que celle de la valorisation du travail et de la démocratie au travail.

L'idée de faire du travail l'axe de reconstruction de la civilisation, de la société, de la politique, de l'économie, n'a jamais disparu. Elle repose sur des forces sociales dispersées, mais réelles, scientifiques et professionnelles : psychologues, ergonomes, ergologues, sociologues, économistes, inspecteurs, médecins et juristes. Elle repose sur des syndicats, affaiblis par la violence des licenciements et du chômage et la répression de leurs militants, qui s'obstinent à défendre ce qui peut être défendu et qui résistent dans presque tous les pays du monde. Tous sont en « difficulté d'expression » sur la longue durée, mal reliés entre eux au niveau international, à la différence du capital. Existent enfin des travailleurs dont on aurait tort de considérer que, même silencieux, ils sont satisfaits de leur sort.

En s'appuyant sur les économistes qui montrent que la croissance des inégalités est un gaspillage économique, il faut montrer en quoi elle est aussi, et surtout, un déni de civilisation. L'effondrement du Rana Plaza au Bangladesh en 2013 (1 143 morts et des milliers de blessés), les 60 suicides à France Télécom de 2007 à 2010 laissent peu de traces. Ce déni de civilisation est le fruit de l'ordolibéralisme[7] qui

---

[6] Thomas COUTROT, *Libérer le travail, pourquoi la gauche s'en moque et pourquoi ça doit changer,* Seuil, 2018, p. 16.

[7] P. Dardot, C. Laval, *Ce cauchemar qui n'en finit pas, comment le libéralisme défait la démocratie,* La Découverte, 2016, p. 59 : l'idée ordolibérale d'une constitution économique soutient que « les producteurs ne peuvent avoir des intérêts constitutionnels communs dans la mesure où ils visent non des règles valant uniformément, mais des privilèges de type protectionniste. Au contraire les consommateurs ont un intérêt constitutionnel commun, quel que soit le marché auquel ils se rattachent. En termes ordolibéraux on dira qu'ils ont une même "préférence constitutionnelle" pour le processus concurrentiel. C'est précisément cette référence commune qui définit un "intérêt général constitutionnel" et qui permet un contrat entre le consommateur-électeur et le gouvernement. » Contrat d'où le producteur est absent.

proclame la guerre de la concurrence en faveur des consommateurs, sur le dos des producteurs. Il s'est abusivement autodésigné « démocratie de consommation », substantifié en « vérité du marché », extrapolé en « régime de vérité » : le moteur de la croissance irrépressible des inégalités et de ses violences est lancé. Articulé en outre à divers facteurs liés à l'histoire politique ou à celle des religions, il génère une onde planétaire de violence sans autre issue que sa propre croissance. Il faut faire le lien entre la violence au travail et cette violence-là.

Mais l'heure est aux chantres de la démocratie de consommation. Les forces progressistes du monde n'osent pas leur opposer le récit d'une nécessaire démocratie de production. En Occident, où la démocratie politique est dominée par le capitalisme, le terme de « démocratie occidentale » fait illusion, car il laisse supposer que toutes les oppositions au capitalisme peuvent trouver une solution dans l'exercice d'une démocratie politique. Alors que c'est l'inverse qui se produit : la démocratie politique est absorbée par le rouleau compresseur du capitalisme.

Imaginer des régimes de démocratie de production donnerait la possibilité à chaque pays de communiquer avec son voisin sur cette base-là, et donc de chercher des solutions propres et des articulations viables, d'éviter les concurrences destructrices, avantages indéniables pour la paix et l'environnement. Ce qui suppose le contrôle du capitalisme à trois niveaux : celui de l'entreprise (résister à l'offensive planifiée de l'individualisation du travail), celui des États-nations (résister aux logiques du capital de recherche du profit maximum), celui du capital financier (affecter l'investissement en vue du bien commun et non du profit).

Le premier niveau relève des problématiques de l'ergonomie, de la psychodynamique du travail ou de la clinique de l'activité. Ces disciplines ont montré que la « vérité » ou la « réalité » du travail se construit sur la délibération et l'égalité, dans le conflit et la coopération. Elles soutiennent que le pouvoir d'agir au travail est une condition imprescriptible de toute action sociale, l'unique possibilité de prendre prise sur le réel. Mais elles sont l'objet d'un détournement par un management trompeur qui affirme que toute question de travail a une solution psychologique individuelle, que toute solution en termes de psychologie individuelle est en mesure d'éviter toute problématique de critique sociale : la psychologie[8] devient une « thérapie de substitution » à une sociologie des rapports sociaux déclarée inutile et dangereuse. Il faut dépasser la fiction que le rapport entre travail et capital est un rapport individuel, que chaque individu doit et peut se gérer seul. Impuissance syndicale et toute-puissance du capital renvoient à cette coupure initiale fondamentale : l'interdiction pour les travailleurs de s'approprier leur travail.

Le second niveau traite de l'affrontement entre travail et capital. Le capital proclame que le marché est le seul coordinateur possible de l'activité humaine ; il justifie ainsi toutes les économies de puissance et de développement des inégalités, violences et guerres. Le processus de civilisation par le travail ne s'annonce pas comme une simple affaire de reconnaissance réciproque de l'autre, mais comme lutte de classes. Ce concept est aussi fondateur que celui des droits de l'homme (souvent réduits à la sphère des libertés politiques et individuelles), ou celui du droit des peuples (qui se constitue de manière plus circonstanciée et contingente). Ces droits font parfois l'objet d'un consensus, même hypocrite, voire pervers. Mais pour le capital, le travail est un coût plus qu'un droit. À la différence des droits de l'homme ou des peuples qui n'ont pas de coût[9], le droit du travail limite directement l'accumulation du capital. Derrière la limitation, à plus forte raison l'absence, du droit du travail, il y a le refus de toute forme démocratique de vie.

Troisième niveau : le capital financier dirige l'économie vers une impasse écologique tout en asphyxiant l'internationalisme prolétarien. On aurait pu penser le contraire à l'heure de l'internet, du développement des migrations de travail, de la mondialisation de la production et des dangers du réchauffement climatique. Le problème est de construire le lien entre l'altermondialisme et le syndicalisme international pour contrôler la mondialisation.

Manières de voir n° 156, *Travail, combats et utopies* (déc. 2017-jan 2018) se conclut sur l'article de A. Supiot (« Un autre droit du travail

---

[8] Qui exhorte-exalte l'individu à se prendre en charge au lieu de critiquer la société. Voir Philippe VAL : *Malaise dans l'inculture,* Grasset, 2015, qui prend le relais de M. Thatcher : « il n'y a de société que d'individus »…

[9] Bertrand OGILVIE, *Le travail à mort au temps du capitalisme absolu,* L'Arachnéen, 2017, p. 33. « La démocratie peut être lue aussi bien comme un "ordre d'assignation à une identité immuable et principielle" (les droits de l'homme) ou comme "le lieu de la dissolution et de la reconstruction des identités" (les droits du citoyen). » Elle n'implique pas de droit du travail.

est possible »), par une proposition de gestion du travail au niveau mondial qui ferait de l'OIT renouvelée (ou d'une autre instance de gestion du travail au niveau mondial) l'organisme d'application et de contrôle d'un droit du travail qui ne serait plus déterminé par un calcul économique dicté par les forces du marché, mais d'une délibération démocratique entre les acteurs de l'activité économique, syndicats en premier lieu.

Cette perspective rejoint la proposition d'Attac[10] : mettre la finance à sa place en donnant la priorité au social et à l'écologie. Pour cela la banque deviendrait un bien public ou un pôle financier public. Les mesures préconisées en 2009, telles que l'abrogation de l'article 63 du traité de Lisbonne interdisant tout contrôle du mouvement des capitaux, ou le remplacement du pacte de stabilité et de croissance par un pacte pour l'emploi et l'écologie, apparaissent 10 ans après comme un rêve inaccessible. L'objectif de redonner à l'entreprise un statut politique, incluant le social et l'écologie, d'assurer la gestion démocratique des biens publics mondiaux (l'eau, l'air, le climat) ne manque pas de raisons éthiques, mais c'est une politique encore inconcevable au niveau mondial.

Un processus inverse se produit. D'un côté bonus, stock-options, parachutes dorés, salaires mensuels équivalents à 170 000 SMIG français ; de l'autre, travailleurs esclaves, sans papiers, intérimaires et chômeurs ; 2 milliards de migrants dans le monde, 11 millions de réfugiés en 2007[11]. Protestations et manifestations n'empêchent pas la progression des inégalités. Au contraire le processus de leur justification se développe et se sophistique : les coûts du travail sont systématiquement dénoncés, les Codes du travail « assouplis ». Les revenus du capital sont souverains, abondants, secrets, toujours prêts à détruire sans nécessité pour s'investir et faire de la plus-value. La spéculation, activité principale des banques, dépasse de loin les besoins de financement de l'économie réelle : les transactions financières mondiales annuelles sont 73,5 fois plus élevées que le montant du PIB annuel mondial[12]. On sait que les activités spéculatives s'effectuent au détriment de l'investissement direct dans

---

[10] *Sortir de la crise globale,* La Découverte, 2009, p. 118 et sq.

[11] Michel AGIER, *Gérer les indésirables*, Flammarion, 2008, p. 37b.

[12] SUD, *Banques populaires et Caisses d'épargne*, 2014. Le rapport entre le volume des transactions sur le marché mondial et le volume du commerce mondial des biens et des services était de 2 pour 1 en 1973, 50 pour 1 en 1990, 100 pour 1 en 2015. (Attac : *Par ici la sortie,* 2017, p. 70, Les liens qui libèrent)

l'activité économique et l'emploi. Mais seule la rigidité des Codes du travail est incriminée. Attac souligne que « la dégradation considérable des rapports sociaux est au cœur même de la crise financière, elle en est même l'origine profonde ». À commencer par la gestion du travail imposée par les banques à leurs traders qui est d'une « violence inqualifiable »[13] : bonus mirobolants, licenciements instantanés, impossibilité absolue d'expression collective : « Chaque année les grandes banques suppriment une part de leurs effectifs. Depuis la crise de 2008, c'est même devenu un véritable bain de sang. » (E. Albert, *Le Monde* 7/9/2016) Comment les crises actuelles, pandémie et transition écologique-énergétique, éclairent le débat sur la valorisation, la démarchandisation et la démocratisation du travail ?

Nous partons du débat Lénine-Gramsci sur les conseils ouvriers pour poser la question de la capacité de ces derniers à construire un internationalisme prolétarien. Nous suivons ce fil pour commenter comment en France le souci, ouvrier et syndical, du travail organique, ou vivant, s'est dissous dans celui du travail mécanique ou mort en faisant une histoire courte du Parti communiste français et un signalement encore plus rapide du Parti socialiste unifié, suivis par la conjoncture avortée de 1968 et le processus de mondialisation. Le PCF et la CGT ne parviennent pas à substituer le concept d'hégémonie des classes travailleuses à celui de dictature du prolétariat. Le PSU passe d'une lutte pour l'autogestion au débat sur la critique des inégalités comme la CFDT. Le syndicalisme doit affronter les politiques de l'individualisation développées par un management tout-puissant, faire face aux assauts populistes qui accablent peu à peu les social-démocraties de l'Europe en évitant lui-même d'y sombrer, et courber la tête sous le capital financier.

Dans un second temps on tente de voir par quels moyens il est possible de récupérer un processus de civilisation grâce à une réflexion renouvelée sur la question des « communs » et sur les nouvelles pratiques de démocratie au travail, à travers plusieurs axes d'observation : la capacité de résilience dans le quotidien ouvrier, les capacités du pouvoir d'agir ouvrier et des pratiques qu'il développe dans plusieurs sortes d'expériences industrielles, les formes d'action et d'innovation du syndicalisme. Ce dernier fait « le gros dos » sans désarmer cependant. Il reste présent dans presque tous les pays du monde, soumis à de multiples persécutions, mais tenace. Il est entouré

---

[13] Joris LUYENDJICK, *Voyage en eau trouble,* Plon, 2016.

dorénavant de mouvements d'opinion, tous les altermondialismes, provoqués par la violence du capital et sa quasi-indifférence aux défis écologiques et sociaux mondiaux. Syndicalismes et altermondialismes constituent la principale ligne de défense et de contre-propositions à l'échelle mondiale, dans la perspective de justice sociale et de sauvetage de la planète. Cependant que les nouvelles formes de résistance et de mise en œuvre de la démocratie au travail donnent à voir des espaces de clarté dans le monde du capitalisme mondialisé, espaces de clarté qui ne pourront se maintenir que s'ils sont capables de s'étendre à l'ensemble de l'activité humaine.

CHAPITRE PREMIER

B. Trentin entre le taylorisme de Lénine et les conseils ouvriers de Gramsci. Le socialisme dans un seul pays

Au long de l'histoire du syndicalisme[1] les débats ont moins porté sur la valorisation de l'acte de travail que sur les compensations auxquelles il devrait donner lieu du fait de sa subordination. Cette tendance dominante a mis au second plan le fondement éthique, et théorique, du travail dans son rapport au capital, à tout moment de l'histoire dans toutes les cultures.

Le concept de travail n'est pas un absolu intemporel, il se définit de manière spécifique, et pour la période contemporaine, par sa capacité à se mesurer avec le capital ; il donne lieu à un affrontement entre des forces sociales et politiques qui s'opposent et coopèrent dans la pratique d'une action conjointe. Le travail n'existe que dans la relation. Dans la perspective des sciences sociales du travail, la négociation permanente entre ouvriers et patrons apparaît comme la donnée fondamentale à la fois porteuse d'oppression et de créativité. L'affrontement et la lutte de classes commencent à ce niveau, sur le lieu de travail.

B. Trentin : *La cité du travail, le fordisme et la gauche*, Fayard, 2012. Ce livre publié en italien en 1997 relate une expérience de plus de 30 ans de son auteur à la tête de la Confédération générale italienne du travail (CGIL). Il appuie les thèses de Gramsci en opposition au taylorisme défendu par Lénine : il voit dans l'abandon des conseils ouvriers qui est sa conséquence, l'ouverture du chemin vers la dictature du prolétariat. Mais il critique la précipitation de Gramsci à vouloir faire de la classe ouvrière un possible substitut du capital en

---

[1] T. COUTROT, *Libérer le travail, ouv cité,* La Découverte, 2018, ch 4, 5.

période de crise ou un acteur porteur de la grande industrie moderniste apte à prendre l'hégémonie sur l'ensemble du prolétariat.

B. Trentin note que la thématique de la « libération du travail » a suscité un « conflit déchirant » dès le début de l'histoire du mouvement ouvrier entre courants réformateurs et courants radicaux ; elle a introduit le conflit entre « étatisme et réforme de la société civile, pouvoir des bureaucraties et droits individuels, pouvoir des élites et droits des gouvernés, dérives autoritaires de l'État et libertés » (p. 394). Pour l'auteur une chose est claire : si l'on estime qu'il n'est plus nécessaire de se donner pour tâche d'en finir, ici et maintenant, avec les différentes formes d'oppression sur le travail de l'homme parce qu'elles nient son identité, et qu'on en laisse la responsabilité à l'autorité d'un État éclairé, qu'il soit socialiste ou démocrate-capitaliste, et si l'on espère que cet État fera ce qu'il faut pour défendre l'homme au travail, alors les travailleurs perdent le fil d'une lutte qui est déléguée à des « médiateurs » peu contrôlables qui exercent le pouvoir : ils prennent alors les plus grands risques.

Quand le socialisme s'empare de la propriété du capital, la propriété socialiste ne modifie pas au fond les formes d'exploitation du travail : une forme de domination est remplacée par une autre. En second lieu, l'analyse du rapport de l'homme au travail pose une question théorique et politique délicate. Comment définir, caractériser une classe ouvrière dont le rapport libératoire au travail n'est pas assuré : comment peut se construire une « expérience » ouvrière, si le « vécu » du prolétariat est celui d'une classe aliénée, exclue du pouvoir économique, taylorisée, de statut souvent précaire ? La tâche de cette construction est confiée en régime socialiste à une minorité d'avant-garde encadrée par « le parti de la classe ouvrière » ; en régime capitaliste ce sont d'autres types de minorités (proudhoniens, fouriéristes, anarchistes révolutionnaires) qui tenteront de jouer ce rôle. On note donc, en particulier dans la revue *Socialisme ou Barbarie* dans les deux cas, les difficultés, voire l'impossibilité, de la représentation ouvrière.

La revue souligne, au début des années 1950, que si les bureaucrates, techniciens, syndicats et partis, exercent le pouvoir et les fonctions du capital dans les pays de l'Est, c'est en particulier parce que le taylorisme a été adopté comme méthode scientifique d'organisation du travail par Lénine dès le début de la Révolution. Le « pouvoir » n'est pas confié aux conseils ouvriers, mais au parti unique qui arbitre les éventuels conflits entre conseils, syndicats, ingénieurs et bureaucrates, catégories chargées chacune pour leur part de réaliser l'avènement de la classe ouvrière.

Sans la contradiction « capitaliste » entre classe ouvrière et capital, la classe ouvrière des pays socialistes est cependant dans une situation comparable : taylorisée, sans pouvoir sur le travail, soumise au même type d'aliénation. Même si elle reçoit des contreparties de reconnaissance idéologique, économique et sociale, elle est exclue d'un pouvoir d'agir économique ou politique. Lénine annonce donc la voie de son émancipation en donnant au « parti » le rôle « cathartique d'éducateur de la classe » : il substitue aux contradictions spécifiques entre bureaucrates et travailleurs, une vision anticipatrice globale portée par l'espoir du socialisme. Cette vision, hégémonique, exclut de fait les conseils ouvriers (soviets) : c'est une liquidation « traumatique » selon B. Trentin, d'une expérience ouvrière qui n'aura pas son mot à dire sur le travail, le pouvoir et l'État.

> Lénine n'a jamais en effet considéré les luttes sociales visant à transformer la structure organisationnelle et hiérarchique des grandes entreprises comme le moteur possible d'une participation réelle de la classe ouvrière à la direction de sa société. (p. 227)

Gramsci propose alors deux idées pour penser les potentialités de la classe ouvrière. Première idée : la classe ouvrière peut être appelée à remplacer en certaines circonstances un capitalisme « déserteur » – allusion au cycle récessif du capital après la Première Guerre mondiale qui est prolongé par la crise de 1929 –, et à « remplir sa fonction de principale force productive et donc un rôle de classe dirigeante, puisque productive ». Ce rôle peut apparaître chaque fois que s'affiche la décadence ou le parasitisme d'une vieille classe dominante. Pari risqué : même lorsque la mobilisation de l'effort de guerre et d'après-guerre est supportée par les salariés ; il est difficile de dire que ces derniers peuvent avoir un rôle de classe « dirigeante puisque productive ».

Deuxième idée qui fonde plus largement la thèse de la possibilité d'hégémonie de la « classe ouvrière » : Gramsci remplace la théorie de la contradiction brutale entre salaire (toujours plus bas pour le travailleur) et profit (toujours plus élevé pour le capitaliste) qui les affronte sans cesse ni fin, par une contradiction plus souple entre forces productives et rapports de production. La contradiction capital-travail ou profit-salaire ne se réaliserait plus par l'appauvrissement permanent de la classe ouvrière et l'entretien d'une aliénation qui empêcherait la formation de sa conscience de classe, mais dans le fait que les forces productives évoluent avec le temps dans un sens positif pour les ouvriers (plus de formation, d'auto-éducation, d'autonomie) en assouplissant ses rapports avec le capital. Gramsci se réfère à la richesse des revendications des conseils ouvriers des années 1920 dans la grande industrie, et *L'Ordine Nuevo* revue de la pensée gramscienne, se propose d'articuler cette dimension à la vision de l'Internationale communiste, qui souligne la centralité du rôle des « conseils ouvriers élus au suffrage universel de l'usine » pour organiser le travail industriel dans tous les pays du monde. La grande usine moderne organisée est présentée par Gramsci comme un ensemble rationnel et fonctionnel, impulsé par les fractions dynamiques de la classe dominante. Il pense que dans ces cas « la classe ouvrière s'est identifiée à l'usine. La division du travail a créé l'unité psychologique de la classe ouvrière, elle a créé la solidarité de classe » (p. 244). Elle peut donc être un modèle pour toute la société. On pourrait alors accepter le taylorisme « pour une génération » (p. 264), en protégeant la progression de la représentation ouvrière : la contradiction forces productives-rapports de production ouvre les perspectives au monde ouvrier à la différence de la contradiction salaire-profit, qui les ferme.

Substituts d'un capitalisme déserteur ou soutiens intrinsèques de la modernité industrielle, les fonctions de ces conseils ouvriers suscitent la critique de B. Trentin. Il ne trouve pas dans l'histoire de véritable illustration où la classe ouvrière se soit substituée à un capitalisme défaillant. Et il ne parvient pas à voir dans l'industrie moderne autre chose qu'une forteresse taylorienne, lieu intense de hiérarchie et d'exploitation, impropre en soi à fonder l'unité psychologique et la solidarité de classe de la classe ouvrière.

Enfin il récuse la troisième proposition de Gramsci, à savoir que les conseils ouvriers de la classe ouvrière de la grande industrie pourraient transmettre leur modèle d'efficacité à toute l'industrie, aux travailleurs de l'État et au monde rural. Il voit des différences de position énormes entre des salariés de la grande entreprise portés par un souci d'efficacité et d'efficience, des salariés qui travaillent pour l'État et ne font que « se servir » de ce dernier sur un mode « parasitaire » et des travailleurs ruraux affrontés aux propriétaires fonciers. L'alliance est difficile à construire entre ces différentes fractions de classe, actives et dynamiques ou passives et « parasites ».

Et l'on peut se demander si cette limite n'a pas joué un rôle déterminant dans l'échec fondamental des tentatives de construire un front d'alliance en premier lieu avec les masses paysannes, autour du mouvement conseilliste dans les années 1920. (p. 247)

Cette limite, Gramsci ne l'a pas perçue, selon Trentin ; erreur dont il se rendra compte « plus tard ».

Malgré ces critiques sur la surévaluation des fonctions possibles des conseils, il faut porter l'attention sur la conception théorique et politique des conseils telle que l'a imaginée Gramsci, car elle traverse toujours les débats actuels sur la classe ouvrière et le monde ouvrier. Gramsci attribue une fonction toute-puissante aux conseils, possibles vecteurs du communisme, en opposition aux syndicats. Il affecte le terme « d'appropriation des valeurs » au rôle, au travail des conseils qui les distingue du rôle des syndicats qui n'ont qu'une fonction de défense corporative ou professionnelle. Pour Lénine, les conseils d'usine ou *soviets* ne sont que les auxiliaires exécutifs du parti et du syndicat : ils n'ont pas pour tâche de penser ce qui est juste ou légitime, de définir les stratégies de la Révolution, mais de les appliquer. Pour Gramsci au contraire, les conseils d'usine, nés du suffrage universel dans l'usine, ont vocation non seulement à penser et défendre ce qui est juste et légitime, mais aussi à préparer hommes, organismes et projets en vue du remplacement de l'autorité patronale. Ce sont les noyaux fondateurs du nouvel État ouvrier, qui doivent utiliser partis et syndicats comme leur simple administration. Le syndicat n'est qu'un organe de négociation au sein du marché du travail ; il contracte des pactes et assume des engagements avec les employeurs sur un mode de stabilisation réformiste. « La nature essentielle du syndicat est concurrentielle, elle n'est pas communiste[2]. »

Les conseils ont au contraire pour fonction de rénover et améliorer l'organisation du travail, sur le mode d'une « appropriation des valeurs » pour la faire enregistrer ensuite dans un accord syndicat-patronat. Les syndicats mettent en application ce que les conseils ont imaginé et conquis. Pour Lénine, le soviet n'exerce que la fonction que lui dicte le pouvoir ; pour Gramsci c'est le soviet qui fonde le pouvoir : le syndicat n'a qu'un rôle d'exécution alors que le conseil est l'embryon du pouvoir d'État. Il résout, au sein de l'entreprise, les tensions présentées par toutes les catégories de travailleurs. Pour Gramsci, ruptures et mouvements naissent dans la société de la grande

---

[2] A. Gramsci, « Syndicats et conseils », *L'ordine nuovo*, 19.09.19, cité par T. Coutrot, *Libérer le travail*, Seuil 2018, p. 212.

usine, portés par les conseils. Parti ou syndicat ne font qu'en tirer les conséquences[3].

Si à l'inverse partis et syndicats s'interposent en observateurs critiques des conseils au nom d'impératifs politiques divers, au lieu d'exécuter les directives de ces derniers, ils entravent leur dynamique. Il faut éviter ce risque, car parti et syndicats sont situés dans l'organigramme politique de l'État socialiste dans une position hiérarchique supérieure à celle des conseils et peuvent imposer leur choix. Or, sans le rôle démocratique des conseils, la dérive autoritaire du parti, organe de concurrence, est possible ; et la dictature du prolétariat peut s'ensuivre, au risque de compromettre les relations ouvrières internationales construites par les conseils.

Puisque donc le taylorisme est impossible à éviter pour la génération présente, car il permet aux régimes socialistes de tenir la concurrence face aux régimes capitalistes, il faut, pour Gramsci, partager les tâches : d'un côté, pour les syndicats et partis, la fonction taylorisée de l'administration routinière ; de l'autre, réservée aux soviets, l'appropriation des valeurs, l'autodirection du travail, l'imagination pour changer les rapports sociaux, le développement d'espaces de liberté. Aux soviets la partie noble du changement ; au parti et au syndicat, la partie routine du contrôle. Sans cette division du travail, l'échange entre les soviets d'entreprises et à plus forte raison l'échange entre soviets de pays différents ne peut avoir lieu.

Ce débat fondamental sur les visions du travail et de la classe ouvrière se poursuit de nos jours où le taylorisme domine à l'Est et à l'Ouest. Le contrôle du travail concret, l'autogestion retiennent encore l'attention de collectifs ouvriers minoritaires qui ont disparu de la préoccupation des structures syndicales dominantes. Le travail, défini par l'approche taylorienne, est le complément de la subordination. Il perd sa valeur de construction de la « désubordination » et donc sa capacité à élaborer des relations avec d'autres travailleurs en particulier au niveau international. Il ne peut retrouver cette qualité qu'à travers les conseils ouvriers.

La leçon du « débat » Gramsci-Lénine est bien celle-ci : sans conseils d'usine puissants pas de relations internationales ouvrières possibles : dans les pays socialistes risques de dictature du prolétariat ; dans les pays capitalistes risques de dictature du capital. L'absence de

[3] Voir également, Jean-Marc PIOTTE, *La pensée politique de Gramsci, Anthropos, 1970, et son appendice sur le Mouvement des conseils d'usine (p. 273-274).*

cette autonomie ouvrière, empêchée par les patriotismes de partis ou les corporatismes syndicaux, interdit de déboucher sur la constitution d'espaces internationaux d'échange sur le travail, sur un internationalisme prolétarien. La position de Trentin est plus réservée que celle de Gramsci puisqu'il souligne, à la différence de ce dernier, l'inutilité de forcer les processus d'hégémonie d'une fraction de classe ou d'imposer une orientation idéologique quelconque si on ne prend pas le temps de construire les processus de démocratie au travail dans chaque situation concrète. Il signale pour mémoire les « autres voies » de démocratie au travail portées par des auteurs qui n'ont pas eu une influence suffisante dans le mouvement ouvrier, mais qui témoignent de ce débat permanent : la « Guild Socialism » le mouvement des « conseils d'usine » et des *shop stewards* en Angleterre[4]. Veine vivante, peu fertile jusqu'à nos jours, qui renvoie à cette relation au travail profonde, celle de Simone Weill sur « l'enracinement ouvrier comme nécessaire porteur d'une « révolution » qui est proche des travaux de la psychodynamique du travail sur le besoin de confrontation entre travail prescrit et travail réel, et qui peut être la matrice d'une démocratie du travail comme issue politique mondiale.

---

[4] Karl KORSCH, Paul MATTICK, Anton PANNEKOEK, Otto RUHLE, Helmut WAGNER, *La contre-révolution bureaucratique,* Union Générale d'Éditions, Paris, 1973. Et le chapitre « Les autres voies » (338-391) dans *La cité du travail.*

CHAPITRE II

Un itinéraire socialiste : de l'autogestion à la question de l'inégalité

Michel Rocard : ***Suicide de l'Occident, suicide de l'humanité ?*** **Flammarion, 2015.** L'absence de perspective ou de vision sur la nécessaire autonomie du travail en relation au capital, l'acceptation de sa dépendance insurmontable face au capital, est un premier constat. Alors que tout au long du chapitre III (« Le monde malade de l'argent »), l'auteur expose avec clarté les différentes crises qui scandent la progression inexorable du capital financier, sa stratégie essentiellement spéculative et l'énorme croissance des inégalités qu'il provoque (revenus du capital *versus* revenus du travail), il ne relie pas directement dans le chapitre IV (« Le Dieu Marchandise ») ce processus à celui de la dévalorisation du travail. Le travail, pour lui, n'est qu'une « victime collatérale » indirecte, de ce processus : il ne croit pas au « mythe du travail émancipateur » il partage une conception qu'il suppose être générale, celle du travail comme souffrance inéluctable. Le travail au sens d'ouvrage ou d'œuvre, vecteur de la véritable intégration sociale, ne peut constituer pour lui qu'une fraction minime du travail en général, un travail privilégié, que le capital accorde chichement à ses collaborateurs directs. De ce fait, la valeur du travail dans la société dépend seulement de la consommation qu'il autorise : « la primauté du travail dans la société est fondée sur l'illusion de l'abondance » (p. 141), c'est-à-dire sur l'espoir de consommer et l'illusion de liberté que donne cet espoir. Car chacun sait que « on ne transformera pas le monde en travaillant » que le travail subit des déterminations technologiques qui le modifient sans cesse auxquelles il faut s'adapter. Ce qui ouvre un horizon où des substituts du travail prennent sa place : « activités du corps et de l'esprit, bénévolat, structures associatives, création artistique et culturelle ; la vie trouve refuge là où l'argent n'exerce plus sa domination écrasante » (p. 146). Mais cette situation semble bien fragile, car on lit, dès la page suivante :

> Ce qui arrive à l'humanité lorsque triomphe le dieu Marchandise, c'est-à-dire la conversion possible de tout ce qui peut se vendre, objets, services, produits de l'art et de l'esprit humains, en marchandises, hors de toute limite, après disparition des barrières morales et des interdictions ou freins réglementaires, c'est l'aggravation des inégalités de revenus. (p. 147)

Situation qui se poursuit et s'aggrave lorsqu'il constate que :

> Dans chaque situation où la conjoncture économique rend possible l'accaparement financier, et où la disparition ou l'affaiblissement des barrières morales, des inhibitions culturelles et des règles fiscales le permettent, l'humanité va vers l'ensauvagement par le mépris de l'œuvre des hommes, l'aggravation des inégalités et le déferlement de la violence. (p. 150-151)

Le « mépris de l'œuvre des hommes » et « le déferlement de la violence » s'ajoutent ici à « l'aggravation des inégalités ». Ce mépris de l'œuvre qui conduirait l'humanité vers la violence et l'ensauvagement paraît en décalage avec l'idée que « on ne transformera pas le monde en travaillant ». Rocard s'appuie sur la distinction d'Annah Harendt entre le travail normal (le *tripalium*, travail forcé, issu de l'esclavage, qui correspond à l'entretien brut de la vie) et l'œuvre (la réalisation propre de l'individu, l'art par exemple, ou l'action qui met en rapport l'homme et la politique) pour dire que le travail normal n'est pas transformateur de monde, porteur de dignité et qu'il est donc normal de ne le considérer que comme un dégât collatéral du développement du capital. Le thème du déferlement de la violence n'est pas développé, il est relaté « pour mémoire ». C'est bien l'aggravation des inégalités qui est le thème central.

Ce thème donne la clé de la position de M. Rocard. En 1960, aux USA le salaire moyen des 350 PDG les mieux payés était de 41 fois supérieur à celui de leurs employés. En 2000 il était de 525 fois supérieur. Ce déséquilibre lui apparaît incapable de « conjuguer efficacité économique et justice sociale » (p. 155). Là réside l'inacceptable pour Rocard : une inégalité qui interdit ou limite la consommation pour certains, et donc la difficulté ou l'impossibilité de jouir du fruit du travail. Nous sommes dans l'histoire des

« compensations » que le travail doit recevoir en contrepartie de sa subordination, au titre de la justice sociale : le capital et le travail ne sont pas conceptuellement équivalents, le travail lui est subordonné, dépendant, c'est une « victime collatérale ». L'avenir de l'humanité se bâtit sur l'efficacité économique grâce au capital ; le travail est la « variable d'ajustement » qui demande un minimum de justice sociale. Cette hiérarchisation entre capital et travail interdit de penser une autonomie du travail. Elle fige dans l'impasse un projet de civilisation, un au-delà du capitalisme. Cela ne sert à rien de titrer sur les « déshonneurs » du capital financier (ch. 6, « Déshonneur d'une profession : la banque ») une fois qu'on l'a laissé devenir tout-puissant et que l'on sait que sa violence et sa rapacité ont toutes les raisons de se reproduire et de s'aggraver en provoquant « La mort lente du politique » (ch. 7).

Au fond, M. Rocard, comme la grande majorité des économistes et des politiques de gauche, fait semblant de croire que la limitation des excès du capital passe par des réformes à effectuer par des politiques qui n'ont aucun pouvoir sur lui. Pourquoi donc l'idée d'organiser le travail afin d'établir un rapport de force équilibré avec le capital est-elle si inconcevable ?

Le déséquilibre est ancien et profond. Si on considère que le politique doit être l'instrument de la justice sociale, comme toutes les démocraties occidentales se le proposent jusqu'à aujourd'hui, il faut faire l'hypothèse qu'il est capable d'exister en totale autonomie par rapport au capital et au travail, comme un arbitre entre ces forces, à la condition que ces forces soient à peu près en état d'équilibre dans la société[1]. Mais la force du capital s'accumule au cours des siècles par les plus-values du travail transformées en argent, alors que la force de travail repart quasiment à zéro à chaque génération ; de plus, le capital est sans « patrie » et s'accumule où bon lui semble. Le travail, à l'inverse, ne s'accumule pas. Tant que les travailleurs joueront dans leur cour nationale, ils ne pourront qu'observer leur impuissance :

---

[1] Vision qui n'a rien de spécialement révolutionnaire. Depuis Solon, repris par Montesquieu, en passant par les lois anti-monopolistiques américaines comme le Sherman Act (1890) et le Clayton Act (1914), en arrivant aux déclarations terribles de Roosevelt contre la « dictature industrielle » en 1936, les inégalités économiques et les concentrations de puissance économique ont été considérées comme un danger pour la démocratie, qu'il fallait d'abord combattre et contenir par la loi, sachant très bien que lorsque le droit met en présence des parties trop inégales, il penche du côté du plus fort. Voir A. Supiot, « De la citoyenneté économique », *Esprit,* n° 442, mars 2018, p. 52-63.

délocalisations, dégradation du statut du travail, croissance irrésistible des SDF et des camps de réfugiés, noyades des migrants en mer. Une intervention, une harmonisation, mondiale ou internationale, serait de la responsabilité et de la compétence de l'OIT, qui, rappelons-le, rassemble États, syndicats et patrons, ainsi que du syndicalisme international. Sans un mandat explicite donné par les travailleurs et les pouvoirs publics à ce genre d'organisations, la réalité actuelle se prolongera sous la forme d'une lutte inégale, à travers les traités de commerce qui détruisent les législations publiques trop contraignantes du point de vue social pour les recycler par le droit commercial privé.

Lorsque la défaite du travail est programmée, proclamée, acceptée, que toute construction politique s'appuie sur cette faiblesse et cette dépendance, jusqu'à l'échelle internationale, lorsque le fondement et l'horizon de la politique sont réduits aux perspectives de consommation, rien n'est à attendre effectivement qu'un suicide. Qui se fait à petit feu. C'est là l'histoire de toutes les social-démocraties.

CHAPITRE III

L'échec d'une entreprise de classe, le PCF

> La culture de classe peut être vue comme l'expression d'un retournement solidaire de la coopération contrainte, comme une tentative de transformation du collectivisme subi en collectivisme réapproprié et volontaire[1].

En 1963 paraît le livre de Serge Mallet *La nouvelle classe ouvrière*. Le projet est de se « libérer » tant de l'emprise trop bureaucratique de l'organisation syndicale que de la domination capitaliste : l'initiative syndicale doit déboucher sur une participation à la gestion qui sera prise en charge par la couche montante des techniciens et qui entraînera à sa suite les salariés les plus qualifiés d'abord, les moins qualifiés ensuite. L'articulation entre l'héritage historique du PC et la vision plus moderniste de la CFDT n'est pas sans tensions, mais s'effectue positivement. L'adéquation classe-mouvement (1950-1970) est bonne, le niveau de vie croît. En outre, la fin de la guerre d'Algérie, suivie des mobilisations pour les comités « Vietnam » donne un aspect internationaliste au mouvement de 1968. C'est dans cette période la « prise de pouvoir » des délégués syndicaux, suivie de l'autogestion des Lip de 1973 à 1976, et, partout en Europe, les grèves bouchon, les grèves des ouvriers spécialisés, les contestations de l'organisation taylorienne du travail, du compromis fordien qui l'accompagne (« perdre sa vie à la gagner »), le souci des problèmes de santé et des conditions de travail. Les syndicats français épousent le mouvement, mais parfois l'étouffent aussi.

Pour examiner le rôle de la gauche en général et du PC en particulier dans les années 1970-1980, on peut partir des livres de

---

[1] Olivier Schwartz, « Zones d'instabilité dans la culture ouvrière » (p. 21) *Autrement*, janvier 1992.

Mishi et Vigna[2]. Face à l'évolution du capitalisme contemporain (prégnance du capital financier, délocalisations-mondialisation, dégradation des statuts ouvriers, réduction des effectifs, politiques d'individualisation des salariés), et malgré les espérances portées un moment par 1968, le Parti communiste cesse d'adresser son effort de mobilisation à la classe ouvrière qu'il estime en voie de réduction numérique et de fragilisation idéologico-politique, incapable donc d'assurer seule la lutte des classes, pour s'adresser à une catégorie plus large de salariés comprenant les ITC (ingénieurs, techniciens, cadres), en développant le thème de la citoyenneté démocratique qui, sans exclure les catégories ouvrières, est plus acceptable pour ces nouvelles catégories.

L'adresse à une population plus large de salariés aurait pu se faire sur le thème de la prise en charge des rapports de travail, des régimes de travail, du contenu et du contrôle du travail pour chaque catégorie, ouvriers, employés, techniciens, ce qui aurait permis d'associer au concept de travail toutes les classes travailleuses en lieu et place du terme « classes populaires » dorénavant substitué à celui de « classe ouvrière » qui était devenu répulsif, synonyme d'échec.

L'auteur souligne que l'effort mis sur la formation et la promotion des ouvriers par leurs propres instances (syndicat et parti) a été soutenu et incontestable, qu'il a été original et même unique dans l'histoire des pays occidentaux, même s'il n'a pas approfondi l'étude des rapports de domination envers les femmes, les ouvriers spécialisés ou les travailleurs immigrés. Les succès du PCF d'avant et d'après-guerre, issus d'une conjonction entre un facteur politique (le premier parti de la Résistance) et la croissance économique « keynésienne » de l'après-guerre qui permettait aux travailleurs d'avoir leur part du gâteau de la consommation, sont suivis d'un recul électoral et politique régulier à partir de 1978 (le Parti communiste était alors à son apogée, 565 000 adhérents). Les exigences de la « raison » économique se démultiplient dans le cadre d'une compétition mondiale, où tous les pays de la planète entrent dans le cadre capitaliste ; la réduction du coût du travail est le slogan majeur, la pensée unique. Phénomène renforcé encore par l'évènement politique majeur de l'effondrement des socialismes réels. La régression des

[2] Julian MISHI, *Le communisme désarmé, le PCF et les classes populaires depuis les années 1970* (Agone 2014), *Servir la classe ouvrière* (Presses universitaires de Rennes, 2009 ; Xavier VIGNA, *Histoire des ouvriers de France* au XXe siècle (Perrin, 2012).

forces de représentation du travail affecte l'ensemble du monde du travail, pas seulement la sphère du PC et de la CGT.

Les évènements de mai 68 avaient montré un mouvement social qui se développait à la marge des représentations syndicales et politiques traditionnelles et qui les entraînait presque malgré elles dans une critique de la « société de consommation » où s'exprimait justement l'aspiration à une nouvelle « présence » du travail dans la vie de tout un chacun[3] : « ne plus « perdre sa vie à la gagner ». Pendant dix ans, où le Parti a vu croître ses effectifs, l'Union de la gauche représente une issue souhaitable à la succession ininterrompue de gouvernements de droite depuis 1958. Mais le PC dénonce cette union en 1977 lorsqu'il perçoit qu'elle profite plus au Parti socialiste qu'à lui-même. Cette rupture faisait suite à une période de tension entre la direction du parti, son électorat et ses militants, qui s'étaient fortement renouvelés après 1968 et qui s'attendaient à une prise en charge plus attentive au mouvement social qui venait de se produire et qui touchait aux finalités du travail. Cette jonction ne parvenant pas à se construire, « les intellectuels au sens large désertent en masse le PCF après 1978[4] ». Par la suite, interviennent les premières grèves en réponse à la crise de la sidérurgie lorraine. Un épisode marquant est celui de Longwy lorsque le PC et la CGT décident d'arrêter les émissions de radio « Lorraine cœur d'acier » (mars 79-juillet 1980) de peur de « débordements » locaux (mobilisation de catégories sociales non ouvrières auxquelles s'associent des ouvriers), car le PC est en train de renégocier une nouvelle alliance avec le PS en vue des élections de 1981. Ce décalage, cet inconfort avec sa base intellectuelle s'étend à sa base ouvrière lorsque, dans la période de restructurations industrielles et de licenciements dans la sidérurgie, le charbon, les chantiers navals (1981-84), le PC participe du pouvoir en occupant quelques ministères. Ses dirigeants, pris dans les stratégies de « maîtrise de la protestation » qui se terminent par des licenciements, ne peuvent empêcher un processus de désagrégation entre base, dirigeants et intellectuels qui se poursuivra pendant 30 ans. La période

[3] Une expression particulièrement forte de cette déception de la classe ouvrière qui reçoit l'ordre des syndicats de reprendre le travail à l'issue des accords de Grenelle se trouve dans le film de R. Copans « Reprise ». L'on y voit une jeune ouvrière pleurer de rage et de dépit en rejoignant son poste, car les rapports de travail dans l'usine n'ont pas changé d'un pouce : tout continue comme avant.

[4] Bernard PUDAL, *Un monde défait. Les communistes français de 1956 à nos jours,* Éd. du Croquant, 2009, p. 106.

« de gauche » 1981-83, en dépit des nationalisations initiales et des lois sur le droit d'expression en entreprise, dites lois Auroux, ne laisse aucune trace. Elles sont « oubliées ». Après les freinages de 68, le retournement de 1977, c'est l'avortement de 1983. Turbulences aggravées en outre par l'évolution politique des pays de l'Est : le PC est soupçonné ou accusé de couvrir l'absence de démocratie dans le bloc de l'Est qui prenait son indépendance vis-à-vis de l'URSSS, d'appuyer l'intervention soviétique en Afghanistan ou la répression de Solidarnosc. En France, il est pris entre ses déclarations d'antiracisme et le refus du droit de vote aux immigrés pour les élections locales. Ces contradictions l'enserrent dans une sorte d'autodéfense frileuse qui coupe court à la réflexion sur le travail surgie en 1968. Au moment où la pénétration de l'informatique et les perfectionnements du management aiguisent les stratégies d'individualisation qui vont marquer l'organisation du travail en entreprise pour plusieurs décennies. En réduisant la défense du travail à celle de l'emploi, ou à celle d'un objet de marché (obtenir des compensations, généralement monétaires), la gauche et les syndicats évitent de lutter contre l'individualisation du travail qui prend un tour accéléré durant cette période.

Les lois Auroux, sans avoir pu être appliquées, ne seront pas défendues comme un nouveau patrimoine, et seront peu à peu vidées de leur contenu par grignotages successifs (loi sur l'intérim en particulier) ; celles sur le droit d'expression ou l'obligation annuelle de négocier ne seront jamais précisées. Le chevauchement des nouvelles instances de représentation avec les anciennes (comités d'entreprise, comités centraux d'entreprise, comités de groupe, comités européens, délégués syndicaux, délégués du personnel) engendre la confusion. Cette période marque un repli des représentants directs des travailleurs[5] dans leurs organisations.

Le terme de classe ouvrière ayant été dévalué par les pratiques des dirigeants qui avaient porté celle-ci au pouvoir dans les pays de l'Est, cette dévaluation s'est naturellement reportée sur les dirigeants ouvriers de l'Ouest qui les appuyaient. Dévaluation éthique et délégitimation politique : la « mission » internationale de la classe ouvrière est compromise ; la chute du mur de Berlin (1989) confirme

---

[5] Alors que les délégués d'origine ouvrière représentent plus de 50 % de la totalité des délégués au Congrès du PC de 1967, il n'y en a plus que 10 % au congrès de 2003 (Mishi, p. 80). Le nouveau « groupe central » est formé par des fonctionnaires de l'éducation et des collectivités locales.

cette « fin de vie ». La gauche et les syndicats se concentrent alors, dans l'hexagone, sur les catégories où les statuts sociaux du travail sont plus facilement défendables (administrations, entreprises publiques, école) ; les catégories les plus fragiles se défendent comme elles peuvent, pendant que les licenciements, dits « plans sociaux » s'enchaînent. La perte d'emploi fait passer au second plan la discussion sur le travail et son organisation. Le « monde ouvrier », militants et cadres, est plombé. Les démissions des adhérents accompagnent les licenciements des travailleurs (540 000 adhérents au PC en 1979, 64 000 en 2012). Les uns partent en silence, les autres laissent des témoignages biographiques. Aucune action collective n'a pris la figure d'un possible renouveau qui pourrait s'opposer à la marche en avant d'un capitalisme devenu souverain et sauvage. Les élections qui par la suite ont amené la gauche au pouvoir à diverses reprises n'y ont rien changé.

Dès 1971, ce sont les licenciements et les plans sociaux, que l'on croit dans un premier temps contrer par le mot d'ordre « vivre et travailler au pays ». L'espoir de 1981-1983 est suivi par la chute du mur de Berlin, 1989. Tensions intersyndicales et désyndicalisation, retrait de la scène politique, reflux électoral. Le premier parti de France devient alors celui de l'abstention (31 %) ; l'extrême droite atteint 18 %. Les conflits ont peu de relais syndical, pas de débouché politique, même s'ils peuvent être violents. « Le rapport à l'avenir se corrompt dans l'attente et la peur ».

Cette crise de citoyenneté ouvrière s'accompagne d'une restriction des luttes sur le travail qui se relie aux choix politiques du PC : le maintien coûte que coûte de l'appareil du Parti de plus en plus confié aux ITC, apparaît comme la seule stratégie de résistance possible. Il entraîne une progressive distanciation de la base, une réduction des projets d'avenir, et, *in fine*, le développement d'une oligarchie. Le thème des rapports de travail, qui était moins prégnant dans le parti que dans le syndicat, a été plus facilement « oublié » jusqu'à l'abandon même du mot « ouvrier » dans les documents des Congrès nationaux. Une véritable déconstruction.

Cependant que le patrimoine culturel continue à être l'objet de tous les soucis pour compenser l'effondrement de l'activité : « la beauté du mort » selon M. de Certeau. La disparition de la référence politique (le parti) affecte le dynamisme de l'activité syndicale. Le travail perd son prolongement politique direct dans la vie politique nationale ; il est dévalorisé, marginalisé. Réduit à une activité de survie, il perd sa référence humaniste pour devenir objet manipulable et malléable, produit d'échange. Il se réduit à l'emploi. Quand il incorpore encore une référence politique ou culturelle, il garde un rôle dans la symbolique des rapports sociaux. LIP en a été l'emblème : resté vivant, mais silencieux, dans l'intimité.

Quelle possibilité pour la gauche et le parti communiste en particulier d'imaginer un nouveau départ lorsque ses cadres sont pour la plupart des représentants de classes moyennes ? Comment construire une alliance du travail plus extensive, plus mobilisatrice, que celle représentée par le terme de classe ouvrière. Après plus de 25 ans de désarroi politique et intellectuel, l'idée de développer une politique du « commun », de désigner tous les acteurs de la production comme des « co-actifs », porteurs et objets de droit, pourrait-elle porter le travail à une position de reconnaissance nouvelle, conquérante ? Voir chapitre VIII.

Un « nouveau départ » est suggéré par l'émergence du budget et de la démocratie participative dans l'institution municipale. Un lieu de rencontre entre syndicats et partis, majoritairement de gauche, tensionné par la « transparence » municipale entre élus, associatifs, partis, syndicats, dirigeants, militants. Le souci du social et du travail, les conflits sur les biens « communs » (logement, eau, chauffage, transports) peuvent prendre des formes innovantes lorsqu'ils opposent des élus qui veulent bien les offrir, mais en les faisant payer, et des syndicats représentant des travailleurs-chômeurs, qui en revendiquent la gratuité. Est-ce la poursuite de la « démocratisation de la démocratie » mise à l'honneur par Porto Alegre[6] ?

Parfois interprétée comme une forme de substitution à la tension entre capital et travail dans le monde de la production, l'expérience de la « démocratie participative » et du « budget participatif » a connu et connaît encore, dans le monde de l'administration locale, une vigueur qui s'appuie sur la militance ouvrière traditionnelle et le monde associatif plus présent chez les classes moyennes. Militants et syndicalistes rejoignent ce mode d'action qui autorise une expression directe. Cette expérience a été relayée aux quatre coins du monde dans les années 1990 par les forums sociaux mondiaux, mais aussi par la Banque mondiale et la Communauté européenne, qui ont vu là, pendant un temps, une soupape de décompression à la politique

[6] Ville du Brésil rendue célèbre pendant 12 ans par sa gestion municipale (budget participatif) organisée par le Parti des travailleurs et qui a été le siège de plusieurs forums sociaux mondiaux successifs de 1990 à 2002.

libérale d'ajustement structurel qu'ils imposaient à tous les pays en voie de développement, et qu'ils imposent actuellement à l'ensemble de la planète. Mais une fois la domination néo-libérale stabilisée, Banque mondiale et Communauté européenne retirent leur appui à une politique dont le risque est de faire tache d'huile sur des administrations centrales ou des entreprises. Mais cette histoire-là est-elle totalement terminée ? Ou encore, si l'on considère que la victoire de la social-démocratie sur le communisme a entraîné le démantèlement de l'État-providence, l'alignement sur les intérêts financiers et l'essor de l'extrême droite, y a-t-il encore un espace pour un projet communiste[7] ?

[7] Julian MISHI, « Essor et déclin du communisme français. Il y a cent ans naissait un parti authentiquement populaire », *Le Monde diplomatique*, décembre 2020.

CHAPITRE IV

Politiques de l'individualisation et « nouvel esprit » du capitalisme

La respiration du « monde libre » après la chute du mur de Berlin est vite étouffée par l'élévation de nombreux autres murs dans le monde pour contrôler le travail. Mais la manière la plus générique de contrôler une population c'est de la diviser, de l'individualiser, d'en faire disparaître tout collectif, selon M. Thatcher. C'est la stratégie mise en œuvre dans les années 1980 et systématisée dans le monde entier par le capital pour détruire les collectifs de travail. La gestion individualisée (évaluation du travail, du comportement, calcul du salaire) du simple ouvrier au super-cadre est rendue possible par l'informatique. Les références scientifiques sur cette politique d'individualisation sont incontournables et irréfutables.

Au niveau de l'ouvrier, l'évaluation individuelle s'affiche comme une promesse de rapports personnels avec une hiérarchie qui serait suffisamment attrayante pour le délier, l'isoler, lui faire prendre en désintérêt tout collectif de travail ou tout syndicat. Cette stratégie de l'individualisation s'accompagne d'une utilisation perverse de la psychologie, qui est censée fournir une solution à tout problème de travail sans que l'individu ait la possibilité de connaître et discuter de sa propre situation. Sommés de s'adapter psychologiquement, de s'exécuter peut-on dire, face à des situations où ils n'ont pas de prise, les travailleurs reçoivent les solutions qu'on leur propose : la prise en charge « scientifique » des RPS (risques psychosociaux) dont il est fait une nomenclature exhaustive. Propositions récusées par les psychologues parce qu'elles ne font pas le lien entre les risques et l'organisation du travail qui les construit. Ils dénoncent la violence et l'imposture de la coupure entre situations de travail imposées, non discutables et conduites psychologiques obligées dont le résultat est le stress, le burn-out, le suicide. On peut trouver les références dans le livre d'Yves Clot et Michel Gollac, *Le travail peut-il devenir supportable ?* A. Colin, 2014 (réédité en 2017) dans le chapitre « Gouverner par la psychologie » (p. 43-88).

En amont des procédures de l'évaluation individuelle, il faut décrire les procédures de destruction des collectifs de travail mises en place dans les années 1990 qui se poursuivent jusqu'à maintenant : présence de sous-traitants à l'intérieur du même site de production dont les ouvriers relèvent de syndicats et conventions collectives différents, contrats de courte durée, embauches d'intérimaires 0 heure (la durée du travail ne sera connue que le jour du renvoi), horaires segmentés dans la journée, suppression des temps de repos ou des pauses-café propices à l'échange, cloisonnement des collectifs, selon les branches d'activité, les sites de production, les ateliers, les qualifications, les origines ethniques : il faut rendre invivables les lieux et temps de rencontre entre travailleurs. Tout critère est bon pour segmenter, individualiser, isoler.

Mais **le nouvel esprit du capitalisme** veut se dire en positif. L. Boltanski[1] montre comment le capitalisme tente de neutraliser la critique qui lui est adressée depuis sa naissance, celle d'approfondir le taylorisme, d'accentuer la segmentation des actes productifs, la répétition et la routine, en proposant un travail « artiste », par projet, autonome. Du côté ouvrier, le souci de croire en la possibilité d'un enrichissement et d'une valorisation du travail est un rêve récurrent. Chaque étape de progrès technologique s'accompagne d'espérances sociales relatives à ces changements qui ne se réalisent pas ou seulement à la marge[2], car la technologie n'est pas en elle-même porteuse de progrès social. Le management rattache cet espoir à la nouvelle économie de la connaissance, rendue possible par l'informatique. En fait il s'agit d'enchaîner des programmes de travail par objectifs successifs jusqu'à l'objectif final. Le principe de la programmation par objectifs sous son apparente globalité n'altère nullement la succession de chacune des étapes à effectuer ; elles sont seulement facilitées par l'informatisation. Des observateurs comme R. Castel, D. Linhart[3] constatent que cette planification de plus longue

[1] Luc BOLTANSKI, *Le nouvel esprit du capitalisme,* Gallimard, 1999.

[2] Daniel BELL, *Vers la société post-industrielle,* Robert LAFFONT, 1976.

[3] Robert CASTEL, « Penser le changement, le parcours des années 1960-2010 », dans R. CASTEL, Claude MARTIN, *Changements et pensées du changement,*

durée est encore plus contrôlée, par le biais de l'informatique, que les processus de taylorisation antérieurs. D'autres notent qu'ils s'accompagnent d'une restriction de l'investissement individuel et de l'échange avec des tiers ; tous y voient la croissance de l'individualisme et de la compétition.

Cette évolution se base sur l'accélération de la rentabilité et la rotation accélérée du capital, impératifs « d'urgence ». Certains soulignent la responsabilité des intellectuels (Boudon, Bourdieu, Crozier) qui se seraient laissés absorber par des modèles économiques portant la problématique de l'intérêt et du choix rationnel au-delà de la sphère économique, dans les sciences sociales (A. Caillé : « Une théorie sociologique générale est-elle pensable ? » *Revue du MAUSS*, n° 24, 2004). L'intensité de cet envahissement néo-libéral passe souvent inaperçue ; l'affichage d'une liberté individuelle paraît capable d'absorber tout changement prônant la déliaison salariale ; le contrat commercial (voir le phénomène Uber) élimine le contrat de travail. Généralisation de l'endettement et accélération de la rotation du capital renforcent le capital financier. Il développe, hors la loi, en toute liberté, les paradis fiscaux au cœur des métropoles mondiales. Dix ans après avoir provoqué la dernière crise, il s'oppose aux bastions de l'économie publique si ceux-ci refusent de s'aligner sur ses règles[4].

Ce « nouvel esprit » détermine la *dégradation du statut du travail* qui concerne d'abord les étrangers « sans papiers » (A. Morice, *Revue du Gisti* n° 89, 2011, A. Morice), les intérimaires (N. Jounin, *Chantier interdit au public,* 2008, *Marchands de travail*, 2014), les « esclaves » (G. Vaz Cabral, *La traite des êtres humains*, La Découverte, 2006), les travailleurs sans qualités (P. Cours-Salies, *Le bas de l'échelle*, Ères, 2006), *Le travail non qualifié*, Dominique Meda et Francis Vennat, La Découverte, 2004), les « femmes » (M. Maruani, *Travail et genre dans le monde*, 2013), les enfants (M. Bonnet, *Le travail des enfants,* Éd. Deux, Genève, 2008). Thomas Coutrot[5] fait au chapitre II un bilan du « travail en souffrance ». Dégradations qui contredisent la perspective

Échanges avec R. Castel La Découverte, 2012 ; D. LINHART, *La comédie humaine du travail*, Ères, 2015.

[4] « EDF pourrait être exclue du CAC 40 : l'électricien a un vice congénital. L'État, son principal actionnaire, peut arbitrer en faveur des clients et au détriment de l'entreprise », *Le Monde*, 21 novembre 2015.

[5] Thomas COUTROT, *Libérer le travail, pourquoi la gauche s'en moque et pourquoi ça doit changer,* Seuil, 2018.

du travail artiste. En face, la faible protestation des salariés renvoie à la fragilité de l'emploi. Ce nouvel esprit du capitalisme voit l'affrontement des appareils productifs dans une lutte ouverte qui n'est modérée par aucune entrave d'ordre politique (effondrement du socialisme), scientifique (les politiques de redistribution keynésiennes sont classées dans la catégorie « modèle épuisé » de l'inefficience productive), ou éthique (le super-bénéfice est l'impératif absolu indiscutable). La réduction des inégalités apparaît comme l'utopie de rêveurs même si leurs auteurs sont des économistes « reconnus » comme l'ex-directeur de la Banque mondiale, J. Stiglitz (*Le prix de l'inégalité*, Les liens qui libèrent, 2012).

Le nouvel esprit du capitalisme au niveau mondial. Ce nouvel esprit du capitalisme a de lourdes conséquences au plan macro-économique. Douze années s'écoulent entre la chute du mur de Berlin (1989) et l'attentat des Twin Towers (2001), période où se fortifie la violence économique du capital jusqu'à la crise financière de 2008, et bien au-delà après. Les situations de conflit empirent, soit dans les développements terroristes qui imprègnent le Moyen-Orient, l'Afrique et l'Asie, soit dans la violence économique : pas moins d'une dizaine de crises économiques entre 1987 et 2012[6] entre krachs boursiers, crises immobilières, crises bancaires, crises de la dette souveraine, crises « jumelles » (dette souveraine et banques). Cet enchaînement se poursuit depuis 35 ans.

Le renouvellement de la violence de l'économie peut rappeler les débuts du capitalisme à la fin du XIXe siècle[7] : migrations, *working poors,* chômage. Le précariat est en grand essor : il représente dans de nombreux pays un quart de la population adulte ; la croissance vertigineuse du capital est célébrée, réjouissante (Warren Buffet[8]). Sans compter l'accaparement capitaliste des ressources (terres agricoles, énergies fossiles), et les conséquences dramatiques des crises dans certaines parties du monde (famines et émeutes de la faim). Cependant que les fondamentalismes religieux ou les conflits

---

[6] Dominique PLIHON, « Trois décennies de crises financières et économiques », Encyclopedia Universalis, Universalia 2013, p. 121-6.

[7] Léon BONNET, *La vie tragique des travailleurs (1re édition, 1908),* Éd. de l'Atelier, 1990.

[8] « Il y a une guerre des classes c'est un fait, mais c'est ma classe, la classe des riches, qui mène cette guerre, et nous sommes en train de la gagner », CNN, 25 mai 2005.

ethniques ou tribaux se construisent sur des « solidarités d'exclusion » (A. Supiot, *Le Monde diplomatique*, nov. 2014[9]) et que l'Occident ne songe qu'à prolonger le *statu quo* et les rapports de force qui lui sont favorables[10].

Les pays occidentaux à régime démocratique aiment se penser comme les meilleurs régimes politiques possibles ; les plus prudents disent « les moins mauvais ». Mais comment oser affirmer que le capitalisme est le seul régime économique qui accepte la démocratie, voire la cultive, alors que la démocratie n'a jamais franchi les portes de ses usines ? Le capitalisme est la corde qui soutient le pendu « démocratie ». Les politiques feignent de croire qu'ils ont encore du pouvoir et cachent leur impuissance. Ou ils adossent leur puissance au service de l'économie. Comment croire à la démocratie quand l'abstention électorale atteint 50 % ?

Pendant les 30 années dites « glorieuses » de l'après-guerre où chaque pays se relevait de ses blessures, on a cru que la démocratie pouvait défendre le travail et les travailleurs en leur donnant des compensations sur le plan du statut de travail et du salaire. On s'aperçoit maintenant qu'elle a négligé les citoyens producteurs, qu'elle a défendu les consommateurs, le marché, la croissance des inégalités. La démocratie reste en permanence à la porte du « saint des saints », l'entreprise. Le dialogue[11] est-il encore possible avec des « régimes démocratiques « thatchériens[12] » livrés à la pure idéologie de la rationalité marchande ?

---

[9] Voir également Gilbert ACHCAR, *Marxisme, orientalisme, cosmopolitisme,* Sindbad, Actes Sud, 2015.

[10] Voir le livre de Georges CORM, P*our une lecture profane des conflits, Sur le « retour du religieux » dans les conflits contemporains du Moyen-Orient »*, La Découverte, 2012. Il explique comment les conflits d'intérêts à l'intérieur des nations se construisent d'abord sur des dénis de démocratie, sur lesquels s'enchaînent des conflits entre nations pilotés par ces dirigeants pour contrôler leurs peuples, conflits instrumentalisés ensuite par les puissances occidentales, en fonction de leurs intérêts propres. C'est ainsi qu'il faut prendre la mesure de l'affrontement entre valeurs religieuses ou identités culturelles devenues soudainement irréductibles.

[11] Le livre de Thibault LANXADE et Jean-Louis VINCENT, *Patronat, syndicats, stops, & encore !* Le Cherche-Midi, 2017, estime le dialogue possible, mais difficile : « Le paritarisme n'est pas encore né. »

[12] Wendy BROWN, *Les habits neufs de la politique mondiale. Néo-libéralisme et néo-conservatisme,* Les prairies ordinaires, 2007.

L'Europe, grand vecteur du reflux démocratique. Le capitalisme s'impose au niveau européen depuis 40 ans par le biais de l'Europe. Il s'appuie sur le déficit d'organisation collective des États qui se sont laissés prendre par la politique du « moins-disant social » pour pouvoir gagner la « bataille » économique. Épisode récent : la Cour de Justice de l'Union européenne (arrêts Viking et Laval de 2007) a décrété que les organisations syndicales ne doivent en principe *rien faire qui serait susceptible de rendre moins attrayant voire plus difficile* « le recours à des délocalisations, à des pavillons de complaisance ou à des prestations internationales de main-d'œuvre permettant d'échapper aux cotisations sociales des pays d'accueil[13]. » (A. Supiot, *Le Monde diplomatique*, novembre 2014)

Ce qui revient de fait, en légitimant le droit du moins-disant social, du plus libéral, à délégitimer tous les autres, à remettre en cause sans le dire le droit de grève. Ce qu'a bien perçu l'Organisation internationale du travail, dont toutes les normes patiemment construites (même si elles ne sont pas nécessairement respectées) seraient rendues caduques, droit de grève y compris, par ces arrêts-décrets. L'OIT, qui n'a aucun moyen de pression sur les États (à la différence de l'OMC qui peut imposer des sanctions), tente de faire respecter ses 8 conventions fondamentales élaborées entre 1930 et 1973, la dernière en date étant de 1999 sur le « travail décent ». Elle ne réussit pas à se faire entendre et n'a droit qu'à un strapontin d'observation à la Banque mondiale et au FMI. Les plus vieilles conventions, celles sur la liberté syndicale (1948) et sur la négociation collective (1949), sont souvent ignorées ; « l'opinion mondiale » y prête peu attention. Cette stagnation silencieuse donne froid dans le dos, car cette ambiance permanente de conflit couvert, qui se déroule « hors la loi », bonne pour le fort, mauvaise pour le faible, est désastreuse pour tout le monde. Ignorer le déséquilibre des forces en faveur du capital et les nombreuses défaites de la démocratie ne peut que déboucher sur des conflits de plus en plus ouverts. Jaurès comparait le capitalisme à « la nuée qui porte l'orage ».

---

[13] Voir à ce sujet la liste des décisions et décrets pris par la Cour de Justice de la Commission européenne entre 1999, première édition du livre *Au-delà de l'emploi*, et 2016, deuxième édition du livre chez le même éditeur. Voir en particulier la préface à la 2e édition « Les voies d'une vraie réforme du droit du travail » (pages I-LVII).

De manière générale, le livre coordonné par A. Supiot[14] constate, 17 ans après sa première édition, le recul flagrant de l'Union européenne.

> Il n'était pas tout à fait absurde (en 1999) d'espérer que l'Union européenne puisse devenir le laboratoire en vraie grandeur d'une solidarité nouvelle entre pays « riches » et pays « pauvres ». Nous le republions (ce livre) aujourd'hui dans sa version originale, car il n'a malheureusement rien perdu de son actualité. (p. II, édition de 2016)

L'espoir fragile de cette solidarité espérée s'est bel et bien « envolé ». L'idéologie dominante fait partout savoir que la crise de 2008 n'est pas due à la déréglementation des marchés financiers afin de « l'imputer à l'excès de réglementation des marchés du travail et aux protections extravagantes dont jouiraient les travailleurs et les chômeurs en Europe » (p. XI, éd. 2016). Ce mensonge jette un éclairage cru sur la nature de l'alliance entre pouvoir économique et pouvoir politique, exigeant parfois l'autocritique humiliante de pouvoirs politiques démocratiquement élus, comme ce fut le cas pour la Grèce à l'été 2015. Le discours agressif de F. Hollande contre la finance, en campagne électorale (2012), suivi de son reniement immédiat, en est une autre illustration. La lutte contre la fraude fiscale a permis de récupérer en France 5,6 milliards d'euros depuis le scandale des « Panama Papers ». La fraude est de 80 à 100 milliards par an selon le syndicat Solidaires finances publiques (*Le Monde* 25-10-19).

La préface de A. Supiot (2016) souligne le tournant pris par la Cour de Justice de l'Union européenne depuis la chute du mur de Berlin : le tournant libéral de « l'avantage comparatif lié au moins-disant social » prend le contrepied de l'Europe sociale et de « l'égalisation dans le progrès » qui était l'objectif des années 1960 et 1970. La liste de mesures qui font jurisprudence (douze sont citées) va dans le sens d'une réduction des droits des travailleurs et « rabote » les codes de travail nationaux. Ces mesures, regroupées sous les termes de *Corporate Management* (prééminence du pouvoir des actionnaires sur les salariés) et de *New Public Management* (adaptation dans le secteur public de ce modèle d'efficacité productive) aggravent la situation de l'emploi et du service public.

De plus, effet pervers, l'auteur souligne que l'inflation du Code du travail, critiquée par les patrons comme ingérable, n'exprime en fait

[14] *Au-delà de l'emploi,* Flammarion, 1re édition, 1999, 2e édition, 2016.

que leur volonté : l'asservissement des droits du travail au calcul économique. Cet asservissement est théorisé dans la doctrine « *Law and Economics* » où il est prévu que chaque calcul économique singulier concernant une branche, un lieu de production, un produit, une profession peut autoriser l'établissement d'une relation de travail normative entre employeur et employé, fixée aussitôt dans un accord entre les deux parties et enregistrée comme un article de plus dans le Code du travail. La multiplication de ces articles n'a pour but que générer de la plus-value. Souplesse des accords, réduction des droits, inflation du Code : ni le travail, ni l'emploi ne sont à l'ordre du jour.

CHAPITRE V

Le syndicalisme face à ses défis

Les syndicats n'avaient pas prévu l'offensive d'individualisation, l'entreprise de guerre contre tout collectif, cette régression sociale inimaginable. Ils « tombent de haut » après s'être pensés « patrons » face aux ouvriers et contre-pouvoir face aux patrons. On voit même des patrons qui, ayant pratiqué les formes les plus sophistiquées du management de compétition, en ont vu les coûts et les dégâts et proposent de venir en aide à leurs collègues en leur offrant un service, payant, pour « rétablir la confiance » avec leurs salariés. La confiance, nouveau marché du patronat (voir chap. 6).

Le syndicalisme, en se repliant sur ce qui lui paraît essentiel à défendre en temps de crise, l'emploi et le salaire, laisse de côté des revendications qui se réfèrent aux rapports de travail et à l'organisation du travail. Le patronat et l'État de leur côté s'attachent à délier les droits du travail de la loi et du mouvement social pour les faire traiter par toutes sortes de spécialistes, professionnels du management, psychologues, sociologues, juristes, économistes. Cependant que le syndicalisme se bureaucratise à travers la multiplication des procédures de représentation, de délégation, de « paritarisation » qui envahissent son emploi du temps et l'écartent des préoccupations concrètes et des dynamiques propres des travailleurs. Il faut « faire le tour » des grands défis posés au syndicalisme : problèmes de la banlieue, du genre, des statuts précaires, et s'interroger sur les évolutions possibles : antisyndicalisme, reculs de l'État, clivage ethno-racial, fragmentations syndicales.

1. Le phénomène de banlieue s'inscrit dans une conjoncture de longue durée, 80 ans pour la France maintenant, qui définit un monde particulier du travail, au niveau mondial. Dans le cadre d'une croissance urbaine soutenue, le développement de quartiers populaires déshérités s'installe dans tous les pays du monde. Les discriminations se concentrent dans les quartiers populaires à partir du chômage, bien plus élevé que dans les autres quartiers urbains, auquel s'ajoutent d'autres difficultés : migrations croissantes intra ou internationales, sous-équipements collectifs (école, santé, transports, habitat, culture). Les mêmes mécanismes jouent en différents pays ; le capital en fait le même usage : ce salariat est détérioré.

Le mot de banlieue présente un ensemble de rapports sociaux discriminants de classe, de genre et de race qui fonctionnent de concert. La chronique des révoltes de banlieues populaires n'est plus à faire : quel que soit le pays, France, États-Unis, Brésil, Afrique du Sud, que le contact remonte à l'esclavage du XVIIe ou du XVIIIe siècle, à la colonisation du siècle dernier ou aux migrations les plus récentes, les pratiques de la surexploitation se perpétuent en utilisant l'argument de la différence raciale. Certes, le racisme est un phénomène qui déborde largement les rapports de travail,[1] mais ces derniers le portent très haut. Crises économiques, croissance des inégalités, accentuation des migrations internationales redoublent sa force et sa portée. Partis et mouvements de droite ou d'extrême droite, et parfois de gauche, perçoivent les migrations en Europe comme un danger pour l'emploi des autochtones et ne dissimulent plus leur hostilité. Ce glissement d'une perception de l'exploitation vers une perception raciste est apprécié des entreprises : il masque leur exploitation économique et les autorise à entretenir, sans bruit, les bas salaires et la disqualification de cette main-d'œuvre. Quant au risque politique de l'entretien du racisme, il est confié aux manipulations des médias et de l'État.

La crise de l'emploi se développe avec la mondialisation de l'économie ; toutes les banlieues du monde en font l'épreuve et s'en protègent au moyen du développement illégal du trafic de drogues, et celui, légal, des communautarismes. Il y a 60 ans, dans les années 1950 et jusqu'au milieu des années 1970, la banlieue française ne connaissait ni crise de l'emploi ni communautarisme. La relativement bonne intégration économique des migrants atténuait la différence culturelle ou raciale, la discrimination passait inaperçue (on n'employait pas encore le terme de communautés, et celui de

---

[1] Michel AGIER, « Le maléfice de la race et le corps de l'indésirable », *Communications,* n° 98, *Pauvretés*, 2016, p. 175-188.

communautarisme n'avait pas été inventé). À l'heure actuelle, l'arrivée de nouvelles générations et la croissance du chômage mettent les migrants en position défensive, les désignant comme surnuméraires. Ils mobilisent leur culture comme moyen de survie et de résistance, devant les difficultés d'une intégration économique, politique, citoyenne, républicaine qui leur est refusée (le droit de vote) ou parcimonieusement accordée (la carte de séjour, la nationalité), ou négligée (l'offre scolaire, l'habitat). La culture qu'ils mobilisent pour résister, une stratégie de repli sur l'identité, est alors critiquée, dénoncée comme communautarisme, discrimination redoublant la dèqualification du chômage. Leur réaction alors peut dépasser l'aspect culturel et prendre des formes et des intensités variées. Elles deviennent plus explosives par moments à travers émeutes et révoltes (2005) le plus souvent provoquées par des excès policiers qui ne sont jamais condamnés en justice, ce qui accentue encore le sentiment d'un déficit ou d'une exclusion de citoyenneté d'autant plus insupportable pour ceux qui sont de nationalité française. Elles peuvent trouver une issue dans les « solidarités d'exclusion » : le voile, le retour de l'Islam, le repli matrimonial. Certains (B. Bréville, *Le Monde diplomatique*, février 2015, p. 7) notent ce changement précisément :

> En moins de 3 ans (1981-84), le débat sur l'immigration a été vidé de son contenu social. Depuis ce renversement, les étrangers et leurs descendants sont sans cesse rappelés à leur communauté, à leur religion.

La droite, qui appréciait l'apport de la main-d'œuvre immigrée pour l'économie française, la stigmatise à partir de 1981 (affrontement des Minguettes à Vénissieux, élection de Mitterand, marche des Beurs de 1983) et exploite le « filon national-sécuritaire » (G. Noiriel), piège où la gauche se laissera prendre à son tour plus tard.

Ailleurs, des processus comparables sont à l'œuvre. Le « génocide de la population noire » dans les banlieues du Brésil depuis la grande vague de néo-libéralisme des années 1990 a jeté des millions de travailleurs au chômage et dans le trafic de drogue, a surpeuplé les prisons, suscité de nombreuses révoltes de prisonniers sauvagement réprimées, et engagé la police à traiter la question de la violence par l'escalade de la violence : il lui suffit d'interpeller une personne pour que la moindre attitude dite de « résistance à interpellation » justifie son assassinat immédiat[2]. Crimes impunis dans pratiquement tous les

---

[2] R. CABANES, *Économie morale des quartiers populaires de Sao Paulo*, L'Harmattan, 2014.

cas. Aux États-Unis, qui aurait pu penser que plus de 50 ans après la lutte pour les droits civiques des Noirs, le même racisme de la police blanche referait surface de la même manière, pour mater toute velléité de sursaut ou de révolte face aux injustices de l'emploi, du travail, de la vie quotidienne ? L'évènement *« Black lives matter »* l'illustre encore tout récemment. Toutes les banlieues du monde relèvent « d'un autre poids et d'une autre mesure » : il ne faut pas laisser émerger publiquement le problème de l'emploi, mais le cacher sous la question de la race et de la marginalité associée au trafic de drogue.

Si on regarde *l'histoire du travail dans la banlieue française* on s'aperçoit que le développement du communautarisme actuel n'est que le fruit d'une histoire sociale axée sur la défense du travail et du syndicalisme qui a été enlisée par le chômage. Ce regard rétrospectif est utile pour comprendre les étapes du mouvement social des ex-colonisés, maintenant migrants ou de nationalité française. Leur participation aux deux guerres mondiales leur a permis de manifester publiquement leur conscience de la véritable égalité entre les hommes. La répression coloniale qui s'est exercée en plusieurs pays (Sénégal, Cameroun, Madagascar) sur les manifestations d'anciens combattants qui revendiquaient un traitement de citoyen et l'abolition du Code de l'indigénat leur a signifié que cette heure n'était pas venue. L'on observe alors quatre périodes successives de mobilisation : assimilation ; critique de la colonisation (nécessité d'en corriger les excès) ; revendication culturelle de la négritude ; indépendance, toutes dans le cadre d'une « visibilité coloniale[3] ». La décolonisation renvoie ensuite les « immigrés » à une « invisibilité post-coloniale » au moment où la France, comme d'autres pays d'Europe, fait un appel massif à la main-d'œuvre étrangère pour assurer son développement économique.

Dans cette invisibilité post-coloniale les travailleurs s'organisent : l'Union générale des travailleurs sénégalais en France, fondée en 1961, constitue pendant plus de vingt ans une force sociale avec laquelle il faut compter. Dès le début de son histoire, elle est tiraillée entre une solidarité envers le gouvernement de son pays, le problème du travail et du logement dans le pays où elle vit (mobilisation des foyers en 1972), le souci d'aider les familles du pays d'origine. Les revendications portant sur le travail lui-même, toujours présentes, en

---

[3] Pap NDIAYE, *La condition noire, essai sur une minorité française*, Calmann-Lévy, 2008.

restent à un stade peu visible jusqu'en 1996, date de l'occupation de l'église Saint-Bernard par les « sans-papiers ». Dès lors, la situation de travail émerge au grand jour, et la situation post-coloniale prend la forme de collectifs importants de travailleurs en quête de carte de séjour de longue durée. Communautarismes et nationalités coloniales cèdent la place aux insertions syndicales spécifiques. Ce processus est appuyé par des associations de solidarité et fractions syndicales métropolitaines ; il est peu pris en compte par les confédérations syndicales qui souffrent de bureaucratisation. Il enrichit les dynamiques sociales du fait du caractère universalisant que représente le droit d'accès au travail, fondement de la carte de séjour, du statut social et d'une quasi-citoyenneté, signes d'égalité avec les travailleurs du pays.

On peut comprendre que les obstacles rencontrés par les travailleurs migrants puissent les conduire à des actions violentes lorsque le refus de leur citoyenneté est flagrant, voire provocant, comme lors des révoltes de 2005. Actions qui prennent la forme du doute avec la montée des taux d'abstention lors de consultations électorales[4]. La nécessité d'une expression culturelle propre, désir de citoyenneté locale et nationale est présente dans toutes les banlieues du monde et prend la forme d'une « conquête » de la loi à travers les démarches pour débloquer des droits ou des avantages sociaux, de manière de plus en plus individualiste, car les aides sont segmentées et soumises à conditions. La difficulté pour « la banlieue » d'entrer dans la solidarité du travail relève de la difficulté d'accès à un travail normal et à l'intégration dans les syndicats autochtones.

2. Les discriminations au travail du fait du genre[5]. La discrimination de genre concerne toutes les sociétés de la planète, quels que soient leur mode de production ou leur niveau de

---

[4] S. BEROUD, P. BOUFFARTIGUE, H. ECKERT, D. MERKLEN, *En quête des classes populaires, un essai politique,* La Dispute, 2016, p. 168-9. Enquête effectuée par D. Merklen, phénomène occulté par « tout le monde ».

[5] On se réfère essentiellement au n° 178 de *Raison présente, 2e trimestre 2011,* et en particulier aux articles de Xavier DUNEZAT et Roland PFEFFERKORN : « Articuler Les rapports sociaux pour penser à contre-sens », et de Danièle KERGOAT, « Comprendre les rapports sociaux » (en particulier en référence à la notion de « consubstantialité » des rapports sociaux). Voir également Danièle KERGOAT, « Le travail un concept central pour les études de genre », dans Margaret Maruani (sous la direction de) : *Je travaille donc je suis, perspectives féministes,* La Découverte, 2018.

développement. Elle est un obstacle majeur et un atout potentiel vers l'unité du travail. Il est impossible de séparer ou de segmenter les rapports sociaux, en rapports de race, de travail ou de genre, comme s'ils étaient sans liens entre eux. L'entrée dans les rapports de genre à partir de l'analyse du travail et de la division sexuelle du travail[6] note d'emblée la différence avec les campagnes de certaines organisations internationales, telle l'UNESCO, qui cible les inégalités de genre dans le monde en laissant penser qu'il s'agit de purs rapports de genre, indépendants des rapports sociaux de travail. Parfois même elles présentent les luttes pour l'égalité de genre dans la société civile comme un possible substitut aux luttes pour les rapports d'égalité de genre dans le monde du travail. Or les rapports sociaux de genre sont toujours articulés à des modes de production particuliers comme le mode de production capitaliste. Penser l'égalité dans les rapports de genre à travers la conquête de l'égalité du travail dans la sphère domestique sans changer les rapports de travail capitalistes est une vue de l'esprit. Inversement penser l'égalité de genre dans des rapports de travail capitalistes sans penser l'égalité dans les rapports domestiques est aussi impossible. Dans ce processus d'interdépendance, femmes et hommes ne peuvent espérer s'émanciper séparément, dans une sphère ou l'autre. L'émancipation ne peut qu'être conjointe. Cependant la classe des femmes est en général mieux placée pour porter le projet d'une politique démocratique du travail que celle des hommes, parce qu'elle est la plus exploitée : penser le travail à partir de la situation la plus infériorisée permet d'approfondir sa fonction émancipatrice.

Sans doute faut-il voir dans les rapports sociaux de genre observables en toute société, pré ou post-capitalistes, la forme matricielle, initiale et universelle, de la domination de genre. La domination masculine est une donnée anthropologique, présente partout dans le monde[7]. Mais on ne peut faire la critique sociale de cette domination sous une forme universelle parce que l'articulation entre les modes de production domestiques et d'autres modes de production présente des différences importantes. Les mouvements

---

[6] Jules FALQUET, Helena HIRATA, Danièle KERGOAT, *Le sexe de la mondialisation, genre, classe, race et nouvelle division du travail,* Sciences Po, Les Presses, 2010, – Jules FALQUET, « Un monde dominé par les hommes, jusqu'à quand ? » (p. 129-135), dans Bertrand BADIE et Dominique VIDAL, *Qui gouverne le monde, L'état du monde 2017,* La Découverte, 2017.

[7] Françoise HÉRITIER, *Masculin-Féminin, la pensée de la différence*, Odile Jacob, 1996.

féministes qui veulent modifier les rapports sociaux domestiques et les institutions du patriarcat ne peuvent les dissocier de la lutte contre les institutions du capitalisme, entreprise, marché et État[8].

L'histoire et l'anthropologie mettent l'accent sur deux faits liés : la lutte des plus dominés ou des plus exploités va davantage à la racine de l'injustice sociale ; la lutte des dominés en situation plus favorable peut faire oublier la lutte de ceux qui sont en situation moins favorable : la lutte des femmes blanches peut ignorer celle des femmes noires. À ces deux tensions en est liée une autre, aussi classique : l'intériorisation d'une domination cachée, masquée, « héritée » au fil des siècles.

Les trois instances, travail, genre et race, présentes dans les situations concrètes, sont indéliables ou consubstantielles. Elles peuvent se renforcer mutuellement dans les luttes sociales. C'est parce que le mouvement noir pour les droits civiques animé par Martin Luther King était parvenu à établir la jonction avec les Blancs « pauvres », donc à joindre les rapports sociaux de race et de travail, qu'il a tout à coup représenté pour le pouvoir un danger imminent dont l'issue a été son assassinat. L'incorporation d'une revendication de genre dans le travail, ou de race dans le genre, amène à une intensification des luttes d'émancipation, parce que sont associées les diverses dimensions de rapports sociaux où se trouvent les personnes, classes ou catégories les plus exploitées ou dominées. Les potentialités de lutte s'accroissent lorsqu'elles répondent à un ensemble plus large de discriminations. Et le surplus de légitimité qui s'attache à l'action syndicale quand elle défend les plus démunis, femmes ou sans-papiers, renforce ses potentialités politiques.

Il y a les réponses qui se définissent comme politiques face à des situations où les femmes sont dominées comme les hommes, mais plus qu'eux, où « tout le monde en souffre, mais où elles sont en première ligne » : la militarisation dans le contexte mondial et la sécurité des populations civiles, les migrations politiques ou environnementales, font partie de ces cas-là. Ainsi le DAWN (Development Alternatives with Women for a New era), qui, à partir des années 1980, met l'accent sur la position plus difficile des femmes dans des situations variées (protection sociale, migrations, justice). D'autres cas montrent la variété des processus de cumul des handicaps dont le résultat aboutit à une oppression de genre extrême. Dans l'Inde

[8] Alexis CUKIER, *Le travail démocratique*, PUF, Actuel-Marx, 2017.

du Nord-Est[9], où une histoire particulière a vu s'accumuler des problèmes de migrations, de travail forcé, de prostitution, de viols, de travail des enfants, d'ablations et de ventes d'organes, de drogue, l'action des femmes est très difficile. Elle doit affronter à la fois un État incapable de réguler le chaos régnant par la loi, et la force d'inertie d'hommes qui voudraient bien trouver des solutions plus justes pour elles, mais sans toucher à leurs façons d'être, leurs prérogatives et leurs privilèges.

D'autres cas ciblent une violence très spécifiée. À Ciudad Juárez, Mexique[10], le féminicide des ouvrières jeunes et métissées, travaillant dans les usines de montage de la zone franche pour l'industrie des USA, atteint des proportions exorbitantes (plus de 500 assassinats entre 1993 et 2001, à nouveau 157 en 2009[11]) sans qu'aucune explication sérieuse soit avancée puisque ces crimes restent non-instruits : violences sexuelles avant le meurtre ? Jalousie d'hommes en concurrence avec des femmes plus habiles et moins bien payées ? Déliquescence sociale, misère ? Impunité du narcotrafic ? Sans oublier les violences des pouvoirs publics sur les familles qui mettent trop d'énergie à vouloir éclaircir ces meurtres. Pour l'auteur, un « moyen de démoraliser l'ensemble des femmes à travers la répression particulièrement dure exercée sur certaines d'entre elles », en tant que « segment de la main-d'œuvre le plus important pour le système d'accumulation néo-libéral et la réalisation concrète du travail » (p. 240).

Chaque processus ouvre des ripostes d'émancipation. Des organisations féministes indiennes ont dénoncé les pogroms antimusulmans faits par les groupes nationalistes hindous dans l'État de Gujarat en 2002, et organisé un travail humanitaire par-delà les clivages religieux, en y associant des groupes féministes occidentaux[12]. Ces groupes d'action féministes sont pris dans des « échelles de valeurs de l'émancipation[13] », nationalistes, identitaires

---

[9] Paula BANERJEE, « Femmes et frontières dans l'Inde du Nord-Est, p. 215-228, in *Le sexe de la mondialisation.*

[10] Jules FALQUET, « L'État néo-libéral et les femmes, le cas du "bon élève" mexicain », p. 229-242, dans *Le sexe de la mondialisation.*

[11] Et 3 825 en 2019 pour l'ensemble du pays.

[12] Paola BACCHETA, Réflexions sur les alliances féminines transnationales, p. 260-273, dans *Le sexe de la mondialisation.*

[13] Sandrine MANSOUR, La naissance des mouvements de femmes au Levant, p. 18-34, *Nouvelles Questions féministes*, vol. 35, n° 2, 2016, Féminismes dans les pays arabes.

et religieuses : en restant fermes sur leurs principes, ils sont ballottés sur l'océan des conflits religieux et politiques où ils n'ont que des prises restreintes ; leur voix s'entend cependant, porteuse d'universel, prophétique, mais atténuée. Leur radicalité s'inscrit dans une perspective universaliste qui redéfinit les concepts de travail, de rapports sociaux, de valeurs. Le problème reste toujours d'opérationnaliser cette analyse dans la vie réelle. Cette lutte de fond et de long cours se révèle, par sa généralité (il s'agit de la moitié de la population mondiale) et sa radicalité aussi, du point de vue de la race[14], comme une référence fondamentale des luttes à venir, du point de vue des droits humains, droits du citoyen et du travail. La tension portée par la question de l'inégalité de genre s'enracine partout dans le monde et soutient l'espoir le plus général et profond de justice et d'égalité pour l'humanité. Les syndicats s'en imprègnent peu à peu. On voit naître des syndicats exclusivement féminins dans plusieurs pays et continents et la dimension transnationale des luttes féministes s'affirme dans chaque espace de travail public, domestique ou privé.

3. Les sans-papiers ont mis beaucoup de temps à s'organiser dans leurs collectifs, avant de susciter l'attention d'autres associations et des syndicats, anciens et structurés comme la CGT, ou minoritaires et récemment créés comme Solidaires. Cet intérêt, au cours de l'histoire, a toujours été ambivalent, suscitant rejet ou solidarité.

Jusqu'à une date récente[15], les militants de la CGT ont participé aux luttes des sans-papiers sous la forme d'un soutien à leurs collectifs. C'est à l'issue de plusieurs expériences militantes que « le décalage » entre les grévistes sans-papiers et les représentants des syndicats, qui « s'arrime aux rapports sociaux d'un monde issu de la colonisation » (p. 290), se transforme en une double dynamique où le syndicat devient « l'acteur de la revendication de la régularisation et l'organisateur des conditions de sa satisfaction et qu'à travers lui émerge la figure du travailleur sans papiers » (p. 294), cependant que ces derniers « gagnent, à défaut d'une régularisation immédiate, le statut d'interlocuteur des employeurs et des pouvoirs publics »

---

[14] Helena Hirata, « *Care* et intersectionnalité, un enjeu politique » dans Margaret Maruani (sous la direction de) : *Je travaille donc je suis, perspectives féministes,* La Découverte, 2018.

53 BARRON Pierre, BORY Anne, CHAUVIN Sébastien, JOUVION Nicolas, TOURETTE Lucie, *On bosse ici, on reste ici ! La grève des sans-papiers : une aventure inédite,* La Découverte, 2011.

(p. 291). Ce livre, qui décrit les luttes qui se sont déroulées entre 2006 et 2010, est précieux parce qu'il montre l'adéquation entre le désir de régularisation des travailleurs immigrés à partir de leur position de travailleur, et l'appui de certaines organisations syndicales qui ne désavouent pas « leurs » activistes lorsqu'ils surgissent à titre personnel, en fonction de situations locales, à divers niveaux de l'organisation.

La grève permet la rencontre. Dans la difficulté ou l'impossibilité de tenir une grève sur des lieux de travail ou dans des agences d'intérim trop dispersées ou impropres à des rassemblements, l'idée est d'occuper des structures patronales (la Fédération nationale des travaux publics, tel ou tel siège du Medef), ou paritaires (le Fonds d'assurance formation de l'industrie hôtelière), ou des entreprises qui ont montré envers eux plus d'agressivité que d'autres, ou encore celles qui montrent moins de réticence à les accueillir, telle la RATP. Le 14 octobre 2009, ce sont 2 300 grévistes, et le 21 octobre, 3 700, « la première grève massive et coordonnée de salariés intérimaires ou isolés » dans la région parisienne. Innovation : des cartes de grève nominatives sont distribuées, sans aucune mention syndicale ou associative, mais avec les coordonnées de l'employeur ou/et de l'agence d'intérim. La carte est portée par son titulaire et un double est gardé par la CGT : elle protège en cas d'arrestation (l'individu qui la porte se réfère à l'organisation qui le soutient) ; elle fait office de document d'identité et permet de prouver à l'employeur que son titulaire n'a pas abandonné son travail (ce qui l'exposerait au licenciement), mais qu'il est en grève ; elle permet enfin de compter les grévistes et de mettre en valeur la mobilisation : les noms de 3 200 grévistes seront présentés à la Direction générale du travail le 26 octobre 2009. Et lorsque les propriétaires des sites occupés assignent les grévistes en justice pour les faire évacuer, ces derniers vont vers de nouvelles occupations « préparées d'avance ». Se poursuit ainsi une grève nomade avec ses rencontres périodiques. Ce mode d'action s'accompagne de négociations : la rencontre du mouvement avec une organisation patronale (ETHIC, Entreprises de taille humaine indépendantes et de croissance) a eu lieu ; mais son objectif, qui était d'ouvrir la discussion avec le ministère du Travail n'aboutit qu'à l'élaboration d'une « circulaire de recommandations » (avril 2010), malgré l'occupation symbolique du ministère de l'Immigration en présence du secrétaire général de la CGT. Cette période 2006-2010 mérite d'être soulignée au titre de l'efficacité syndicale « internationale ». La proclamation et les prolongations de l'état d'urgence à la suite des attentats de 2015 rendent plus difficile l'action des sans-papiers (évacuation de Calais, des campements parisiens). Les poursuites s'amplifient contre les « délinquants solidaires » aidant des travailleurs sans-papiers, assimilés aux « passeurs » de la Méditerranée[16]. Mais la marche d'octobre 2020 sur Paris venant de 3 régions frontalières de France souligne leur forte présence et leur actualité.

4. Les chômeurs présentent un autre problème qui affecte le syndicalisme. La lenteur des syndicats à les prendre en charge en France en hésitant à organiser une branche « chômage » puisque les chômeurs n'étaient pas des travailleurs[17], se poursuit jusqu'à nos jours malgré l'augmentation régulière et soutenue de leur nombre : 7 % de la population totale en 2007, 10,5 % en 2014, 12 % en 2015. Les chômeurs sont dispersés dans la population, installés dans le paysage social ; ils font partie de notre mode de vie : une partie d'entre eux est visible sous la forme des « sans domicile fixe » ou lors des rassemblements des « restos du cœur » et reçoit l'assistance d'associations pendant que les syndicats s'occupent de peser sur une législation facilitant stages et autres formes de retour à l'emploi, de plus grandes facilités d'accès à la santé, au logement, aux transports. Pendant que se développe, parallèlement, l'offre de petits boulots pour *« working poors »* et le travail clandestin et illégal. Les centrales syndicales s'orientent vers la signature avec les pouvoirs publics des pactes pour l'emploi, qui ajourne le projet plus difficile d'organiser les chômeurs. En assumant un rôle de négociateur et en abandonnant celui de mobilisateur, le syndicalisme fait un choix stratégique où il réduit son champ de vision de la justice sociale et de sa légitimité. La possibilité de justice sociale se réduit à ceux qui ont la capacité de protester ; elle est aléatoire pour les assistés-exclus, qui sont désignés, du fait de leur invisibilité, comme boucs émissaires de la crise. Les indignations qui s'exprimaient quand la crise n'était pas trop avancée, en 1997 (cf. le livre de R. Dethyre : *Imagine*, p. 179-191), la reprise des « Indignés » orchestrée par S. Hessel en 2009 et répliquée en

[16] www.gisti.org (mars 2016). Néanmoins l'action continue, le 1-10-2019, ce sont 3 entreprises (sur 10 qui étaient entrées en grève) qui décident de la régularisation de leurs travailleurs sans papiers (*Le Monde*, 3-10-2019).

[17] R. DETHYRE, *Chômeurs, la révolte ira loin*, La Dispute, 1998 (à propos de la CGT).

d'autres pays européens, les mouvements « d'occupation des places », dernièrement les « Nuits debout » de 2016, ont pu paraître à chaque fois comme autant d'opportunités capables de fonder, pour eux, de nouveaux départs : ce ne furent que poussées de fièvre dans une maladie stabilisée de longue durée.

5. Les intérimaires. P. Cours-Salies, *Le bas de l'échelle, la construction sociale des situations subalternes*, Ères, 2006. Le reportage « Intérimaires en migration » (*Le Monde*, 15-4-2015) annonce que l'agence Terra Fecundis est devenue spécialiste de l'approvisionnement en main-d'œuvre agricole (5 000 travailleurs environ d'Amérique latine, durant ces derniers mois), qu'elle fait transiter un instant en Espagne pour les embaucher en France sous contrat espagnol avec un statut de travailleur détaché (alors que nombre d'entre eux arrivent directement de leur pays). Ils restent 8 à 10 mois en France, puis retournent en Espagne avant de revenir éventuellement l'année suivante. Contrats « permanents intermittents » selon son PDG : les travailleurs ne sont pas payés quand il n'y a pas de travail et le reprennent lorsqu'il y en a, jusqu'à 14 h par jour selon leurs propres témoignages, sans paiement d'heures supplémentaires ou de congés annuels. Au risque de rencontrer d'autres travailleurs saisonniers d'autres nationalités, avec qui des bagarres éclatent. Gestion rêvée pour l'employeur : les pauvres se battent entre eux pour obtenir les salaires les plus bas.

Le procès du « travail dissimulé » sur le chantier du réacteur EPR construit par EDF dans la Manche s'est ouvert le mardi 10 mars 2015 à Cherbourg. Plusieurs sociétés sont mises en cause dont Bouygues ; ce dernier utilise des sociétés, roumaines entre autres, « que la justice n'a pu localiser ». L'Office central de lutte contre le travail illégal énonce : ni congés payés ni couverture santé et chômage, salaires plus bas que la convention collective française, horaires d'une extrême flexibilité, durée hebdomadaire de travail excessive. Ce que Bouygues, leur recruteur, sait. L'OCLCTI estime que 230 000 détachés travaillent en France en toute illégalité. Et un nombre équivalent dans la légalité : les travailleurs étrangers recrutés sont censés être régis par le Code du travail et les lois sociales de leur propre pays.

6. Les précaires[18]. Ce terme synthétise toutes les atteintes liées qui touchent le travail, tant dans les économies de marché riches que dans les émergentes : atteintes au statut du travail, à la fragilisation et à la durée des contrats[19], atteintes au temps de travail, sa durée, son morcellement et son invasion dans la vie de non-travail, atteintes à la rémunération et au salaire, atteintes à la santé, stratégies de mise à l'écart, développement du mépris et de la violence. Sans parler des autres conséquences négatives qui accompagnent le travail précaire : problèmes de résidence, de parcours scolaires perturbés, de relations sociales évanescentes. L'auteur estime à 40 % la proportion des travailleurs des pays développés que l'on peut qualifier de précaires ; imaginons leur nombre dans les pays moins développés. « Colère, anomie, anxiété, aliénation » sont les quatre caractères de leur relation au monde. Ensemble marqué de toutes les vulnérabilités, nouveau « damné de la terre » nourri de luttes intestines, mais aussi uni, comme les gilets jaunes, espérant sortir de la confusion pour s'afficher collectivement un jour. L'auteur y voit une révolte qui gronde sans discerner vers quelle issue, solidariste ou individualiste, elle peut déboucher.

7. Mouvements sociaux et fragilisation du syndicalisme. Que penser des *mouvements sociaux* des années 1990 et 2000, des « occupy » de toutes sortes, des « mouvements des places » dont on prédit une présence durable sur la scène politique puisqu'ils conjugueraient une réciprocité entre libération individuelle et libération collective, action individuelle et action collective ? Leur action de solidarité, d'assistance citoyenne, de mobilisation donne lieu à un souci de vérité, une fièvre de dénonciation, un désir de justice. En même temps, ces luttes de segments (précaires, sans-papiers, sans-emploi, intermittents, intérimaires), et les luttes ciblées sur un objet (les médias, le racisme, le genre, le capital financier, l'environnement), exercent une critique générale du capitalisme qui vise moins la déconstruction du rapport de production lui-même que ses effets : les inégalités et les atteintes aux libertés.

---

[18] Guy STANDING, *Le précariat, les dangers d'une nouvelle classe,* Les Éditions de l'Opportun, 2017.

[19] En France, sur les 20 millions de nouveaux contrats d'embauche signés chaque année, environ 2/3 concernent des emplois d'une durée inférieure à un mois. G. Standing, ouv. cit, p. 9.

D'où une impression d'incertitude qui surgit devant la vitalité et la fragilité, la généralité et la dispersion, la segmentation des contestations qui s'élèvent de toutes parts. Comme s'il y avait une correspondance entre l'étendue, la variété, l'acuité de la critique et la dispersion de la réflexion qui la conduit : plus de 90 commissions lors des Nuits debout de la place de la République au printemps 2016. Alors que le signal de départ avait été donné par les réseaux sociaux de « jeunes » contre le projet de loi travail qu'une bonne partie des syndicats, la CGT en premier, s'était empressée de relayer en observant l'hostilité suscitée (plusieurs centaines de milliers de signatures contre ce projet en une semaine). À aucun moment par la suite n'est apparu le souci de définir un axe critique fondamental qui réunirait ces deux catégories d'acteurs, jeunes et syndicats, et ces deux catégories d'enjeux, problèmes de société et travail. Au résultat, peu d'avancées, mais des reculs imposés par le gouvernement sur le travail : l'entreprise est décrétée prioritaire pour la négociation par rapport à la branche ; un plafonnement des amendes est accordé aux entreprises lors des jugements de prud'hommes ; une autorisation de ruptures conventionnelles pour des contrats collectifs est accordée. Quelques avancées sur des problématiques individualistes : reconnaissance de la nécessité des formations professionnelles dans le parcours biographique, possibilité de créer un compte de pénibilité pour chaque travailleur. Pas de négociation sur les statuts, les conditions de travail, la démocratie au travail, sur les « dividendes des actionnaires » les spéculations financières, les contrats à durée indéterminée, l'orientation des investissements. L'impossibilité d'accéder à une réflexion et une négociation de fond a été patente. Peut-être un pas, inaperçu, a été fait, si l'on juge par un commentateur des *Temps modernes*[20] qui a entendu parler « d'incompatibilité entre capitalisme et démocratie » « du besoin de « démocratie économique ».

Il est étonnant que l'idée d'une démocratie de production n'ait été relevée ni par les syndicats ni par le mouvement des jeunes. Alors que le gouvernement, un an plus tard, propose le rapport de N. Notat (*L'entreprise, objet d'intérêt collectif*) suivi dans le même esprit du projet Pacte (Plan d'action pour la croissance et la transformation des entreprises) et que l'on voit apparaître la figure de « l'entrepreneur

---

[20] Alexis CUKIER, David GALLO LASSERE, « "Contre la loi travail et son monde" : autonomie et organisation dans le long mars français », *Les Temps modernes*, n° 691, nov.-déc. 2016, p. 118-137.

responsable » en contrepoint de l'actionnaire « irresponsable ». Certes, les propositions du pouvoir sont timides[21], mais les syndicats les ignorent ; comme si l'individualisme avait déjà gagné : Valmart en 45 ans d'existence a évité l'implantation ne serait-ce que d'un seul syndicat dans ses 5 000 magasins aux États-Unis[22].

8. Un puissant mouvement *d'antisyndicalisme* parcourt l'ensemble du monde au cours de ces cinquante dernières années[23] sous l'action conjuguée des pouvoirs politiques et du néo-libéralisme mondial. Plus de 30 pays n'ont jamais signé les conventions internationales du droit du travail de l'OIT. Ceux qui les ont signées ne les respectent qu'à moitié. Certains des pays qui n'interdisent pas les organisations syndicales sont ceux où l'activité syndicale ne peut être exercée qu'au péril de la vie, les plus violents étant le Guatemala et la Colombie. Toutes les formules antisyndicalistes sont explorées : modifications drastiques du Code du travail (Géorgie), espionnage (Iran), censure (Zimbabwé), licenciements (Russie), entraves illégales à la création de syndicats (Inde). L'activité « d'empêchement syndical » est devenue une profession aux États-Unis, un secteur économique à part entière comprenant consultants, juristes, psychologues du travail, entreprises de gestion de crise. Cette action s'est internationalisée à partir de ce pays : les syndicats sont présentés comme des ententes anticoncurrentielles qui entravent la performance économique des entreprises. Ces dernières se doivent de faire partager cette conviction à tous leurs salariés pour qu'ils soient capables de défendre leurs intérêts propres : c'est ce que répond en 2011 l'Organisation internationale des employeurs (affiliée à l'OIT) à un rapport de Human Rights Watch dénonçant son activité antisyndicale. Le droit du travail est totalement nié : il ne s'agit pas de discrimination syndicale, mais d'une déclaration d'illégalité politique, économique et sociale du syndicalisme.

La perte de puissance des syndicats est indéniable. Les patrons se félicitent de leurs difficultés ; les pouvoirs publics y voient un obstacle

---

[21] « Une sous-formule de la gouvernance des entreprises de l'Allemagne de.... 1951 » selon Isabelle FERRERAS, *Le Monde*, 20-4-2018.

[22] Nelso LICHTENSTEIN, « Val-Mart, John Tate et le combat pour une Amérique sans syndicats », *Politique américaine*, n° 20, 2012, p. 15-46. Mais il semblerait que Val-Mart ne soit pas parvenu à les éviter en Chine.

[23] *Travail et emploi*, 2016/2 (n° 146), « Discriminations syndicales et formes d'anti-syndicalisme dans le monde ».

de moins à la gestion de l'emploi dans la concurrence internationale ; les intellectuels de droite estiment que le syndicalisme a sa vraie place de « consultant occasionnel » à la demande des patrons ; et la gauche adopte une position de piété (on respecte les institutions avec lesquelles on a été de tout temps en position d'aide réciproque), ou de pitié : on ne « tire pas sur l'ambulance ». Le Front national, défenseur des classes populaires de l'hexagone n'affronte jamais le patronat, il fait porter la « faute » à l'immigration incontrôlée. Sa progression inquiète : premier parti de France aux élections régionales de décembre 2015 et aux présidentielles de 2017. Dernier signe de l'épuisement syndical : son apathie prolongée face au mouvement des gilets jaunes, qui rassemble deux fois plus de gens en « difficultés de fin de mois » que la moyenne française.

Ce recul politique s'était annoncé dans l'économie. Dans les pays développés, Europe, États-Unis, qui ont connu au cours du XXe siècle les plus fortes avancées dans la défense du travail, on observe depuis plus de 30 ans que les revenus du travail baissent au profit des revenus du capital. Le fordisme (bien payer les ouvriers pour qu'ils achètent davantage) est passé de mode ; le capital n'a plus à craindre du socialisme. La tendance s'inverse : mal payer ses salariés les incite à emprunter et à faire tourner le capital financier, ce qui a initié la crise financière de 2008. Le capital s'investit dans les « produits dérivés » qui favorisent les assauts spéculatifs et la création de « bulles » sur les marchés de la planète. Le capital met à nu la faiblesse des syndicats, négociateurs fragiles d'une domination implacable, sans capacité stratégique, à la merci de l'agenda des employeurs et des gouvernements.

9 – Une raison est à chercher dans *la modification du rapport entre le monde du travail et l'État*. La fonction « d'appareils idéologiques d'État » (Althusser) jouée par les syndicats avait des résultats positifs tant que l'État tenait un rôle de protection sociale ; ce rôle se réduit peu à peu ; l'opinion publique proteste et s'en accommode. Le syndicalisme « fait le gros dos » en s'appuyant sur les catégories stabilisées et les lieux de travail « protégés » (fonctionnaires, RATP, SNCF, enseignement). Mais ces « institutions » profitent de l'ambiance générale pour développer la précarité en leur sein et réduire leurs « coûts du travail ». Le *« new public management »* détériore l'image du service public, sans inquiéter l'employeur public malgré le mécontentement des salariés. Les syndicats n'engagent pas de leur côté une démarche de revalorisation qui pourrait s'assurer de la participation des usagers et clients dans la mise en œuvre de ces services. Le service public se dégrade ; il est alors facile de disserter sur son inefficience et de demander son remplacement par l'initiative privée.

L'effet pervers du développement de la précarité des statuts (dans le privé) et du déclin de l'offre de services (dans le public) est que sont *désignés à la discrimination ceux qui la subissent.* Au lieu de susciter l'opprobre et la critique en vue de reconquérir des statuts et un meilleur service dans le privé et dans le public, cet effet pervers les désigne comme victimes consentantes, puisqu'incapables de résister, selon le modèle du « bouc émissaire » de R. Girard[24]. Chemin qui conduit vers un individualisme où chacun se retranche sur sa défense, indifférent à ses propres méthodes : corporatisme, nationalisme, racisme, sexisme, dans une démarche manipulable, imprévisible, violente. Cette dégradation des solidarités est considérée comme positive par les classes dominantes, car l'individualisme favorise les flexibilités et apparaît comme une conquête de civilisation irréversible qui facilite toutes les gouvernabilités. Elle est tue, ignorée, refoulée par les classes dominées qui intègrent dans leur souffrance l'idéologie qui les dégrade.

10. *La baisse du taux de syndicalisation*[25] (de 20 % en 1975 à 8 % en 2000) est plus élevée en France qu'en Italie et en Grande-Bretagne. Les cotisations ne représentent que 3 à 4 % des revenus du syndicalisme, cependant que le nombre des permanents augmente (ils sont estimés à 50 000, 1 pour 38 syndiqués), comme celui des délégués syndicaux (430 000). Ce qui permet au syndicalisme de se maintenir, c'est l'institutionnalisation du paritarisme dans la gestion du chômage, des retraites, de la sécurité sociale, des accidents du travail. Ces ressources, issues des cotisations d'employeurs, d'employés, des pouvoirs publics, fournissent un appui financier aux syndicats, une justification politique et sociale de leur activité, qui peut les dispenser, si tel est leur choix, d'une action de mobilisation à la base. Nouveau risque, en ce cas : il n'est plus besoin de militants. Se cristallise une classe-catégorie de professionnels-permanents syndicaux qui assurent un travail institutionnalisé, une contestation

---

[24] René GIRARD, *Le bouc émissaire,* Livre de poche, 1986.

[25] Ces chiffres et les commentaires qui suivent sont extraits du livre de Erwan SEZNEC, Rozenn LE SAINT, *Le livre noir des syndicats,* Robert Laffont, 2016.

balisée[26], « intégrée », de « dialogue social », coincée entre l'employeur et l'État.

Ce processus peut conduire à des dérives que certains auteurs dénoncent en laissant entendre abusivement qu'elles ont pris le contrôle du syndicalisme. Les auteurs citent des entreprises où patronat et syndicat entretiennent des amitiés particulières, et en font un récit, parfois vraisemblable, parfois douteux : Airbus avec FO ; EDF, RATP, la SNCF, le Livre avec la CGT. Le fait que les syndicats aient conquis par endroits un pouvoir, même fragile, face à l'adversaire de classe, suffit pour ces auteurs à les désigner comme une « caste » de représentants des salariés, et permet de critiquer leur position de médiation avec les employeurs, qui relève d'arrangements tacites et d'échange de faveurs. On ne peut généraliser cette analyse qui « oublie » que la position du syndicalisme reste dominée et que s'il y a parfois arrangement « coutumier » avec un employeur, il ne s'accompagne que de symboles de pouvoir. Ces « bastions syndicaux[27] » ne sont qu'une faible partie du syndicalisme, qui résiste à la crise avec les « moyens du bord ». La majeure partie du syndicalisme fait figure de forteresse assiégée, désignée à la vindicte publique nationale et internationale, reconnue coupable de la rigidité du travail et du chômage.

11. La dernière difficulté du syndicalisme *est d'affronter les mouvements d'extrême droite qui se développent en milieu ouvrier.* Il y a une manière perverse de dire que « le capital n'a pas de patrie, mais les prolétaires si ». Ce raisonnement part du constat que chaque homme, prolétaire ou pas, est né dans un pays, pour en conclure qu'il est naturel que l'opinion défende ses travailleurs nationaux et répudie les arrivées « massives » de migrants qui prennent le travail des autochtones. Il faudrait penser le contraire : les problèmes des prolétaires ne sont pas différents parce que leurs patries sont différentes ; ils sont les mêmes du fait de leur position subalterne. La « patrie » des prolétaires de l'hexagone devrait inclure les sans-papiers, car c'est sur ce territoire que se fait leur rencontre avec les

---

[26] « Le syndicat : une organisation sous l'emprise de la gestion ? » entretien d'H. Y. Meynaud avec D. Mihade, *Nouvelle Revue de psychosociologie,* n° 18, automne 2014, p. 211-222. Jean-Michel DUMAY, La CGT à l'heure des gilets jaunes, *Le Monde diplomatique*, mai 2019, p. 4-5.

[27] *Répression et discrimination syndicales,* Notes de la Fondation Copernic, Syllepse, 2011.

autres prolétaires. Si un repli xénophobe se manifeste, est-il dominant dans la majorité de la société française ? L'ascension du Front national éclipse le travail de solidarité que l'on a décrit entre les collectifs de sans-papiers et les syndicats français. Le fait que ce parti ait réussi à substituer dans une fraction de l'opinion publique un clivage ethno-racial à un clivage de classe[28] est une question préoccupante.

Si les syndicats ne s'intéressent qu'à défendre les travailleurs nationaux du bas de l'échelle de leur propre « patrie », ils font place à une stratégie « nationaliste ». Le stigmate qui touche les travailleurs migrants en est redoublé, même sans se dire. Si la perspective d'une lutte sociale est remplacée par celle d'une lutte nationale, raison est donnée au renvoi des migrants chez eux. Ce n'est pas pour autant une politique partagée par la majorité de la classe ouvrière[29]. Le même genre de difficultés se rencontre concernant l'internationalisme prolétarien.

Vue de l'Occident, la mondialisation ne suscite guère de vision de solidarité avec les autres salariés du monde, si ce n'est par brefs à-coups lors de catastrophes (Bhopal ou Bangladesh), vite oubliées, car mises sur le même plan que des catastrophes naturelles, tsunami ou tremblements de terre. La mondialisation, à travers l'image, monumente et neutralise la réalité, comme un spectacle improbable, proche et lointain à la fois. La mise en parallèle entre travailleurs est obscurcie, sans susciter de question éthique particulière. Leur misère renvoie à des profondeurs historiques et anthropologiques qui ne concernent que de loin les travailleurs occidentaux et leurs syndicats.

Le manque d'intérêt des appareils syndicaux européens sur le problème du travail à l'échelle mondiale est patent. En France, seul Sud-Solidaires fait de la solidarité une ligne stratégique d'action. Alors que le périmètre d'action du capital est le monde, celui du travail reste la nation, ou, pire encore, l'entreprise. Le concept de droit du travail n'a pas d'universalité ; il n'a qu'un statut aléatoire et contingent défini par un prix « de marché ». Partis et syndicats

---

[28] Gérard MAUGER, Willy PELLETIER (coord.), *Les classes populaires et le Front national,* Éd. du Croquant, 2017.

[29] Selon Patrick LEHINGUE, « L'électorat du Front national, retour sur 2 ou 3 idées reçues » (p. 19-42) : « l'absentéisme est la première manifestation du vote ouvrier et le vote FN concerne 1 ouvrier sur 7 », dans G. Mauger, W. Pelletier *Les classes populaires et le FN.* Ce qui laisse une marge « d'ouverture à gauche » pour les syndicats et les partis.

acceptent cette perte d'universalité, car ils ne savent plus comment s'y prendre pour la défendre.

12. Syndicalisme fragmenté, absence de vision mondialisée. Au moment des manifestations sur la loi travail en France (avril-mai 2016), la Belgique connaissait chez elle des grèves nationales. À aucun moment n'a pointé, ni d'un côté ni de l'autre, l'idée d'une action commune entre syndicats belges et français. Chacun chez soi, bloqué par sa législation nationale, seul horizon d'action. Alors que chaque syndicat sait que les attaques sur le travail sont identiques dans tous les pays du monde.

Prenons, dans l'hexagone, la querelle de la loi travail. La CFDT et la CGT se sont divisées sur la priorité à donner à la négociation de branche ou à la négociation d'entreprise. Le patronat et le gouvernement s'opposent à la négociation de branche parce qu'elle serait trop lourde à gérer. La CFDT également, car la négociation d'entreprise lui paraît plus décentralisée et démocratique. La CGT y voit au contraire une possibilité de manipulation du patronat. Négocier sur le terrain de la branche a l'avantage pour les syndicats de voir ce qui se passe dans l'ensemble de la branche, d'observer les filières d'entreprises sous-traitantes de tailles différentes et les liens qu'elles entretiennent entre elles où les « petites » sont traitées de façon autoritaire, « comme des ouvriers ». C'est au niveau de filières mondialisées intercontinentales que la structure même du capitalisme actuel se donne à voir, et qu'il devrait être « mis en examen ». Ne pas voir l'intérêt d'une négociation syndicale centrée sur la branche conduit à une position insoutenable : l'espace où s'organise la chaîne d'exploitation est ignoré ; l'espace dépendant, l'entreprise, est survalorisé.

Pour certains l'espace de l'entreprise, défendu par la CFDT, pourrait devenir celui d'une « refondation » syndicale qui s'opposerait à « un corporatisme exalté par la nostalgie et paralysé par la désespérance[30] » (celui de la CGT). Loin de cette polémique stérile, ces absurdes divergences syndicales disparaîtraient si les syndicats discutaient de la mondialisation du travail : ils se verraient alors bien trop faibles pour aborder cette question de manière divisée. Les syndicats sont les premiers à savoir qu'au vu des enjeux actuels portés

---

[30] Jacques JULLIARD, « La CFDT doit lancer une véritable refondation syndicale », *Le Monde* 7-4-2017, p. 19.

par la mondialisation, la question de la coordination syndicale entre pays et entre multinationales est centrale. Pourquoi ne se sentent-ils à l'aise que dans leur histoire nationale ? Les seuls à poser la question sont ceux, tels Solidaires, qui ont été confrontés, dès leur naissance, à la question de la mondialisation.

CHAPITRE VI

Critiques du management : l'entreprise dans un monde sans frontières

Suite aux expériences du management humaniste[1] après la guerre et jusque dans les années 1980 et 1990, les analyses plus récentes des années 2000 dénoncent une dérive qui s'effectue en faveur exclusive des actionnaires. Prenons l'exemple d'un auteur, professeur de ces écoles de commerce dont l'enseignement semi-critique du management est l'activité principale.

François DUPUY, *Lost in management*, Seuil, 2011. Deux constats de départ :

1 – On laisse d'abord « filer » le travail pour éviter le conflit, donc pour des raisons endogènes, surtout si la contrainte extérieure est faible (peu de concurrence, grandes marges) ; on trouve des solutions en retaylorisant, en automatisant, en délocalisant, en sous-traitant, mais on évite de traiter du travail en tant que collectif pour en résoudre les conflits. L'État comme l'entreprise privée assument avec conviction les effets pervers de l'organisation en silos, ou en nid d'abeille, où le travail est segmenté, séquencé et cloisonné au lieu d'être coordonné et coopérativisé.

2 – Ensuite, « on laisse filer le client ». Les conflits d'intérêts entre groupes d'acteurs se soldent par une non-performance généralisée pour l'ensemble de l'entreprise. Sait-on quels intérêts recouvrent ces conflits ? Des intérêts de travail, car on est dans le « chacun pour soi » pour mettre en œuvre la défense d'une certaine autonomie dans le travail. L'encadrement de proximité entre alors en conflit avec les

[1] « Le management humaniste ou la toile de Pénélope », T. Coutrot, *Libérer le travail*, ch. 6, La Découverte, 2017.

« bureaucraties intermédiaires ». La même défiance vis-à-vis du travail concret, depuis longtemps taylorisé, s'est prolongée aujourd'hui sur le travail de l'encadrement de proximité, nouvellement taylorisé ; les délires procéduriers et la foi aveugle dans le respect du déroulement des processus sont imposés par les bureaucraties intermédiaires pour que les choses marchent comme elles ont été écrites, prescrites, que les gens fassent ce que l'on ordonne de faire. Cependant, si ce taylorisme opère un retour en force aujourd'hui, c'est que la dureté croissante du travail fait craindre les ravages du désinvestissement personnel : il faut donc à tout prix le contrôler. C'est vers une vraie impasse du management que les entreprises se dirigent lorsque les bureaucraties intermédiaires mettent en œuvre une complication-sophistication de leurs procédures, guidées et appuyées par leurs responsables qui imitent, répliquent ou adaptent les modifications nouvelles. Car il ne faut pas prendre du retard sur les nouveaux modes d'extraction de la plus-value que les actionnaires surveillent avec avidité. Cependant que l'encadrement de proximité, qui connaît le terrain et veut le prouver, tente de défendre son autonomie et de sauver « son » travail en utilisant des astuces qui déjouent ces complications imposées.

La conclusion est qu'il faut utiliser massivement les technologies qui permettent de réduire la part du travail humain et le nombre de travailleurs. En France, à la différence des États-Unis selon l'auteur, les raisons de l'automatisation ne sont pas seulement dictées par le confort du travailleur ou l'espérance de bénéfices supplémentaires ; elles sont dictées par le confort des « responsables » qui veulent se débarrasser de cette réalité redoutable qu'est le travail humain. Combien d'emplois sont ainsi supprimés ? Question incongrue qui, apparemment, n'a rien à voir avec le chômage : peu de gens s'intéressent à cet aspect du problème.

Par ailleurs, pour l'auteur, l'enjeu n'est pas dans une structuration forte de l'organisation, mais dans sa souplesse : il ne devrait pas y avoir de séparation entre le *hard* (le sérieux, la finance) et le *soft* (le reste, l'humain) : un fonctionnement sur le mode d'un marché ouvert des compétences est moins coûteux et plus efficace que le passage par des structures hiérarchiques lourdes et des processus bureaucratiques qui accroissent les coûts de transaction[2] internes à l'entreprise. Les

[2] Un coût de transaction est l'estimation, le plus souvent en argent, « *de toute activité engagée pour que chaque partie à un échange s'assure que la valeur donnée et reçue par l'autre partie est en accord avec ses attentes, activité nécessaire pour*

« solutions service » qui viennent de l'écoute du client se révèlent souvent plus adéquates que des solutions techniques imaginées en interne. Enfin, l'auteur pense qu'il faut développer la transversalité des organisations, au lieu de les organiser en silos, afin de générer des comportements coopératifs et l'intérêt de travailler ensemble. Cette constitution d'une « communauté d'intérêts » permettrait de limiter les variations de rémunération, de créer de confiance entre les acteurs. L'auteur a rencontré quelques rares organisations qui tentent de fonctionner dans cet esprit et les cite en exemple : Itau, Cisco, Barclay, Accenture.

F. Dupuy, *La faillite de la pensée managériale*, Seuil, 2015. Mais ces organisations ne seront plus référencées dans le livre suivant, une sorte de *Lost in management 2* quatre ans après, où l'auteur se propose de démonter le mécanisme de la pensée « paresseuse » de la coercition, dont il a seulement relevé les prémisses dans le premier volume.

Il critique en premier lieu la croyance selon laquelle une structure hiérarchique peut tenir lieu d'organisation. Alors que pour lui l'organisation est le résultat ou le produit du comportement réel des acteurs, coopératif ou pas, et que d'elle surgit un pouvoir, ou une capacité de contrôle qui peut s'imposer à la structure hiérarchique. Quant à l'appel aux « valeurs » (innovation, esprit d'équipe, intégrité, respect), c'est la plupart du temps le rideau de fumée qui tente de cacher les modes d'évaluation individuels, la non-reconnaissance de l'intelligence des acteurs concrets, qui impose l'idée qu'il n'y a qu'une seule solution, la meilleure, celle donc que seule l'élite de l'entreprise peut définir. L'auteur reconnaît la limite de sa critique lorsqu'il admet que toute décision revient, ne peut que revenir, à cette élite, qui doit énoncer les règles et comportements de l'ensemble de l'organisation (la meilleure solution), puis créer les conditions qui permettent ces comportements. On voit donc comment cette critique du management se mord la queue et retombe dans l'élitisme qu'elle critiquait. Le cercle vicieux du « retrait du travail », généré par la compétition qui s'appuie sur de nouvelles formes d'organisation du travail plus taylorisées et plus contrôlées (la coercition par les règles), rend impossible la confiance, ce facteur décisif pour relier le travail et le capital (A. Peyrefitte, *La société de confiance*, O. Jacob, 1995).

---

créer une perception des relations équitables entre les parties ». A. PERELLI, Un nouveau paradigme pour le droit du travail entre néo-libéralisme et néo-laborisme, *Revue de droit social*, n° 12, déc. 2015, p. 732-740.

Encore faudrait-il la penser comme un rapport collectif, et non inter-individuel, pour penser son efficacité, éviter la frénésie du contrôle, le message permanent de défiance. Chaque groupe, soucieux de préserver sa propre autonomie de travail, pourrait composer avec un autre en renonçant à une partie de son pouvoir, ce qui s'appelle dédramatiser la coopération. Au lieu de rechercher cet apaisement dans les « coûts de transaction ».

En définitive, l'auteur déplore l'inculture du management, sa croyance dans les formules « nouvelles », le mimétisme des managers en perpétuelle compétition, bref le modèle développé à satiété par le capitalisme actuel, qui s'épuise dans la défiance permanente du collectif, des collectifs.

L'auteur en revient à l'idée que la relation entreprise-client est centrale, que la vérité de l'activité, c'est plus la vente (le respect ou la manipulation des désirs du consommateur), que l'organisation du travail. On a vu par exemple que l'électroménager en France a décliné lorsqu'il a perdu le contact avec le client en sous-traitant la vente. Mais au fond, même si cette vérité était « vraie », il resterait, selon l'auteur, un problème de fond récurrent : la tension permanente entre hommes de terrain, bureaucraties intermédiaires et dirigeants. Les premiers recherchent leur autonomie et dans ce but cachent ce qu'il faut cacher à leurs bureaucraties intermédiaires qui sont tenues de répondre positivement aux exigences de contrôle bureaucratique déployées par les dirigeants. Les hommes de terrain se meuvent comme ils le peuvent dans cette complexité, mais leur proximité du travail concret leur permet souvent de « tirer leur épingle du jeu », de masquer – valoriser – leur activité. Les dirigeants disposent du savoir reconnu et stéréotypé des *business schools* et des cabinets de conseil, deviennent des « complices de la facilité », selon l'auteur, et ne font que reconduire une connaissance ordinaire des entreprises déguisée en nov-langue « scientifique ». En définitive, l'auteur voit dans cette « fuite lente et inorganisée, individuelle plus que collective, du travail et de ses contraintes » une « reconstitution » de la lutte des classes, une « forme de lutte des classes à laquelle personne n'avait pensé » (p. 225). Lutte de classes généralisée, mais segmentée par situations de travail, en forme de « cache-cache » entre hommes de terrain, bureaucraties intermédiaires et « dirigeants ». Sachant que l'auteur enseigne dans ces *business schools* « complices de la facilité » il faut prendre au sérieux cette évocation de la lutte des classes.

Et savoir aussi qu'un fonctionnement réel est assoupli, détaché de la fonction rhétorique, du fait que toute organisation tente de trouver, à son niveau – celui d'une région, d'un tissu industriel local, ou d'une chaîne de production internationale – des astuces propres qui doivent rester secrètes pour pouvoir prendre avantage sur des concurrents. Sur le fonds commun standardisé, rhétorique, se greffent les secrets destinés à faire la différence.

Quant au rétablissement de la confiance qu'il nous décrit comme essentiel, il le prévoit pour le moment où le management actuel coûtera trop cher aux entreprises. Lorsque l'on sait que la règle du contrôle systématique, issue de la règle de la défiance, renouvelle la défiance à son tour, et que cette boucle entretient la segmentation, voire la division de tout collectif, on sait que le capital financier n'a aucune raison de rétablir la confiance. C'est sur cette donnée que se greffe la stratégie de sur-humanisation managériale, qui prétend compenser la déshumanisation taylorienne (D. Linhart[3]) en portant une attention démesurée à l'individu et à « ses » problèmes psychologiques de travail pour masquer l'évolution du travail réel : la déqualification de la professionnalité, des métiers, de l'expérience, de toute approche collective du travail. Certains pensent même que cette liberté du capital peut le conduire à s'administrer une « auto-overdose[4] ».

On pourrait s'amuser à noter enfin les sophistications de la novlangue du management et son détournement du vocabulaire courant pour éviter l'évocation de collectifs. Ainsi, parlera-t-on de « l'économie de l'immatériel » ou des « plis de l'immatériel » pour qualifier les bonnes stratégies de relation entre capital et travail (*Le Monde* 22-10-14). Ce qui est moins banal que de parler de « coopération sur la base du respect mutuel ». Cette colonisation du langage est montée en dérision par ceux qui exécutent le travail, car elle nie la réalité de ce qu'ils vivent. Ils se vengent en inventant leur propre novlangue pour décrire l'agressivité qui leur est imposée. Des exemples surprenants sont donnés par J. Brygo et O. Cyran[5] : que faire, face aux injonctions contradictoires issues de la stratégie des

---

[3] Danièle LINHART, *La comédie humaine du travail,* ERES, 2015.

[4] Cette éventualité, évoquée par Saskia SASSEN dans le livre déjà cité, est reprise par W. STREECK, *Taking crisis seriously, capitalism on its way out,* cité par A. Perulli, « Un nouveau paradigme pour le droit du travail », art. cité.

[5] Julien BRYGO, Olivier CYRAN, *Boulots de merde*, La Découverte, 2016, en particulier le chapitre « Au salon des petits boulots de merde ».

recruteurs dans un salon de l'emploi où l'un affiche : « faites-moi rêver, montrez-moi vos qualités » et l'autre, deux mètres plus loin : « si le recruteur ne veut pas de vous, c'est de votre faute, pas celle de l'entreprise ». L'autodérision que s'infligent les travailleurs de base est d'une ironie grinçante : les « killers » excellent dans le marketing actif ; les « shooters » savent vendre au client du matériel inutile sur lequel ils ont un pourcentage ; les « bouchers » étranglent financièrement les pauvres gens en les poussant à l'emprunt. L'usage de ces métaphores guerrières, dont ils se savent les otages, dénonce la perversion des politiques de « ressources humaines » qu'ils subissent.

Pour en finir avec ces perversités de gestion, on peut faire allusion au développement massif des assistances, solidarités, entraides et charités liées à la *responsabilité sociale des entreprises.* Toutes retirent des plus-values énormes de l'activité de travail une fraction, qu'elles affectent ostentatoirement à des actions humanitaires ou autres lourdement médiatisées[6]. Elles suscitent des ONG qu'elles financent, s'associent à des financements de la société civile ou à l'aide publique. On est en position de post-production, du côté du bien, même s'il s'agit d'un appui publicitaire déguisé pour les entreprises, qui dénote leur souci de l'environnement climatique ou de la récupération des déchets. Ces dépenses viennent en déduction des salaires en concurrence avec les syndicats. Elles font le bien, sans risque, sans toucher à la structure de production des maux qui sont souvent à l'origine de leur intervention. Alors que l'action syndicale affronte, dans le cadre du travail, de manière conflictuelle, un adversaire bien plus puissant qu'elle. Les actions cataloguées en « responsabilité sociale des entreprises » apparaissent ainsi dans toute leur perversité puisque c'est le même acteur qui d'un côté exploite consciemment le travail pour en retirer ses bénéfices, et de l'autre offre des cadeaux sous forme « responsable ». C'est pour se donner bonne conscience et faire sa publicité, dit l'opinion publique ; oui, mais c'est mieux que rien, répond-elle de la même voix. Cette mise en scène trompe, ou ne trompe pas le public, mais elle pervertit la vie sociale, publique, politique. Dans le même temps où l'entreprise impose ses injustices à des salariés qu'elle réduit au silence, elle

---

[6] Sans exagérer tout de même : « Le budget actuel de l'action humanitaire à travers le monde pourrait être entièrement couvert par les bénéfices des 6 plus grandes compagnies de tabac, et il leur resterait encore 10 milliards de $ pour leurs actionnaires », Gareth PRICE-JONES, *Alternatives humanitaires,* n° 2, mai 2016, p. 58.

apporte à « la société » son soutien caritatif ou solidaire. Perversité morale[7], mondiale, présentée comme démarche positive du capital. Le syndicalisme n'est pas dupe, mais il n'a pas les moyens de la combattre : il est « battu au moral ». De la même manière, on l'a vu, qu'il ne peut imposer une vision éthique du travail

L'entreprise dans un monde sans frontières. Ce livre[8] analyse l'évolution actuelle de la conception économique, politique et morale de l'entreprise dans ces dernières années et critique la « théorie de l'agence » qui synthétise cette évolution. L'entreprise est devenue un pur instrument de gestion des intérêts privés des actionnaires, à travers la fameuse « théorie de l'agence ». Selon cette théorie, les actionnaires sont propriétaires des entreprises et les mandataires sociaux, du PDG à l'intérimaire, constituent l'agence dont le but est de maximiser les gains des actionnaires. Le revenu des chefs est aligné sur des indicateurs comptables qui ne considèrent que l'intérêt des actionnaires. Pour séduire les dirigeants, il y a la possibilité d'acheter des « stock-options » (options d'achat d'actions au moment où elles sont les plus basses avec possibilité de les revendre lorsqu'elles augmentent). L'optimisation des actions s'associe à l'évasion fiscale, la réduction des coûts de production des tiers (sous-traitances, délocalisations), des salaires (travail immigré, intérimaire, contrat 0 heure) et à « l'oubli » de l'avenir de la planète. Ce faisant, l'entreprise puissante étouffe sous sa coupe les partenaires les plus faibles, fait supporter à d'autres le poids de l'impôt, réduit ses charges au minimum. La théorie de l'agence n'est, selon des juristes critiques, que la justification des avantages que l'on vient d'énumérer. Pour eux, les actionnaires ne sont pas les propriétaires des entreprises ; ils ne font que détenir des actions qui les structurent juridiquement. Les

---

[7] Intervention de Dimitri Alexakis à la Table ronde Alternatives et Solidarités en Grèce, Théâtre de Montreuil, 4/03/2017 : « Des Fondations aux moyens colossaux (Onassis, Narchos, Néon) s'inscrivent dans le droit fil néo-libéral en s'efforçant d'y intégrer les formes mêmes de sa remise en question. L'art devient en certains cas le biais par lequel un discours critique ou une pratique activiste sont réintégrés et captés par le système dominant » (Exemple du peintre Julie Mehrefu dont le « Mouvement des places » orne le hall d'entrée de Goldman Sachs à New York). « Ces fondations privées développent souvent une vie culturelle libérale ouverte aux droits des minorités ethniques, sexuelles et des handicapés tout en envisageant le démembrement des politiques publiques comme une occasion de refonder l'ensemble du champ politique, de reformuler la question de la gouvernance. »

[8] *L'entreprise dans un monde sans frontières. Perspectives économiques et juridiques*, sous la direction d'Alain SUPIOT, Dalloz, 2015.

entreprises devraient avoir une responsabilité sociale devant leurs mandataires sociaux, fournisseurs, travailleurs, consommateurs, responsabilité sociale qui prendrait en compte leur activité. Les actionnaires, de par la propriété de leurs actions, ne devraient être qu'une partie prenante comme les autres. Alors que leur compétence est présentée comme exclusive, illimitée, indiscutable. La théorie de l'agence fait du capital financier un acteur tout-puissant ; elle explique la croissance des revenus du capital, des inégalités dans le monde, la surexploitation des ressources de la planète. Et lorsque les plans sociaux s'enchaînent, le textile français par exemple où en deux mois 2 217 emplois se sont évaporés, on observe que « les erreurs stratégiques des dirigeants rencontrent souvent la rapacité des fonds d'investissement » (*Le Monde*, 15-4-2015).

L'entreprise est alors une fiction sans existence juridique qui gère la subordination des salariés en ordonnant d'abord la relation actionnaire-manager puis la relation manager-salarié. En ce dernier cas, la financiarisation inverse le sens donné à l'activité : on ne va pas produire le million de vaccins socialement nécessaire, mais on affiche l'objectif d'une rentabilité de 20 % et pour cela il faut produire telle quantité de vaccins. La société passe avant l'entreprise alors que c'est cette dernière qui porte les enjeux, risques et opportunités sociaux et environnementaux. D'où l'intérêt de créer, indépendamment du conseil d'administration, un « comité des parties prenantes » qui contrôle la production elle-même. Ainsi auraient pu être évités : la salmonelle dans le lait (Lactalis, 2018) le mensonge sur les échappements de gaz à effet de serre (Volkswagen, 2015), ou la viande de cheval dans les conserves de ravioli (Spanghero, 2013)[9]

Rejoignant la manipulation de la théorie économique, il y a la gestion du travail. Qu'est-ce qui se cache derrière l'idée de la nécessaire « recomposition permanente du tissu productif » ou « l'impératif de liquidité », défendus par la Commission européenne[10] ? Simplement une incitation à diminuer le coût de l'emploi en le flexibilisant, car, pour A. Supiot : « Traiter le personnel comme une variable d'ajustement alors qu'il constitue l'essentiel de la richesse et détermine la capacité stratégique à entreprendre » (p. 20) semble une aberration. Mais le cours de la Bourse est devenu l'unique critère de la valeur de l'entreprise. Cette dernière est proprement

---

[9] Danièle LINHART, *L'insoutenable subordination des salariés,* Erès, 2021.

[10] Commission européenne : *Anticiper et accompagner les restructurations pour développer l'emploi : le rôle de l'Union européenne* (COM 2005/0120 final).

« reconceptualisée » par la « théorie de l'agence » comme une simple productrice de dividendes, prise en permanence dans l'accélération des cycles de rotativité du capital à laquelle le travail doit s'adapter. Au management d'inventer les mots et concepts nouveaux, comme la flexibilité du travail, qui correspondent à la rotativité du capital. La volatilité du travail doit accompagner la rotativité du capital. Aux gouvernements d'adapter le marché du travail à cette volatilité amplifiée : ainsi s'enchaînent les cercles vertueux de l'ouverture sélective des frontières des pays riches, les politiques migratoires, la multiplication des murs, la mort aux frontières ou dans la mer : 40 000 entre 2000 et 2014 selon l'Organisation internationale des migrations (M. Agier, *Le Monde*, 26-5-2015). La « pression » aux frontières et la facilité de licenciement appuient la stratégie du capital qui décrète l'urgence permanente dans un présent immédiat, négligeant autant le travail humain que l'écologie de la planète.

L'offre de travail est souveraine et indiscutable. Les dirigeants chargés de la gestion de la main-d'œuvre sont grassement payés. Quand ils sont remerciés, après de « gros travaux » de licenciements honteusement appelés plans sociaux, ils reçoivent de fortes indemnités. Des spécialistes de ces « métiers[11] » font le tour d'horizon du monde des repreneurs, des fonds de retournement, des fonds vautours, des licenciements financiers, des managers de transition et des « cost-killers ». Quel est le PIB de cette destruction dite restructuration ? Si l'on y ajoute les 15 000 euros annuels que coûte en moyenne chaque chômeur selon la Nouvelle Donne, il faut dénoncer une économie qui génère structurellement la spéculation et ses violences silencieuses, bien plus destructrices que celles dénoncées par les médias, comme la séquestration de cadres pendant un jour chez Goodyear ou la chemise déchirée du RH d'Air France.

La banalité de ces scénarios pointe l'impuissance ouvrière. Est-ce pour autant que les ouvriers considèrent leur travail comme banalisé ? Lorsque A. Gorz[12] affirme que le travail n'est plus une catégorie anthropologique, mais la simple marchandise du capital, il veut dire que le travail disparaît en tant que référence d'action collective s'il n'est pas défendu par ceux qui sont censés le défendre : lorsque les syndicats, fatigués, deviennent « complices » des patrons pour dire que le travail ce n'est que « gagner la vie ».

---

[11] Cyprien BOGANDA, *Le business des faillites,* La Découverte, 2015

[12] André GORZ, *Adieux au prolétariat,* Galilée, 1980 ; *Métamorphoses du travail. Quête de sens,* Galilée, 1988.

Là est le problème : aucun travailleur ne se satisfait de croire que son travail n'est qu'une marchandise, mais aucun non plus ne se dispose à une lutte permanente pour préserver la qualité de son travail, dont il sait très bien qu'elle dépend de leur puissance collective.

Ce réalisme-là note une défaite amère, individuelle et collective, affective et politique, mais qui n'est pas pour autant incorporée comme un renoncement définitif.

C'est dans cette direction cependant que le « réalisme » des intellectuels est sollicité par les médias. Soutenir que les gens tiennent à la qualité individuelle et collective de leur travail, c'est risquer d'apparaître irréaliste, idéaliste, car le problème sérieux n'est pas le travail, c'est l'emploi.

Cet effacement du travail dans les représentations empêche de toucher à l'aspect prospectif de la réalisation de soi, à l'amélioration de l'action collective, à l'idée d'une démocratie de travail : la vision du travail comme pouvoir d'agir, dans une perspective écologique, sociale et politique, est éludée.

Mais ce problème est immédiatement posé à la santé et à la médecine du travail par l'arrivée du coronavirus ; il est en voie de concerner toutes les organisations du travail.

C'est cependant une autre perspective qui retient l'attention. Selon Éric Albert (*Le Monde*, 13/1/2016), l'année 2016 sera « l'année de la contre-attaque de la City », car sept ans après la crise, il est temps de mettre fin à l'humiliation collective du *« bankers bashing »* (lynchage médiatique des banquiers).

Les personnes placées, après la crise, à la tête de la Financial Conduct Authority, avaient infligé de lourdes amendes à quelques banques n'ayant pas observé les règles de déontologie financière.

Ces personnes sont remerciées le 1er janvier 2016 : la liberté de dérégulation doit impérativement reprendre ses droits. Et le scandale des Panama Papers qui a donné lieu à quelques sanctions fiscales est loin d'être apuré plusieurs années après (*Le Monde* 11-10-19).

On est en droit de s'interroger sur les raisons de ces excès et sur leur impunité.

CHAPITRE VII

Les raisons de la violence

Le travail serait-il devenu le support de « l'abjection[1] » ? La question est « ancienne » (2002). Une réponse :

> Cible perpétuelle de l'abaissement des coûts et du contournement des « rigidités » de ses protections sociales, il [le travail] ne peut être l'objet et l'instrument d'une domination symbolique s'exerçant violemment à travers le marché sans borne ni retenue sans devenir dans le même mouvement le support de l'abjection, c'est-à-dire de représentations négatives, infériorisantes, culpabilisatrices, avilissantes[2].

Car les économies « sauvages » de l'ajustement structurel ont carrément pris le dessus sur des États qui, en particulier dans les pays en voie de décolonisation dans les années 1950, 1960 et 1970, avaient voulu se construire sur la maîtrise de leur développement économique. Aucun n'a pu résister à la vague néo-libérale qui a balayé leurs prétentions encore fragiles. Moment également où nombre de chefs d'État issus de la mouvance de l'indépendance et qui se déclaraient progressistes ou socialistes étaient écartés du pouvoir de manière violente par les anciennes puissances coloniales[3]. La globalisation et la privatisation de l'économie ne leur laissent, pour se refonder ou se justifier politiquement que :

---

[1] James FERGUSON, "Global Disconnect. Abjection and the Aftermath of Modernism," in J. X. Inda et R. Rosaldo, *The Anthropology of globalization*, Malden/Oxford, Blackwell Publishing Ltd, 2002, pp. 136–153.

[2] Laurent BAZIN, Le travail : un phénomène politique complexe et ses mutations conjoncturelles, *Politique africaine*, n° 133, mars 2014, p. 5-23.

[3] Voir l'histoire des pays non-alignés de la tricontinentale ; Saïd BOUANAMA, *La tricontinentale, les peuples du tiers-monde à l'assaut du ciel,* Syllepse, 2016.

> L'élaboration d'une identité nationale ancrée dans une redéfinition de l'autochtonie. Il s'agit d'un processus généralisé : il en va ainsi de pays africains comme de l'ensemble des pays du monde. Les significations investies dans le travail se modifient dans le même mouvement… L'identité nationale intervient alors précisément comme un cache-sexe pour focaliser des attentions, des désirs, des pulsions sur un objet réduit à son expression fantasmatique. (Bazin, *op. cit.*)

L'auteur parle à partir de l'Afrique où il a longtemps travaillé.

Nous serions tentés de mettre le thème du « fondamentalisme islamique » sur le même plan que celui de « l'identité nationale » tel qu'il est évoqué ici. Sans avoir la compétence ni la capacité de démontrer cette hypothèse, il nous paraît nécessaire de la soulever, car il nous semble que l'Occident attise un feu prêt à se propager en développant un capitalisme sauvage dans le monde entier. Ce capitalisme est déconsidéré, car il a cessé d'apporter cet espoir de civilité et de civilisation que Braudel lui avait initialement attribué. Il ne se perpétue que de manière conquérante et violente. La civilisation chrétienne qui l'a accompagné jusqu'à nos jours en subit le contrecoup dans la mesure où elle s'avère incapable de prendre quelque distance pour le rectifier, l'amender ou le transcender ; elle en paye le prix par le développement de ses pentecôtismes baptisés en religions de la « prospérité » et par son recul face à d'autres religions. Il se trouve alors que la région où s'est développé le dernier des monothéismes, le musulman, héritière de vieilles rivalités internes d'ordre religieux, gérée par des régimes féodaux, s'est trouvée insérée dans les conflits d'intérêts et les rivalités économiques et politiques du monde occidental. C'est sur ce double plan, régional et mondial, que des intégrismes religieux d'une rare violence s'affirment porteurs de vérité absolue contre des États, des régions, des ethnies, des cibles particulières, pour revendiquer une refondation spirituelle radicale à l'échelle planétaire ou seulement montrer qu'ils existent. G. Corm[4] note que les violences religieuses se greffent sur des articulations politiques et des intérêts économiques locaux où s'insère le jeu des grandes puissances mondiales, relayant les logiques locales de domination et de pouvoir[5]. Une ouverture à la démocratie en politique

---

[4] Georges CORM, *Pour une lecture profane des conflits. Sur « le retour du religieux » dans les conflits contemporains du Moyen-Orient*, La Découverte, 2012.

[5] « La multiplicité des conversions et adhésions à de nouvelles églises, de nouvelles formes d'Islam militant, au bouddhisme, etc.. ne montre-t-elle pas que l'abandon d'une conception laïque, cosmopolite et républicaine de la gestion de la cité et des

et à la justice en économie donnerait plus d'autonomie à leurs peuples et à leurs gouvernements pour se tenir à distance d'appuis extérieurs intéressés et destructeurs. La globalisation économique a « un effet corrosif de dissolution de l'idéalisme qui sous-tend les solidarités citoyennes au profit de manipulations d'identités primaires, religieuses ou ethniques » (G. Corm, p.162). Cela vaut pour tous les pays du monde. L'Occident reste sans voix dans la recherche de solutions dont il est partie prenante. Les explications théoriques données par les intellectuels n'offrent pas de perspectives : « Nous souffrons aujourd'hui en Occident d'une folie scientifique, d'une folie de rationalité qui est toute aussi déshumanisante que "l'illusion religieuse" » (J.-P. Winter, *Études*, janvier 2016, p. 38). Illusion religieuse ou folie de rationalité, il semble d'abord indispensable de s'interroger, comme G. Corm, sur la longue maladie de la démocratie dans la vie économique et politique de l'Occident comme de l'Orient.

Le combat pour une démocratie politique qui s'appuierait sur la démocratie au travail intéresse peu d'acteurs : les pouvoirs économiques jouent en sens opposé ; les pouvoirs politiques s'alignent sur eux pour gagner la bataille des concurrences. L'Occident refuse de voir que son modèle a atteint ses limites en développant sans cesse la croissance des inégalités et en mettant en jeu l'avenir de la planète. Il s'isole dans un optimisme du riche qui ne veut voir dans les crises du capital que des incidents passagers ; il veut ignorer les économistes qui proposent un capitalisme plus redistributif pour soulager les tensions actuelles. Pendant que les inégalités et le chômage s'aggravent et que les extrêmes droites agressives et les fondamentalismes religieux se développent dans le monde entier.

L'ultime ruse du capitalisme est de laisser croire que, puisque chacun a placé son épargne dans une banque, il peut jouer sur deux tableaux, celui du salaire côté travail, celui des intérêts, côté capital. Cette indétermination plonge les social-démocraties dans l'attente patiente de la fin des excès du capital. Peut-on supposer que la majorité de la population de la planète, qui n'a ni épargne ni compte en banque, est capable d'attendre en patience, ou qu'elle puisse être portée vers des initiatives plus violentes que nos Nuits debout, Occupy Wall Street ou gilets jaunes ?

---

relations interétatiques crée plus de malaises qu'elle ne résout de problèmes ou prévient des conflits ? Le recul des conceptions et convictions citoyennes dans le vécu des individus n'ouvre-t-il pas la porte à de nouvelles formes de politisation des religions ? » G. Corm, ouv. cité, p. 111.

Sans compter avec le possible dérèglement violent des crises financières[6]. Le capital n'est-il pas aveuglé par sa capacité de puissance ? C'est la question de Saskia Sassen[7], pour qui les « formations prédatrices » où se mêlent agents économiques superpuissants, marchés spéculatifs, technologies hypersophistiquées, États larbins ou tout-puissants, sont aussi complexes que peu prévisibles et conceptualisables, malgré l'attention déployée par les spécialistes. Pour elle, il est nécessaire de contrôler le fol enchaînement des algorithmes par des règles d'ordre éthique pour éviter des conséquences qui pourraient être désastreuses[8].

On a une illustration saisissante des dangereuses potentialités de la démocratie au travail, lorsqu'à la fin du film *Les Lip, l'imagination au pouvoir*, Claude Neuschwander, patron des Lip nommé par les pouvoirs publics, qui avait réussi en un an à faire de Lip avec l'ensemble des ouvriers une usine performante et démocratique, reçoit l'ordre (septembre 1975) du président Chirac de reprendre le pouvoir dans cette usine. Au motif que, une crise économique de longue durée s'annonçant, il était urgent de casser l'exemple Lip, afin d'éviter que la crise qui n'allait pas manquer de toucher de nouvelles entreprises,

---

[6] P. DARDOT, C. LAVAL, ouv. cité, p. 164 notent que la souveraineté effective des créanciers les conduit vers « des attaques spéculatives autoréalisatrices » qui se concluent toujours par quelques mesures de politiques publiques (limitation des droits du travail ou mesures de gestion financière de détail) destinées à « restaurer la confiance des marchés financiers ».

[7] Saskia SASSEN, *Expulsions, Brutalité et complexité dans l'économie globale*, Gallimard, 2016, parle de la crise des « subprimes » : « Il a fallu 15 étapes complexes pour transformer des prêts hypothécaires à haut risque en un projet financier destiné à satisfaire les besoins de la haute finance. Ce qui était à l'origine un projet étatique visant à permettre à des ménages à revenu modeste d'acquérir un logement a été transformé en un projet financier visant à faciliter des profits accrus… Il a fallu des mathématiciens de pointe, des avocats et des comptables brillants, des instruments financiers compliqués, incompréhensibles même pour de nombreux opérateurs en Bourse, qui se sont contentés d'utiliser le logiciel. » C'est justement ce qui inquiète l'auteur : la finance elle-même serait incapable de contrôler sa propre stratégie, son propre pouvoir.

[8] « Les "guerres" d'aujourd'hui sont plus que la reproduction de celles d'hier : abandonnant la compétition de puissance, elles naissent de la faiblesse d'institutions manquées, de contrats sociaux inachevés et de constructions socio-économiques étouffées. Étendards des malheurs humains dans leurs causes comme dans leurs effets, elles nourrissent tous les imaginaires qu'on se plait à définir par le mot facile de "radicalisés". Mais cette radicalité peut-elle être dissoute par les armes et par la stigmatisation ou risque-t-elle d'en sortir renforcée ? » (Bertrand BADIE, *La Croix*, 22-2-16)

ne transforme la France en une société de démocratie économique avancée qui lèserait profondément le pouvoir des patrons. Neuschwander a dit non, le mouvement des Lip a été immédiatement cassé.

Il y a actuellement, chez les individus et dans les organisations syndicales, une forme de consensus d'impuissance, d'acceptation fatiguée de la servitude, qui est devenue une « forme de vie » qui génère les problèmes de santé mentale et de suicides, ou qui s'exprime, par impuissance, dans les violences lors des manifestations contre la loi travail en 2017 ou celles des « gilets jaunes ». Un « cynisme de la résignation » (C. Dejours) se généralise dans la culture et dans la cité : se prémunir contre le risque en se défaussant par avance ou en accusant « l'autre », c'est détruire le sens commun de la justice ; accepter de collaborer à la banalisation et à la normalisation de la corruption, travestie en recherche légitime de la performance, duper les clients systématiquement et sur ordre de la hiérarchie pour « faire du chiffre ». Trahison de l'usager et trahison de soi. Qui ne peut éviter de s'accompagner, dans un espace collectif, d'une constitution de clans sur des bases défensives et agressives : le cynisme des gagnants mis en synergie par les dirigeants produit celui des résignés, le clivage des individus, l'inconsistance de la parole en politique. Ne pas penser la contradiction entre ce que je dis et fais de façon cohérente d'un côté, et ce que je fais à l'inverse de ce que je dis de l'autre, éviter l'angoisse en rabotant sa volonté, c'est la définition de *l'acrasie*[9]. Ce qui se traduit au niveau collectif par : pas de choix, c'est le système, on n'y peut rien. Et les réactions sont violentes, qu'elles viennent des dominants dans le but d'appuyer le modèle occidental (invasions de l'Afghanistan et de l'Irak) ou des dominés (destruction des Twin Towers en 2001).

Récemment la conflictualité s'inverse, animée par les faibles plus que par les forts ; elle surgit de scénarios variés, économiques (chasse aux nouvelles matières premières), technologiques (accès généralisé à la télévision, internet et portable), démographiques (pressions migratoires), religieux. Des contre-socialisations d'ordre religieux, tribal, clanique, ethnique ou politique s'affrontent sur la base de

[9] Christophe DEJOURS, *Le choix, souffrir au travail n'est pas une fatalité*, p. 89, Bayard, 2015.

logiques communautaires. La dissémination de la violence et la guerre s'envolent dans une spirale sans fin[10]. La violence, seul horizon ?

« Le capital traverse le monde, mais ne le recouvre pas » (Ferguson). En tous lieux cependant règnent des structures de pouvoir sur la gestion du travail. Peut-on imaginer une proposition totalement inverse, « la construction des communs[11] » ? C'est ce que nous allons examiner au chapitre suivant. On verra aussi comment fonder cette possibilité sur une résistance ou une résilience ouvrière saisie à travers l'approche anthropologique, comment la relayer par une psychodynamique du travail qui introduit le pouvoir d'agir, la prolonger par les expériences d'organisation du travail en cours de réalisation. Et conclure par l'étude de syndicalismes nationaux et internationaux en les reliant aux mouvements altermondialistes.

---

[10] Bertrand BADIE, *Quand le Sud réinvente le monde, essai sur la puissance de la faiblesse,* La Découverte, 2018.

[11] Elinor OSTROM, *Governing the commons. The evolution of institutions for collective action*, Cambridge University Press, 1990 ; Charlotte HESS, Elinor OSTROM (eds), *Understanding knowledge as a commons. From theory to practice*, Cambridge, MIT Press, 2007.

REFONDER

CHAPITRE VIII

Les ressources de la démocratie : les biens communs

P. Dardot, C. Laval : *Commun, essai sur la révolution au XXIe siècle*, La Découverte, 2014 ; B. Coriat (sous la direction de), *Le retour des communs*, Les liens qui libèrent, 2015.

L'intérêt de la réflexion sur le commun vient du constat que l'appropriation privée s'oppose le plus souvent à l'intérêt général comme les brevetages du vivant (micro-organismes), de matériaux essentiels à la survie de l'humanité (molécules thérapeutiques), de logiciels informatiques initialement imaginés pour protéger la création et l'innovation. On voit la constitution de grands monopoles par un durcissement des droits de propriété privés exclusifs, considérés comme « condition d'efficacité des marchés et de l'efficience économique[1] ». L'étude d'une grande variété de domaines, pharmacie, technologies agricoles, collections muséales et biologiques, communs fonciers, technologies industrielles, montre le danger d'une appropriation privée, et l'intérêt d'une gestion commune et partagée entre tous les acteurs concernés, dans le souci de justice sociale et d'une gestion durable de la planète. On est renvoyé à la définition des communs sous une forme démocratique et à l'interrogation du droit de propriété.

Quelle alternative au capitalisme peut s'esquisser à partir du concept de « biens communs » ? Les biens communs s'opposent aux biens privés appropriés : on ordonne leur usage en définissant des droits sur ces biens, ou des faisceaux de droits, qui harmonisent, aménagent les intérêts divers, producteurs, consommateurs, salariés, fournisseurs. Trois lieux d'agencement sont immédiatement

---

[1] B. Coriat, p. 9, se rapportant à deux défenseurs du modèle de privatisation, Alchian (1965) et Demsetz (1973).

identifiés : l'entreprise capitaliste, les services publics, l'économie sociale et solidaire. S'y ajoutent de nombreux espaces démocratisables : fonctions syndicales et politiques, agencements coopératifs, « empowerments » associatifs de toute nature.

Qu'est « le commun des ouvriers » selon les auteurs ? (p. 367-404). Il faut partir de Proudhon et de la fin du XIX° siècle. Le « droit prolétarien » se fonde sur « la coutume ouvrière[2] » ou le « commun des ouvriers » (Leroy, *La coutume ouvrière*, p. 385) qui en créant ses propres institutions, coopératives, syndicats, crée une « constitution sociale » (Proudhon) fondée sur l'équité, « la vraie valeur » du travail, la justice commutative (égalité des droits et obligations), le mutualisme.

> La constitution sociale n'est rien d'autre que l'auto-organisation juridique de la société qui, partant du droit particulier des différents groupements, en fait un droit commun formalisé des co-producteurs de toute la société. (Gurvitch, *L'idée de droit social*, p. 363)

Dans cette vision l'idée de démocratie industrielle est peu opérationnalisée au plan politique : l'économique, consolidé par le juridique, oublie le politique. Les termes de lois, gouvernement, pouvoirs politiques, classes sociales, centralisation politique sont remplacés par ceux d'organisation industrielle, contrat, forces économiques, spécialités de fonctions, force collective, identité des intérêts. Proudhon désire ainsi dépasser le débat politique, pour lui dévalorisé par les débats des députés à l'Assemblée, « pseudo-représentants du peuple », en le soumettant à une constitution sociale qui organise l'économique. Négligeant le pouvoir politique créé par la puissance économique du capital, il invoque un principe fédéral pour unifier la démocratie industrielle des compagnies ouvrières avec la démocratie politique des communes. Le droit prolétarien qu'il propose, les solidarités ouvrières qu'il souhaite, sont de même nature que les solidarités communales de la bourgeoisie face à la féodalité à l'époque des villes franches. Le droit syndical et l'ordre juridique prolétarien issu de la lutte organisent la conscience de classe, « l'idée ouvrière » (Proudhon), « la coutume ouvrière » (Leroy), censée contenir la concurrence entre ouvriers, obliger à la solidarité et à la discipline collective. Coopérative, syndicat, mutuelle sont valorisés, et l'entreprise « oubliée ». La coopération sociale est censée se substituer

---

[2] Maxime Leroy, *La coutume ouvrière,* 1913, Ed CNT-RP, Paris 2007.

au capital ; le contrôle politique n'est pas une question primordiale. Le premier congrès national et international des coopératives socialistes a lieu en 1900 à Paris pour organiser une coopération internationale entre coopératives, syndicats, et le « parti ouvrier international ». Il n'y en a pas eu de second, sans doute parce qu'il est apparu que l'économie sociale et solidaire n'est pas capable, seule, de transformer un système capitaliste, que la double lutte, économique et politique, des organisations de travailleurs, est indispensable, et doit être permanente. En 2008 encore, Laville[3] constate ce fait et souligne que Marx a pensé la même chose, après la Commune et grâce à elle. Comment donc construire une politique du commun, contrôler la force politique du capital et promouvoir celle des travailleurs ?

Les propositions politiques (p. 455-583) :

1 – Construire une politique du commun. « Il ne peut y avoir d'institution du commun à l'échelle de la société sans que le droit de propriété, le capital ou le brevet, ne soit soumis au droit d'usage du commun » (p. 462) sous la forme d'une institution démocratique de l'économie qui confère nécessairement une dimension publique au social, qui introduit l'autogouvernement dans les entreprises, qui implique que toute délibération dans la sphère publique ne peut être prisonnière des intérêts de telle ou telle catégorie socio-professionnelle. Usagers, citoyens et travailleurs ont un statut de coproducteurs.

2 – Opposer le droit d'usage à la propriété. La propriété doit être segmentée en un faisceau de droits, en fonction de prêts, d'hypothèques, d'échanges avec d'autres droits, qui se présentent comme autant de restrictions au droit de propriété. Mais ce droit de partage de propriété reste encore défini par une décomposition des valeurs du marché, alors qu'il s'agit de lui substituer un droit d'usage. Un bien dont le propriétaire peut autoriser un droit d'usage n'est pas un commun : le commun implique une détermination collective à l'exclusion de toute référence à un horizon de propriété. Ce cadre collectif peut poser problème au niveau international puisque le droit ne reconnaît que les États comme acteurs de droit pour la gestion de certains biens qui doit être coordonnée (l'air, l'eau, le climat). Il faut

[3] LAVILLE Jean-Louis, HOARAU Christian, *La gouvernance des associations*, Erès, 2008.

donc *remplacer la notion de bien commun qui fait référence à un droit de propriété par la notion de commun qui fait référence à un engagement actif permanent des acteurs concernés qui décideront du meilleur usage.* Une firme industrielle ne peut devenir le propriétaire exclusif d'un brevet sur les propriétés fongicides d'un arbre cultivé depuis des siècles par des paysans indiens. Ces droits doivent être non seulement partagés entre ces deux « producteurs », mais avec leurs usagers sous forme de coopérative de production de semences traditionnelles à but non lucratif. À plus large échelle, un commun mondial de semences sera confié à ses co-usagers, pour contrôler la biopiraterie et se substituer à la Banque mondiale des semences, contrôlée de manière lucrative par les États et les grands semenciers. Le commun est une prise en charge de l'inappropriable par ses co-usagers (p. 481).

3 – Le commun est au principe de l'émancipation du travail. Le travail a une dimension collective et sociale et reste le levier essentiel pour passer du régime de la coopération forcée à l'agir commun émancipé. Le caractère créateur du travail collectif existe lorsqu'un pouvoir d'agir en émerge, pouvoir d'agir sur le concret du travail, sa destination, sa rémunération. Agir politique qui prolonge le travail salarié. À l'heure actuelle, le pouvoir est déterminé par la propriété, le droit des salariés à participer aux décisions collectives est étouffé. La contrepartie a été « la Sécu », la « compensation » par la consommation jusqu'aux « Trente Glorieuses » de l'après-guerre et jusqu'à la crise actuelle de l'hyper-libéralisme qui étouffe l'expression du travail au profit du capital.

4 – « L'entreprise commune » consiste à « faire descendre la République dans l'atelier » selon l'expression des années 1830, relayée par Jaurès en 1895, puis par M. Sangnier (Le Sillon, 1910). Le commun de production, la propriété sociale ou socialiste, est à inventer avec les acteurs de la société intéressés. En particulier, le capital doit réduire son pouvoir au profit du travail dans le processus productif, ce qui est bien plus qu'un simple partage de la valeur produite.

5 – L'Économie sociale et solidaire doit préparer la société du commun même si l'espace entre le marché et l'État est étriqué, même si elle risque d'être avalée par le marché. La force politique de ce

secteur est absolument nécessaire, car il lie la finalité de la production du commun à la démocratie de l'agir commun en évitant une appropriation publique contrôlée par l'État.

6 – Il ne s'agit pas de rétablir un État social actuellement miné par les politiques néo-libérales, mais de rendre à la société le contrôle démocratique des institutions de solidarité et de réciprocité. Car de quelque manière qu'on lise le *welfare state*, il est toujours pris dans une double fonction : d'un côté, déprolétarisation de la population, de l'autre poursuite de l'accumulation du capital. Il s'agit ici d'une autre perspective que l'on peut préciser par un bref rappel historique.

De 1789 à 1848, le « gouvernement de la misère » a tenté de désamorcer le potentiel de protagonisme dû à la pauvreté de masse (santé, menaces politiques, illégalités juridiques). En 1848, la bourgeoisie est sommée d'inventer une réponse neuve qui concilie marché et citoyenneté : le suffrage universel, la propriété (censée être ouverte à tous par l'école et le travail) et la fraternité-solidarité : la société comme coopérative et l'État comme caisse d'assurance (socialisation du risque et égalité des chances). Ce projet d'État sera reconnu par l'encyclique de Léon XIII Rerum Novarum, 1891, comme la providence des travailleurs. Mais l'Église (qui incarne un droit naturel d'origine divine) et l'État (qui est l'administrateur du social) rejettent, chacun de leur côté, le commun comme coactivité, co-construction des membres de la société : la solidarité entre salariés et citoyens se lit comme une dette contractée envers l'État bienfaiteur ; l'État social et le droit social se consolident en même temps que leur rapport de domination. Après 1945, la « société salariale » (Castel) a la charge de dépasser la lutte des classes ; la coupure propriétaires/non-propriétaires doit être surmontée grâce à l'État et à la République sociale. En fait démocratie et sécurité sociale vont s'avancer en divergeant : l'État social redistribue en fonction des contraintes économiques et non du droit des citoyens ; la démocratie vacille lorsque le mouvement ouvrier s'affaiblit. *Le principe du commun, ce n'est donc pas le solidarisme d'État, mais la démocratie sociale, la citoyenneté sociale et économique, « la démocratie de production ». Alors que toutes les gauches européennes ont échangé l'oppression dans le travail contre l'État social sécurisant.*

7 – Les services publics devraient récupérer l'usager et le confronter au fonctionnaire pour devenir des services de citoyenneté. Cela est en

opposition à la théorie souverainiste de l'État arc-bouté sur ses fonctions régaliennes : armée, police, justice. Le service public n'est pas l'extension d'une souveraineté, mais l'expression d'un besoin : aux usagers comme aux agents, un pouvoir d'initiative, de contrôle et de participation. Et non une fonctionnalité neutralisée, une stratégie de gestion à l'image du privé, le *« new public management »*. Ce concept détruit l'idée même de service public que la démocratie participative promet en ce qui concerne l'eau, l'air, les déchets, la mer, internet, l'éducation, la santé, la culture, la science. Le « commun », principe de gouvernement, doit éviter l'appropriation par un État qui le déformerait par le système des partis et le clientélisme.

8 – Les communs mondiaux. D'un côté, FMI et OMC font du marché le principe de légitimité du droit international. De l'autre, l'idéologie universaliste engage à la construction d'un droit commun mondial : l'humanité, sujet juridique, est d'abord défendue comme victime (crimes contre l'humanité) par une justice pénale internationale, puis comme sujet de droits sociaux et du travail. Mais elle affronte trois obstacles : le principe de souveraineté des États (le conseil de sécurité de l'ONU est bloqué par un seul veto) ; le fait que les États puissants imposent leurs décisions (2003 : guerre d'Irak) ; enfin, les politiques néo-libérales organisent le monde selon des normes de concurrence et de guerre. Le dogme du « darwinisme normatif » met en balance les systèmes juridiques nationaux pour sélectionner les plus favorables au capital : le marché est le principe de légitimité du droit international. Il impose des droits en matière de fiscalité, de droit commercial, de droit du travail, et porte les multinationales au faîte de leur puissance. Le droit privé devient source des normes commerciales, économiques et donc sociales. Tout contrat privé peut être opposé à une politique publique d'intérêt général. Les « autorités de régulation » utilisent la menace du droit pour ne pas l'appliquer : ce sont les dénommés « deals de justice », amendes financières à travers lesquelles le droit public organise sa propre défection : il se marchandise au gré des intérêts des parties, c'est la privatisation du droit international.

Et lorsque le PNUD, en 1990, propose de compléter les mesures étroitement quantitatives du PIB, par l'IDH (Indice de développement humain) incluant taux d'alphabétisation, espérance de vie et développement durable, l'on perçoit que ces biens communs ne peuvent être produits par le marché ; il faut les construire délibérément avec des partenaires plus publics que privés. Ce « commun » permet de redéfinir une nouvelle vision qu'il faudrait expliciter sans attendre.

9 – Instituer une fédération des communs. La primauté du commun n'implique pas la suppression du marché, elle le subordonne et supprime le droit d'abuser du propriétaire. C'est un principe politique agissant à partir du seul critère de la représentation de toute l'activité sociale. Institution de l'inappropriable, le commun se définit comme un ordre, une proposition après délibération, une coactivité qui fonde une coobligation. C'est seulement par l'activité que les choses sont rendues communes : les *communs* fluviaux, forestiers, de production, de connaissance, sont des espaces institutionnels ayant des règles spécifiques et modifiables : une praxis instituante dense et souple, mieux qu'une simple gestion. La constitution de la sphère politique publique s'effectue sur la même base de l'activité et d'un territoire, jusqu'à l'échelle transnationale, et selon un principe fédératif qui articule les communs de base territoriale et de base socio-économique.

La norme d'inappropriabilité interdit l'appropriation-appartenance, et propose, à l'opposé, une appropriation-destination en vue d'une certaine fin qui règle l'usage d'un bien ou d'un projet sans qu'il ait de propriétaire. Le processus est identique dans le commun socio-économique et dans le commun politique. Les concepts de travail et de pouvoir d'agir permettent de penser cette innovation démocratique.

On a rencontré le concept du pouvoir d'agir au niveau de la psycho-dynamique du travail (Y. Clot), comme capacité de réalisation du travail réel après délibération et conflit ; puis au niveau juridique (l'ordre juridique doit garantir à chacun la possibilité de donner toute sa capacité d'action, A. Supiot) ; enfin au niveau socio-politique où le travail, considéré comme cité et non plus comme citadelle (T. Coutrot), doit produire tout son effet démocratique. On voudrait souligner que cet ensemble de possibilités s'appuie sur un regard de longue durée qui donne à voir les capacités de résistance quotidienne des travailleurs, une forme de résilience du pouvoir d'agir.

CHAPITRE IX

L'ethnographie irremplaçable

Les bonnes descriptions ethnographiques mettent le doigt sur la vérité des rapports sociaux au quotidien. Qu'elles relatent des moments de routine sans relief particulier ou des moments forts, elles décrivent l'enchevêtrement des dimensions individuelles et collectives des rapports sociaux. L'interaction entre les moments forts et la longue durée permet de rendre compte de la profondeur d'une réalité. On peut alors percevoir qu'une puissance ouvrière existe, toujours en voie de reconstruction face aux conditions concrètes et matérielles qui s'acharnent à la défaire[1].

– S. Beaud, M. Pialoux, *Retour sur la condition ouvrière*, Fayard, 1999.

Peugeot, à Montbéliard, fait partie de ces usines qui, dès le début du XXe siècle, gèrent, outre la production industrielle, l'école, le logement, l'alimentation, la santé, la culture, l'administration municipale, voire la religion de leurs employés. Le paternalisme intégral.

a) La grève de 1981 à Peugeot, Montbéliard. Dans le bras d'honneur qui suit la victoire électorale de la gauche, les revendications sont : 4 % de prime de productivité, le passage aux 38 heures, l'autorisation de réunions pendant le casse-croûte, l'affectation d'une heure de temps par semaine pour une discussion libre sur le travail. Ces revendications sont élaborées après avoir fait le tour des chaînes de carrosserie et hors du réfectoire où les cadres sont présents. Des

[1] Il faut signaler, dans cet esprit, le livre de Marcel DURAND, *Grain de sable sous le capot, Résistance et contre-culture ouvrière sur les chaînes de montage Peugeot 1972-2003,* Agone, 2006.

revendications plus floues sont encore à préciser ou à négocier : la fin d'un système de « flicage », le droit de contrôler les cadences, la 5e semaine de congé sans enlever les avantages acquis (jours d'ancienneté), le 13e mois sans enlever les primes (important pour les OS) et 500 F de plus. C'est alors la guerre : mises à pied avec interdiction d'entrer dans l'usine, divisions syndicales aussi. Les résultats sont divers : d'un côté la nette diminution des comportements agressifs du côté de la chefferie ; de l'autre, aucune avancée sur la possibilité de contrôler la production côté ouvrier. Faute d'information sur la vitesse de la chaîne, il faut parier, s'arrêter à une heure déterminée parce qu'on estime qu'à cette heure-là, la production est faite, et s'informer ensuite pour connaître les conséquences exactes de ce temps de paralysie. La CGT suit, de loin, ce que font les OS de la carrosserie (100 % d'OS) ; à l'emboutissage où OS et OQ sont mélangés, le syndicat est davantage à l'écoute. Et le Parti communiste, qui conseille la CGT, est mal « branché » sur les OS, qu'il juge trop spontanés ou incontrôlables.

La radio locale n'est pas convaincante pour la cause de la grève ; elle reflète et camoufle les débats internes à la CGT, et elle voit parfois ses émissions brouillées par le patronat de Peugeot. Au résultat, moins d'oppression, un climat qui rappelle celui du début des années 1970. Les cadres ont été dénoncés devant l'opinion publique locale ; le slogan « les cravates à la chaîne » est bien passé. Dorénavant l'entreprise autorise la visite aux journalistes. Par contre les salaires n'ont pas bougé.

b) La longue durée de l'organisation du travail dans l'existence ouvrière : tensions, conflits entre niveaux hiérarchiques, et ceux de la représentation ouvrière (délégués, syndicats).

– C. Corouge, M. Pialoux, *Résister à la chaîne*, Agone, 2014.

Ces entretiens, libres et de longue durée, avec un ouvrier qualifié rétrogradé OS pour activité syndicale, révèlent un quotidien que l'on n'a guère la possibilité de côtoyer. Nous en extrayons les moments qui nous ont paru les plus fondateurs dans les relations de travail.

La chaîne : elle laisse toujours un peu de temps pour souffler si on s'organise avec les voisins. On peut aussi faire grève et l'arrêter : mais si on arrive à l'affrontement direct, mieux vaut ne pas être singularisé ; chacun sait que la maîtrise, la hiérarchie, « ils » sont toujours les plus forts : à la moindre erreur, un vol anonyme, un léger retard, il y a toujours un poste de « punition » à pourvoir.

Fragilité de l'avantage acquis. Après un suicide, on prend l'habitude de distribuer des tracts dans l'usine, l'agent de maîtrise ne peut s'y opposer, il file doux ; la morale des ouvriers s'impose, après la violence, mais un certain temps seulement : le retour à la situation antérieure se fait peu à peu, à l'usure. Il y a aussi ces soupçons d'augmentations imperceptibles de la vitesse de chaîne, que les ouvriers ne peuvent pas « prouver ». Si une « habitude » se prend, née de l'action volontariste ou militante, et devient un « avantage acquis », cet avantage peut se perdre à la suite d'un incident, d'un prétexte ou d'une circonstance quelconques, et il faudra batailler pour le réacquérir. Dans cette guerre de tranchées, l'on voit bien qui s'use le plus.

Éviter la plainte. Il y a un aveuglement, sans doute une peur, due à un sentiment de responsabilité, des agents de maîtrise anciens dans l'entreprise, devant les problèmes physiques, les malaises, les maladies des ouvriers à la chaîne. Il leur arrive de procéder à des changements de poste en cachette, lorsque les cadres ne sont pas témoins. Les agents de maîtrise jeunes, eux, ne veulent rien savoir ni voir : ils se doutent peut-être déjà qu'ils ne feront pas de « vieux os » dans l'entreprise.

Statut et parole des OS : spontanément, dans l'usine, ils laissent parler les autres ouvriers et préfèrent s'exprimer entre eux ; même en ville ils se taisent, car tout le monde se connaît et l'on sait qu'ils sont OS ; ils portent une infériorité. Ils n'ont pas droit à la parole, car ils sont « la dernière roue de la charrette ». Leur prise de parole est impromptue, provocante : lorsqu'un ouvrier un jour d'énervement, interroge un cadre qui passe dans l'atelier pour lui demander combien il gagne, ses collègues le suivent, que le cadre réponde ou se taise. Prendre l'habitude de réagir par la parole n'est pas facile ; il y faut un apprentissage personnel, pour recevoir de ses pairs une certaine légitimité. Dans cette culture largement orale, la parole qui est estimée juste, « bien envoyée », a un grand poids.

Mais il faut aussi savoir écrire. Lorsque l'écrit est nécessaire pour une revendication, un tract, chacun perçoit rapidement si le rédacteur a écrit « dans son coin » ou s'il a consulté au préalable l'ouvrier spécialisé, « l'Arabe » l'intérimaire, ou toute personne non qualifiée dans l'usine. L'écrit, pour être efficace, doit refléter une parole « de position » qui n'a souvent rien à voir avec l'écrit du pamphlet syndical, trop généraliste ou générique.

La hiérarchie. La masse OS inorganisée fait peur à la hiérarchie parce qu'elle lui est souvent imprévisible. Et la hiérarchie sait que ce sont les OS qui vivent les conditions d'exploitation les plus défavorables. Mais elle veut l'ignorer, éviter de montrer une compréhension qui pourrait être interprétée comme une faiblesse. Ce qui entretient en permanence une tension.

c) La représentation. OS et syndicats. Les groupes OS font peur aux syndicats qui sont assez loin d'eux et qui doivent parfois « deviner » ce qu'ils pensent. Ils ne dialoguent pas spontanément, il faut organiser le dialogue. L'OS au syndicat, c'est un risque : il ne s'exprime pas ou mal, il n'est pas d'emblée « légitime » ; il vote, mais explique mal ou trop abruptement son vote ; et lorsqu'il « monte » dans la hiérarchie syndicale, on fait appel au plus souple, au plus « arrangeant » ; ce qui produit le plus souvent des permanents « planqués » qui ne se donnent pas pour tâche de faire émerger, traduire la parole minoritaire dont ils sont censés être porteurs, mais qui reproduisent celle qui est généralement élaborée pour les ouvriers qualifiés par les permanents syndicaux.

Les vieux ouvriers « métro » supportent mal les *immigrés*, les jeunes ont moins de préjugés. Mais comme il n'y a ni embauche ni promotion, il n'y a pas de « concurrence » non plus. Ce qui pose un problème : les groupes et collectifs précaires trop stabilisés représentent un danger potentiel pour la direction : il faut organiser des rotations, et donc des licenciements pour cette simple raison.

Il y a 5 entreprises *d'intérim* qui fournissent Peugeot. Des ouvriers sont depuis 5 ans dans l'entreprise sans être restés plus d'un mois au même poste. Il y en a, peu, qui ont été intégrés (2 en carrosserie en 5 ans), et il y a beaucoup d'immigrés. L'une de ces entreprises, la Nota, formait les gens pour la CFT, un syndicat « patronal » jaune. Elle a été rapidement identifiée par les ouvriers qui l'ont dénoncée et fait récuser (à la différence de la CFT de Citroën-Aulnay ou de Talbot-Poissy dans les années 1960-1970 qui a longtemps « fait la loi » avec l'aide du patronat).

d) Des *femmes* ont été recrutées un moment sur la chaîne de montage dans le but de détendre des relations trop tendues entre les hommes. Elles ont bien sympathisé avec eux (elles parlent famille, « humanisent » les échanges, et peuvent les remplacer un moment sur quelques postes durs). Finalement, la direction les a retirées parce que ça se passait trop bien avec les hommes. Il y avait à un moment parmi elles 3 déléguées en carrosserie (le délégué a pour mission de faire de temps à autre le tour des postes pour recueillir les problèmes qui peuvent se poser), qui étaient toujours suivies de près par la maîtrise, dans un but d'intimidation, afin qu'elles ne prennent pas leur travail trop au sérieux. Ils ont été baptisés les « suivettes » parce que les déléguées étaient fatiguées d'être suivies. Elles s'étaient arrangées pour prendre avec elles des burettes d'huile pour tacher, sans se faire voir, la blouse blanche de ces cadres « suiveurs » ainsi marqués dans leur activité. Elles étaient arrivées à améliorer leur emploi du temps hors travail : pas de réunion pendant les vacances scolaires, pas de travail le samedi. Peu à voir avec les problèmes traités par le journal féminin de la CGT, *Antoinette* trop génériquement féminin ; peu à voir avec le journal CGT, *La Vie ouvrière*, qui publie au compte-gouttes les lettres de ses lecteurs et dont les reportages en usine sont aussi mauvais que ceux de la presse locale

e) La position de délégué. Elle s'est améliorée, en même temps que celle des ouvriers, après la grève d'octobre-décembre 1981 : d'abord la vie d'atelier, la pause-café et la possibilité de fumer, le vin pour le casse-croûte, le journal à lire, la prise de douche de sortie échelonnée pour éviter la queue ; ensuite, la possibilité d'écrire sur le lieu de travail pour rendre compte de réunions ou de négociations : le délégué est comme un écrivain public, il écrit pour les ouvriers en direction du syndicat, il écrit pour le syndicat en direction des contremaîtres, et de la hiérarchie plus élevée si cela est nécessaire. Sa position est plus centrale que celle d'élu au Comité d'entreprise selon C. Corouge :

> *J'ai été 2 ans au Comité d'entreprise de Sochaux ; je m'occupais des assistantes sociales, des bonnes œuvres de Peugeot pour des cas sociaux qu'il créait lui-même : nul. Par contre, délégué à l'ACT (amélioration des conditions de travail), c'est positif ; tu as 15 heures de délégation par mois et tu connais les problèmes de plus près. On proposait, ça marchait.*

En outre, le délégué est soumis à la pression de la conformité bureaucratique syndicale : il exprime le vécu de son collectif sans être nécessairement écouté ; il est exposé au risque de vanité du fait qu'il est invité lors de la présentation de nouveaux modèles ou les visites de personnalités. Mais il n'a pas accès aux rapports de pouvoir dans le syndicat, il ne sait pas ce qui s'y passe : il n'a pas à connaître par exemple du budget du syndicat.

f) Le militantisme pour quoi faire ? C. Corouge y a été prédisposé par son un père, membre du Parti communiste dénoncé pendant l'Occupation et déporté. Après un CAP d'ajusteur au foyer des jeunes travailleurs de Cherbourg, une grève, des revendications dans le cadre du foyer où il est logé, il est renvoyé. À Sochaux où il déménage, sa rencontre avec un groupe de cinéastes lui permet de jouer sa position, prendre du recul sur sa situation. Affecté à un poste inférieur à sa qualification d'ajusteur (découpe de tôles), il devient rapidement délégué suppléant puis titulaire et très vite il passe « en chaîne » en guise de punition. *« C'est fini »,* lui dit le chef de service, *« depuis je n'ai jamais pu avoir une place d'ajusteur. Délégué, si tu es visé, ce n'est pas tenable : on affecte le militant là où on veut, on désorganise ton travail en 8 jours ».* Pour faire du bon travail, celui qui aide à résister soi-même, il faut prendre les choses à la racine : comprendre l'homme, la culture, prendre le thé chez les immigrés.

Le syndicat n'est pas d'accord pour créer des relations si intenses :

> M*ais je n'avais aucun problème avec les gauchistes OS ; au syndicat, c'était surtout des ouvriers professionnels, il avait besoin de notre expérience-militance : écarter les châssis sur la chaîne de 1 minute 20 secondes au lieu de 1 minute, il n'y a que nous capables de poser ce problème. Jusqu'à faire un ciné-club. Défendre les OS, c'est aller en deçà de l'activité syndicale, c'est* remonter aux livres, *repenser le syndicalisme à partir de notre travail. Alors que la CFDT s'aligne sur les patrons et remplace « la chaîne » par « la ligne », les « ouvriers » par les « opérateurs », les OS par les « AF3 ». Sans compter ceux qui rentrent dans le système Peugeot : pavillon, voiture, école du patron. Il n'y a pas un seul OS parmi les députés du Parti communiste.*

g) Être permanent dans la tempête ?

> *C'est un travail particulier, un rôle, et un piège : on a la possibilité de l'être 3 jours par semaine, avec le même salaire. Le risque est de s'installer dans la fonction et « d'oublier » la chaîne. Le va-et-vient chaîne/réflexion est difficile, non seulement pour toi, mais pour tous : il te faut inventer une langue qui ne soit ni intellectuelle, ni politique, ni syndicale. L'ancienneté n'est pas une garantie : il est très difficile de ne pas se couper de la chaîne : moi, après 15 ans de boulot (j'en ai 32 aujourd'hui), j'ai envisagé de changer de boulot. Pour aller où faire quoi ?? C'est un danger de devenir permanent ; en 3 ans tu perds le contact avec la réalité, tu sais plus où tu en es.*

> *La période 1973-78 a été une période d'acharnement de la maîtrise où le syndicat nous a lâchés : il ne proteste plus s'il y a une mise à pied pour*

une prise de parole. « Nous » qu'est-ce qu'on fait, au milieu ? Je suis exclu du Parti en 1974 même si Aragon était contre. On avait réuni 600 personnes au théâtre pour le Chili. Je suis exclu par 35 personnes qui votent comme un seul homme. C'est la guerre avec la CFT, et mon divorce en 1978. (p. 304)

h) Relations avec les intellectuels. C. Corouge a une réaction violente contre les intellectuels du PC ou ses proches (M.-A. Macciochi, J. Verdès-Leroux, S. Leys) qui soutiennent les catholiques de Solidarnosc et critiquent le PC français qui est réticent à les soutenir (à l'émission de télévision *Apostrophes*). C. C. ne supporte pas les critiques de ces intellectuels sur le PC français à propos de Solidarnosc, car elles lui paraissent opportunistes : ils devraient aussi adresser leur critique au fonctionnement interne du PC français dont ils font partie, ce qu'ils ne font pas ou très peu. Le PC français est logique avec lui-même lorsqu'il appuie la critique que le PC polonais adresse à Solidarnosc. Aux yeux de C. C., le problème est commun aux PC polonais et français : le pilotage hiérarchique retire aux travailleurs la possibilité de s'exprimer de manière autonome. Alors que les intellectuels cités, qui approuvent la dynamique née de Solidarnosc, ne font rien pour développer la même dynamique dans le PC français. Au contraire, ils quittent l'appareil et le rendent responsable sans appuyer les militants qui, à la base, luttent dans cet esprit démocratique. Le PC polonais a vu se développer Solidarnosc parce qu'il bridait sa démocratie interne. Le PC français fait de même avec ses opposants critiques. Ces derniers tirent de leur appui à Solidarnosc une gloriole intellectuelle indue face à leur absence de critique réelle du PC français. La critique de C. C est ainsi occultée, et par l'establishment du PC et par ses intellectuels « critiques » alors qu'il attend l'appui de ces derniers qui le lui refusent, car ils ne sont attentifs qu'à leur ego.

Le communisme reste une idée forte, comme cette idée que tu ne peux pas rester longtemps en vacances sans penser que l'usine t'attend pour que tu t'affrontes à elle, pour que tu la changes. En même temps que tu as envie de quitter la chaîne, de travailler avec l'Anact (Agence nationale pour l'amélioration des conditions de travail), avec le Comité d'entreprise, d'avoir une maison à toi, de faire un stage d'ergonomie. J'ai refusé le poste de responsable national des OS en 1973 à la fédération des métaux de la CGT parce que je découvrais cela, plus important, ici. (p. 327)

En 1986, je passe à la retouche (contrôle et retouche des carrosseries défectueuses), hors-chaîne, c'est un boulot « peinard » d'artisan en même temps qu'une voie de garage. Je n'ai plus envie de militer ; je suis connu puisque publié[2] *et donc tranquillisé. Reposé.*

Bilan : en 1989, après la grève, poursuite du même travail de retouche en carrosserie. Promu enfin OP (Ouvrier professionnel) en 1995, il travaille de nuit de 1999 à 2007 sur sa demande, il est délégué au CHSCT (Comité d'hygiène et de sécurité et des conditions de travail) depuis 2006. Il est à la retraite depuis 2013.

Actuellement, les intérimaires ont pris la place des OS, les techniciens en sous-traitance celle des OP ; l'entretien de la division continue en s'approfondissant, car intérimaires et techniciens relèvent d'employeurs différents. Ces changements rendent plus difficiles les processus de reconstruction de l'unité des travailleurs. Au terme de cette description, on retient que :

1) le travail appartient bien à ceux qui le font au bas de l'échelle, mais leur capacité d'expression est en permanence retenue, étouffée, combattue, segmentée, d'abord par la chefferie et le patronat, mais aussi et d'une autre manière par le syndicat

2) les divisions entre catégories ouvrières sont dorénavant entretenues sur la base de différences dans le statut de l'emploi qui rendent plus difficile la constitution de collectifs entre entreprises différentes sur un même lieu de travail.

3) les syndicats sont limités pour reconstruire une unité parce qu'ils prennent peu en compte les ouvriers du bas de l'échelle, qui souffrent le plus du travail et qui doivent en outre faire face à la déstabilisation provoquée par le recul sur le statut de l'emploi.

Finalement, même si la direction contrôle de bout en bout les processus, elle est loin de contrôler la conscience des ouvriers. Quiconque a la possibilité d'entrer dans la précision de l'observation ne peut que faire ce constat. La politique actuelle de réduction maximale des possibilités d'expression ne durera que tant que la conjoncture lui sera favorable. L'intérêt de ces témoignages est justement de partir de la conjoncture pour montrer qu'elle n'est pas indépassable.

---

[2] C. Corouges est co-auteur, avec M. Pialoux, de plusieurs textes parus en revues et en livres. Voir le dernier livre de M. Pialoux, *Le temps d'écouter, enquête sur les métamorphoses de la classe ouvrière*, Raisons d'agir, 2019.

CHAPITRE X

Lier santé, travail, pouvoir d'agir

Un thème récurrent de l'observation des psychologues du travail est que les entreprises les plus « modernes » en sont arrivées au stade où elles veulent « gouverner par la psychologie » c'est-à-dire déconstruire le collectif pour gérer des individus isolés, ce qu'ils critiquent vivement. Ce thème conduit à celui de la gestion des « risques psycho-sociaux » dénommés RPS, qui désignent les conséquences néfastes d'un travail autoritairement institué qui ne laisse aucune possibilité à un opérateur de base de donner son avis sur l'organisation du travail. Ce que Y. Clot appelle la « méfiance toxique[1] » génératrice de la « qualité empêchée ». Théories et pratiques d'un management hyper-compétitif parfois « sauvage » se perfectionnent sans cesse en remplaçant les formes plus anciennes du patronage et du paternalisme. La *« lean production »* (production la plus allégée possible en termes de main-d'œuvre), le *« benchmarking »* (mise en comparaison permanente de productivité avec d'autres entreprises ou ateliers) développent et entretiennent la gestion par le stress.

Nous n'avons pas l'intention de reprendre l'histoire du développement de ces approches au long de ces 40 dernières années, mais d'en relater les principales conclusions qui se sont précisées au fil du temps. R. Castel avait tiré la sonnette d'alarme avec le livre *Le psychanalisme* (Flammarion, 1973) qui mettait l'accent sur la nouvelle mode, venant des États-Unis, d'appréhender tous les problèmes sociaux à travers le prisme « psy ».

---

[1] Yves CLOT, *Le travail à cœur, pour en finir avec les risques psycho-sociaux,* La Découverte, 2010, p. 134.

Un moment fondateur de la critique de cette approche a été, en France, la tenue d'un séminaire interdisciplinaire sur deux ans « Plaisir et souffrance dans le travail[2] » qui avait réuni, psychiatres, psychanalystes, médecins du travail, ergonomes, psychologues, sociologues, historiens, linguistes et économistes, sur le thème des possibilités du passage de la souffrance au plaisir et de l'individuel au collectif dans les situations de travail. Le thème du travail apparaissait encore comme le facteur structurant de toute nouvelle société possible, plus encore pour un pays qui venait de voter à gauche ; il devait être appréhendé de manière articulée et conjointe par l'ensemble des sciences sociales. Le thème, toujours d'actualité, a été jalonné par de nombreuses publications scientifiques reprises par des revues généralistes. Ce milieu intellectuel, dont le dynamisme persiste, accompagne les individus et les collectifs dans le contexte des licenciements, délocalisations et détérioration des statuts de l'emploi. Le management est divisé : la majorité se retrouve sur la ligne tayloriste *« business schools »*, la minorité rejoint les critiques de la psychodynamique du travail.

La souffrance reste à la base du travail. Par peur et menace de la précarité d'abord, puis par peur de ne pas tenir face à cette menace permanente, la collaboration s'impose, et parfois le zèle, quand l'injonction est impérative et fréquente, que l'on cède à la menace ou à la gratification, ou aux deux à la fois. Combattre cette dynamique, en partant du travailleur, suppose de ne pas perdre de vue l'interaction entre la fonction sociale du travail et sa fonction psychologique, et d'utiliser l'outil « psychodynamique du travail » pour dissocier subjectivité et souffrance, analyser cette dernière comme « activité contrariée, amputation du pouvoir d'agir[3] ».

Le **« réel du travail »** dans le monde est varié. D'abord par le statut : 36 millions de travailleurs esclaves, selon la Walk Free Foundation[4], travailleurs immigrés de l'intérim du bâtiment, décrit en France par N. Jounin[5], domestiques de Hong Kong et ouvrières des maquiladoras

---

[2] Claude DEJOURS (sous la direction de), *Plaisir et souffrance dans le travail,* Éd. de l'AOCIP, 1988 ; réédité par la revue *Travailler,* n° 36 et-37, 2016-2017.

[3] Y. CLOT, *La fonction psychologique du travail du travail*, 2002, Avant-propos.

[4] G. VAZ CABRAL, *La traite des êtres humains, réalités de l'esclavage contemporain,* La Découverte, 2006.

[5] Nicolas JOUNIN, *Chantier interdit au public,* La Découverte, 2008.

du Mexique. Ensuite par la violence. M. Dressen et J.-P. Durand[6] ont dressé un répertoire de 381 pages relatant ses variantes nombreuses et sophistiquées : physique, symbolique (intériorisée par ceux qui la subissent, car le rapport de force est dissimulé), morale (mépris social), psychologique (harcèlement moral), normative (injonction à confesser ses manques), insidieuse, sournoise (sous-ensemble de la violence morale : dévaloriser, démoraliser, déstabiliser un collectif), violence de discordance : accepter de faire ce qui met en contradiction avec soi-même. La liste est impressionnante, les exemples choquants, on en arrive à se demander comment, dans cette conflictualité de relations humaines, le travail peut encore se faire.

Marie Pezé[7], psychanalyste, traite des pathologies (sociales) du travail depuis 1997 à l'hôpital de Nanterre, où elle reçoit des personnes envoyées par les médecins du travail. Elle note deux grands schémas pervers et récurrents de la relation de travail : celui de la virilité sociale cultivée qui dérive facilement vers la violence, celui du couple pervers-victime, qui se construit dès l'entretien d'embauche où est obtenue la « reddition émotionnelle du salarié ». Pour comprendre cette violence de la manière la plus générique, on peut se référer à Christophe Dejours.

Pour lui, le corps n'est pas seulement un moyen ou un instrument, mais une origine. Il est « l'origine de notre identité ». C'est notre premier corps, le corps érotique[8]. C'est celui qui s'affronte au travail, au réel. L'affrontement au réel a besoin de reconnaissance et le travail est l'élément primordial qui peut à la fois appréhender le réel, apprendre du réel et en retirer de la reconnaissance. Mais cette rencontre et cet affrontement sont très largement récusés par le capital, hostile à la mise en discussion du travail entre les acteurs qui le réalisent. Il ne veut connaître que du travail prescrit. Par ce refus, le travail réel s'évanouit. C'est de la lutte contre cette disparition et de la nécessité de sa reconstruction que traitent la théorie psychanalytique et la psychodynamique du travail.

« Une confrontation sociale assumée sur les critères du "travail bien fait", du travail de qualité[9], est le ressort de la santé au travail[10] », et

---

[6] M. DRESSEN et J.-P. DURAND (org.), *La violence au travail,* Octares, 2011.

[7] Marie PEZÉ, *Ils ne mouraient pas tous, mais tous étaient frappés,* Pearson, 2008.

[8] Christophe DEJOURS, *Travail vivant. Sexualité et travail (t. I)* ; *Travail et émancipation (t. II),* Payot, 2009.

[9] Rien à voir avec les termes managériaux « qualité de vie au travail » ou « valorisation du capital humain ».

du même coup le ressort de la productivité, de la démocratie d'atelier, de la démocratie industrielle, de la possibilité d'une négociation entre capital et travail. À l'inverse quand la relation capital-travail se raidit, les acteurs s'affrontent, et l'hostilité peut prendre des formes violentes. C'est pour cela que les critères de qualité de l'activité ordinaire doivent être l'objet de soigneux accords. C'est par eux que la qualité du travail se construit.

– Y. Clot & Michel Gollac, *Le travail peut-il devenir supportable ?* A. Colin, 2014.

Ce livre synthétise plusieurs décennies de recherche en psychologie du travail et récuse vivement toutes les approches individualistes du travail qui sont pensées, définies, imposées par les employeurs sous forme d'adaptations forcées ou de manipulations contraintes. Il propose des objectifs différents : la recherche de qualité dans les relations sociales (égalité, mérite, autonomie, sentiment de réalisation de soi dans l'intérêt porté à la profession) peut être obtenue par la participation des travailleurs à la définition des objectifs, de l'organisation et des relations de travail. L'institutionnalisation du conflit sur la « qualité du travail bien fait » permet de développer le « pouvoir d'agir » des individus, première étape démocratique de l'efficacité productive.

Le livre conteste l'action managériale exercée sur les individus par une gestion du stress qui ne permet pas aux travailleurs de prendre un quelconque recul sur l'organisation du travail. Il récuse les espaces de parole professionnalisés dédiés à l'écoute qui visent seulement à neutraliser le conflit et à le « dissoudre dans le langage des émotions et de la personnalité » (p. 55). Il questionne les problèmes et les processus formatés, inscrits, définis sur « le marché des risques psychosociaux » (RPS), où se structure une offre commerciale médico-légale sous le parapluie d'un État qui se veut « compensateur » ou protecteur.

Selon l'offre écrite d'un Cabinet spécialisé cité par l'auteur, la psychanalyse est utilisée pour traiter les problèmes de « transition professionnelle particulièrement difficiles », les « changements d'organisation (restructuration, fusion, acquisition) qui conduisent à une perte de repères et une déstabilisation profonde » dans le but « d'affranchir l'individu de ses symptômes et retrouver l'intérêt du

---

[10] Christophe DEJOURS, ouvrage cité ; Y. Clot, *Le travail à cœur,* La Découverte, 2010.

travail et le lien social qu'il permet », « de trouver la cause de son mal-être pour affronter plus efficacement et plus durablement les épreuves auxquelles la société le soumet » (p. 57-58). Avec remboursement par l'entreprise quand le travailleur n'est pas licencié (1 000 euros pour 12 séances, éventuellement renouvelables aux frais du salarié). Ce « gouvernement compassionnel par l'écoute » présente un piège : « accréditant l'idée d'une unité subjective centrée sur l'autodéfense de l'intimité » de la personne, au travail ou hors du travail, il dérive sur une proposition : au lieu de « réparer les déficiences » du travail, il faut « programmer l'efficience » du travailleur, développer une « psychologie positive du bien-être au travail » qui fera le bonheur des salariés. Ainsi se prépare en douceur « le retour d'une orthopédie comportementale », un retour au behaviorisme d'antan, au « despotisme compassionnel », aux diverses formes de paternalismes. Dans cette optique, « les émotions ne sont jamais plus que des cognitions comme les autres. Elles peuvent donc être simplement réapprises » (p. 62), dominées, réinterprétées, et ce qui est défini comme comportement positif devient très vite normatif.

Cette approche est à son apogée actuellement, dans ce contexte pervers favorable à « l'écoute » de l'individu, et indifférent aux situations concrètes de travail. Elle suscite des tensions insupportables et aboutit dans les années 2010 à plusieurs vagues de suicides, dont les plus médiatisés ont lieu à France Télécom, réponse dramatique à ce déni de participation individuelle et collective à la définition du travail.

Cette neutralisation active du travail réel qui serait surmontée ou sublimée par une réforme du « caractère » de la personne conduit à construire et valoriser des individus dont la compétence émotionnelle, la santé émotionnelle, impliquerait un avantage social sur les autres. Ainsi se structure un champ social où le « capital émotionnel » prend une place qui requalifie l'expérience affective en procédé de communication, en langage correct, standard et opératoire, voire agressif selon les circonstances, refroidi et détaché du sujet, qui refoule les affects ressentis à l'aide d'émotions soumises ou asservies. Le vocabulaire de la plainte et de la souffrance individuelle est « écouté » pour être aussitôt redirigé, retranscrit, « sublimé » dans le respect de l'organisation du travail imposée. L'analyse sociologique de la situation de travail, de l'interaction entre organisation du travail et écoute de l'individu et du collectif, est considérée comme inutile scientifiquement parce qu'elle est considérée comme inquestionnable politiquement.

On sait cependant que la réduction des accidents du travail peut être drastique si les salariés en discutent (General Motors est passé d'un taux d'accident de 21 % en 1995 à 6 % en 2001 après une réorganisation où les salariés ont été consultés). On sait que les organisations apprenantes (en opposition aux tayloriennes) qui combinent formation continue, taux de syndicalisation élevé, CDI, meilleurs salaires et écarts de rémunération plus faibles, génèrent une satisfaction et une performance meilleures dans l'entreprise. Mais le capital est autant aveuglé par la recherche du rendement maximum que par la peur irraisonnée du travail. Une doxa libérale agressive règne sans retenue : intensification du travail, responsabilisation individuelle, culpabilisation des opérateurs, retour en force de la bureaucratisation au début des années 2000 (Clot-Gollac, p. 113). Au lieu de l'entretien d'un débat conflictuel sur « le travail bien fait », dont le déni « intoxique » (p. 133) les relations sociales et dissout le professionnalisme. Le but de la clinique de l'activité est « d'expérimenter l'institution du conflit de critères sur la définition de la performance afin d'ouvrir des possibilités à l'action sociale » (p. 203). Loin des idéologies figées du métier, il s'agit d'imposer un management négocié : « refaire du travail un objet central du management » (p. 204). « En l'absence d'institution assumant la discordance comme outil pour modifier le travail, la création collective peut s'en trouver découragée » (p. 213). Sans controverse entre ouvriers et chefs sur le travail bien fait, l'énergie collective se dissipe et se transforme en ressentiment.

Le pouvoir d'agir, concept révélé par la clinique de l'activité, paraît inséparable des concepts de justice sociale qui concernent « l'avoir » (la juste répartition des biens, justice distributive), et de la juste reconnaissance des personnes). Le « pouvoir d'agir », déjà abordé par la déclaration de Philadelphie du 10 mai 1944, se définit comme la possibilité pour chacun de donner toute la mesure de sa capacité d'action, en particulier parmi les classes dominées. L'ordre juridique doit garantir le pouvoir d'agir au travail (A. Supiot, *Cours du Collège de France*, 2015). Si le droit, la psychologie, la médecine, la sociologie entreprenaient ensemble ce programme, il serait possible de refonder l'entreprise. La démocratie d'entreprise enlèverait cette dernière des mains des actionnaires relevant du seul droit des sociétés. Elle en ferait une institution et un sujet politique. Le syndicalisme y prendrait une place qui ne se limiterait pas à la défense de contreparties (emploi, salaire, statut), mais qui serait propositive et ferait du travailleur, déjà citoyen de la « polis » un citoyen du travail.

On verra que cette optique scientifique a donné lieu à des pratiques d'initiative patronale de responsabilisation des salariés. Le principe de « la démocratie à tous les étages » est considéré comme un garant du bonheur au travail[11], facteur de productivité, des économies de production et de réduction du chômage. À la place de la lutte de classes stérile entre « hommes de terrain » et « bureaucraties intermédiaires » (F. Dupuy). Mais il ne faut pas ignorer l'une des conditions de fond du pouvoir d'agir : il doit s'exercer dans des formes d'action collective qui soient efficientes au-delà de l'entreprise comme lieu principal ou unique de l'action, comme l'annonce la réforme actuelle du droit du travail en France (dévitalisation des accords de branche et revitalisation des accords d'entreprise) ; l'accent mis sur la filière ou la branche, nationale et internationale, potentialise l'action. C'est à ce niveau que les problèmes se dimensionnent, que les solidarités et les conflits s'ordonnent sur la chaîne d'exploitation qui va des entreprises les plus grandes aux plus faibles, sous-traitantes, et qui exploite le plus durement ces dernières[12].

Enfin, cette priorité donnée à la négociation d'entreprise s'emprisonne dans l'ordre du jour de l'ordolibéralisme[13] : occulter ce qui se passe sur la chaîne de production. L'ordolibéralisme stipule qu'aucun modèle économique ne peut se construire sur la base de l'intérêt des producteurs, car ils sont en concurrence : leurs intérêts sont conflictuels, ils ne peuvent être ni universels ni généraux ; chaque situation relève d'un cas particulier. Alors que les intérêts des consommateurs sont généraux, universels, légalisables s'il le faut. C'est la « démocratie de la consommation » par la concurrence. La barbarie peut régner sur les chaînes de production en compétition, cela n'intéresse personne. Ainsi se présentent les fameuses politiques de

---

[11] Isaac GETZ, Brian M.CARNEY, *Liberté et Compagnie, quand la liberté des salariés fait le succès des entreprises,* Flammarion, Clés des champs, 2016.

[12] C'est ce point, central pour l'avenir, qui a vu la division syndicale s'instaurer entre la CGT et la CFDT lors des débats sur la loi travail de 2016. En laissant de côté la bataille sur les accords de branche, que la Loi a érodés, la CFDT fait un pari risqué : la négociation par entreprise fragilise l'action syndicale alors que la négociation par branche met en relief les sous-traitances dans la branche, et la précarité qui touche les plus petites entreprises.

[13] Pierre DARDOT, Christian LAVAL, *Ce cauchemar qui n'en finit pas, comment le néolibéralisme défait la démocratie*, La Découverte, 2016, p. 67-68.

l'offre et la « démocratie de consommation » qui mettent en concurrence salaires, systèmes sociaux, institutions politiques. La croissance des inégalités est le fruit de cette vision de l'économie, l'acmé d'un projet de civilisation. Sans référence à l'éthique de la production, aux effets sur l'environnement, la santé au travail et le niveau de vie des producteurs.

CHAPITRE XI

Hors de l'hexagone, les chemins du syndicalisme dans le monde

Ce parcours, qui concerne quelque 50 pays du monde sur les 182 de la planète, veut montrer l'intérêt de poser les problèmes du travail à l'échelle internationale. Le syndicalisme se présente dans des configurations variées selon les pays. On imagine mal les difficultés qu'il rencontre, même dans certains pays occidentaux que l'on croit connaître, et l'espoir qu'il suscite dans la plupart des pays, car il est souvent la seule référence de contestation sociale ou politique, alors qu'il est vivement contesté ou combattu par les pouvoirs en place et qu'il est largement ignoré de la presse et des médias occidentaux.

Dans toutes les sociétés, le rapport social de travail est le lieu d'une tension où s'exprime la double[1] face de la position du dominé : la face où, face au monde dominant, il cherche à construire son espace et la justice, et la face où le monde du dominant, présent dans son imaginaire, l'engage à accepter la « réalité » telle qu'elle est. Le travail peut être réduit à cette fonction, mais il peut être aussi pensé et voulu par ses propres acteurs comme un axe possible de fondation de justice : la tension devient alors permanente. L'histoire des reculs et avancées du travail et du mouvement ouvrier est faite de ces va-et-vient. Chacun sait la permanence et l'incertitude d'une lutte, personnelle, collective, de classe, de race, de genre, qui, d'une génération à l'autre, traverse des épisodes positifs de progression de la justice et des épisodes négatifs de domination et de répression.

Les informations et les données qui suivent sont issues des livres :

– *État des résistances dans le Sud, Luttes syndicales*, Alternatives Sud, Éd. Syllepse, 2009, 230 p., 2014, 24

[1] P. BOURDIEU évoque le double moulinet du travail, *Méditations pascaliennes*.

– *État des résistances au Sud*, Éd. Syllepse 2016.

– *État des résistances dans le Sud, Amérique*, Éd. Syllepse, 2017.

– *Les mouvements sociaux en Afrique de l'Ouest*, Ndongo Samba Sylla, L'Harmattan, 2014.

– n°s 64, 65 et 76 de la revue *Critique internationale* consacrés aux conflits de travail dans le monde et à la dépolitisation des organisations internationales (juil-sept, oct.-déc. 2014, juil-sept 2017), n° 224 de la revue *Tiers Monde* (oct-déc 2015) consacré aux chantiers du syndicalisme en Afrique ; n° 156 (décembre 2016) de la *Revue de l'Institut de recherches économiques et sociales* : « Regards croisés sur les relations professionnelles en Asie du Sud-Est » ; et plus particulièrement sa « Chronique internationale » ; enfin n° 146 de la revue *Travail et Emploi* (avril-juin 2016) consacré à « La discrimination syndicale en question : un panorama international ».

Ce tour d'horizon est assurément trop rapide, mais il n'a pour but que d'attirer l'attention sur une proposition qui nous paraît essentielle : le travail est un référent collectif qui porte l'espoir universel du mieux-vivre en société. Évoquer ce fait dans les conjonctures et des structures sociales très diversifiées au milieu des tensions de tous ordres, politiques, clientélistes, mafieuses, dont les structures syndicales peuvent devenir la proie, revient à souligner que la structuration de l'activité humaine par le travail est centrale, un facteur de dynamisme de l'activité sociale en toute société. Phénomène à mettre en perspective avec les stratégies de combat du capital et les cultures politiques conservatrices ou autoritaires des pouvoirs publics.

Une première observation concerne *« la dépolitisation des organisations internationales*[2] *».* Qu'il s'agisse des droits des femmes à l'Assemblée générale de l'ONU, des pratiques d'intervention du PNUD (Programme des Nations unies pour le développement) ou du PNUE (Programme des Nations unies pour l'environnement), ou encore de l'activité de l'Organisation internationale du Travail de 1919 à nos jours, on assiste à une sorte d'immobilisation de la politique, à une neutralisation politique des problématiques en présence dans chaque cas. Soit, à l'Assemblée générale de l'ONU par exemple, on attend que se forme un large consensus pour qu'une recommandation, c'est le terme consacré, soit acceptable et acceptée ;

[2] « La dépolitisation des organisations internationales », *Critique internationale*, n° 76, juillet-septembre 2017.

c'est ainsi que, concernant le droit des femmes, les recommandations internationales suivent toujours avec beaucoup de retard les avancées des mouvements nationaux. Ou bien, dans le cas du PNUD et du PNUE, où la méthode est de ne pas heurter quelque choix ou sensibilité politique : on négocie jusqu'à trouver des arrangements ou des solutions techniques qui permettent de ménager les susceptibilités et de masquer les intérêts en présence. Cela afin d'éviter de donner une orientation de principe générale qui risquerait de paraître politique et de générer des affrontements ultérieurs. Ou encore, il faut ménager des solutions qui ne s'opposent pas aux dynamiques particulières d'un État puissant capable de paralyser des décisions collectives souhaitables : ainsi, les deux principales conventions de base de l'OIT (liberté syndicale et droit de grève) ne sont pas signées jusqu'à l'heure actuelle par un nombre non négligeable de pays. Ainsi, depuis le 6 novembre 1975 les États-Unis se sont retirés de l'OIT au motif de « la politisation excessive et croissante de l'organisation ». Sans oublier les traités internationaux de commerce qui font la promotion des intérêts privés ou étatiques dominants.

Du point de vue syndical deux confédérations internationales existent. La Confédération syndicale internationale (CSI), 176 millions de membres dans 161 pays, représente 7 % des travailleurs, et la Fédération syndicale mondiale, 92 millions de membres dans 126 pays. Au total moins de 11 % des travailleurs. La FSM se constitue en 1945 juste après la guerre dans une sorte d'union fusionnelle Est-Ouest pour effacer le nazisme ; elle ne durera que jusqu'en 1947. En 1949 naît la Confédération syndicale des syndicats libres devenue depuis Confédération syndicale internationale. Par la suite, avec l'effritement du bloc de l'Est, la FSM voit ses effectifs baisser de 214 millions d'adhérents en 1987 à 92 actuellement. Une reprise continue s'effectue depuis 2005. La CGT française qui s'est retirée de la FSM en 1995 pour passer à la CSI voit actuellement quelques fédérations (chimie) ou fractions de fédérations (cheminots, agroalimentaire) repasser à la FSM. Ce mouvement s'effectue en d'autres pays européens (Italie, Grande-Bretagne) et sur d'autres continents. Les deux organisations vivaient en concurrence paisible. Mais le quasi-immobilisme de la CSI devant le développement sauvage de la mondialisation et les régressions du droit du travail ont suscité une attaque très vive de la part de la FSM. On peut en juger par le compte rendu du dernier congrès de Johannesburg (2016) qu'a effectué la Fédération nationale des industries chimiques (CGT) affiliée à la FSM[3].

Tout récemment, le 19-6-2012, s'est constitué le INdustriALL Union, formé par des dissidences de la Fédération internationale des métallos, de la Fédération internationale de la chimie de l'énergie et des mines et de l'International Textile Garnment and Leather Workers représentant 50 millions de travailleurs de 140 pays. Dissidence qui s'affiche à gauche de la CSI, et qui est active dans quelques pays d'Amérique latine (Guatemala, Colombie, Argentine, Brésil), en Russie et en Afrique du Sud, et qui prend racine en Afrique, et de manière particulière en Inde.

La situation du syndicalisme dans le monde n'est pas enviable. Les assassinats de syndicalistes sont monnaie courante. Selon l'OIT (Organisation internationale du travail), 33 pays n'ont toujours pas ratifié la convention 87 concernant la liberté syndicale. Combien, parmi ceux qui l'ont signée, ne la respectent pas, en gros ou en détail ? La CSI n'est d'ailleurs pas en reste pour relever les entraves portées à toute organisation du travail : 82 pays n'ont pas de droit du travail, 50 récusent la liberté d'association, 52 pratiquent couramment la violence anti-syndicale ; 2/3 des pays (94 sur 141) ne reconnaissent pas le droit de grève et la moitié d'entre eux récuse toute négociation collective. Les conventions tripartites (États, employeurs, syndicats) que tente de construire l'OIT avec de grandes difficultés, par exemple sur le travail décent, les travailleurs migrants ou l'esclavage des enfants, progressent très difficilement dans bon nombre de pays. Par ailleurs, plus de la moitié des travailleurs occupent un « emploi vulnérable » : 50 % travaillent dans l'économie informelle au niveau mondial, plus de 90 % en Afrique et en Asie du Sud, plus de 75 % en Amérique latine et plus de 50 % en Asie de l'Est. Les migrants, 90 millions dans le monde, représentent 10 % de la main-d'œuvre en Europe et plus de 50 % dans les pays du Golfe. Il y a 53 millions de travailleurs domestiques et 50 millions de travailleurs dans les zones franches

---

[3] Ce compte-rendu du 25-10-2016 du Bulletin FNIC-CGT fait un commentaire peu amène sur la CSI : « un syndicalisme institutionnalisé fait de professionnels carriéristes avec des organisations asservies idéologiquement et financièrement signant des accords au nom des salariés sans les consulter est un danger pointé dans divers pays. La CSI qui porte dans ses gênes un syndicalisme d'institution négocie le moins pire et jamais le meilleur. Ce syndicalisme jaune est rejeté par l'ensemble des congressistes. La FSM a fait le choix d'un syndicalisme porteur d'un changement de société, de lutte de classes et de masse.

d'exportation, dont une grande majorité de femmes : tous ces travailleurs sont sous-payés et soumis à des formes d'exploitation extrêmes. Le salariat stable est devenu une forme de travail atypique au sein du capitalisme et le syndicalisme se replie comme naturellement sur les groupes les plus faciles à organiser, laissant aux « initiatives spontanées », et donc isolées, le soin de défendre les travailleurs les plus fragiles qui deviennent de plus en plus nombreux du fait de la précarité des contrats et de l'informalisation croissante du travail. Ce qui, du point de vue de la justice sociale, marque une profonde régression de la conception de l'action syndicale, du progrès social et de la relation au travail. Tous les pays du monde sont touchés : les pays développés laissent « se débrouiller » tous les travailleurs sans papiers qu'ils ne peuvent refouler, les pays « du Sud » ont des taux d'informalité très élevés. Ces derniers ont souvent vu une structure syndicale monolithique pré-indépendance, se fragmenter et se diviser post-indépendance en de multiples syndicats, voire « centrales syndicales » avec l'appui, voire sous la pression, de leurs propres gouvernants. L'impossibilité d'user de la menace de s'allier éventuellement au « camp » socialiste qui s'effondre avec le mur de Berlin, les oblige à encaisser les coups de boutoir de l'ajustement structurel dans les décennies 1990 et 2000 imposés par les seigneurs de l'économie (FMI et Banque mondiale). Seigneurs qui imposeront ensuite leurs idées au monde entier : aucun État ne semble capable de s'y opposer actuellement. Dans cette conjoncture de domination absolue, la question posée au syndicalisme n'est plus seulement de « défendre ce qui peut l'être », mais de penser, dans la perspective de la mondialisation, aux voies et moyens qui pourraient permettre la refondation d'une justice sociale à l'échelle internationale. Les convergences entre syndicats, mouvements sociaux, organisations de l'économie informelle sont encore à un stade embryonnaire. En outre, la première étape pour les syndicats est souvent de se dégager de la trop grande tutelle d'un pouvoir national, autocratique ou autoritaire. Quelle que soit donc la position du pays dans la mondialisation, la défense du travail est dans les limbes et la voix de l'Organisation internationale du travail largement inaudible. Cet état de fait est très largement ignoré des grandes autorités morales mondiales, religieuses en particulier, quelles qu'elles soient, qui prétendent cependant avoir à exercer leur influence spirituelle dans le monde.

Depuis 6 ans s'est constitué un Réseau européen des syndicats alternatifs et de base (RESSI), composé de différents syndicats des deux grandes centrales mondiales, qui se proposent d'agir comme organe de revendication et d'action chaque fois que l'opportunité se présente, sans attendre les opinions et les orientations de leurs deux grandes centrales. L'appui du RESSY à l'ONG SACOM de Hong Kong qui dénonçait les suicides et les heures non payées dans l'usine Foxconn de Shenzhen (Chine) s'est traduit par des manifestations devant les magasins Apple en Europe lors de la sortie de l'iPhone X en novembre 2017. Elle semble avoir eu des effets positifs si l'on en juge par les déclarations de bonnes intentions de la firme au journal *The Guardian.* Ce type d'action contraste avec celui de la Confédération européenne des syndicats largement formatée par la politique européenne, qui évolue entre un conservatisme bien tempéré et un « dialogue social encadré et policé par les partenaires patronaux[4] ».

De manière générale s'organise à partir de 1965 sous l'égide de la Banque mondiale un arbitrage entre investisseurs et États pour assurer l'impunité des multinationales[5]. L'alerte avait été donnée par le coup d'État contre Allende au Chili en 1973 qui avait osé nationaliser les mines de cuivre. Peu nombreuses entre 1965 et 1995, les plaintes des entreprises multinationales réclamant des compensations financières aux États qui les auraient contrariées en prenant des mesures d'intérêt général sont passées au nombre de 980 actuellement. Pour un montant de 88 milliards de dollars. À ce jour, ce sont plus de 3 400 accords de commerce et d'investissement qui protègent les intérêts des multinationales tandis qu'aucun traité international ne contraint ces mêmes entreprises à respecter les droits humains et l'environnement. Les politiques des États en relation à la fiscalité, à la santé publique, à la lutte contre le changement climatique sont vivement handicapées, sans compter bien sûr les politiques sociales en relation au travail qui sont les premières touchées. Les initiatives menées par le Centre des Nations unies sur les sociétés transnationales, puis par la Commission des droits de l'homme des Nations unies échouent toutes sous la pression insidieuse des pays industrialisés et des milieux d'affaires.

---

[4]Anne-Catherine WAGNER, *Vers une Europe syndicale, une enquête sur la confédération européenne de syndicats,* Éditions du Croquant, 2005. La CES accepte « d'avaliser des politiques européennes… qui peuvent être en contradiction totale avec son programme social ».

[5] Swan BOMMIER, Victoire CAÏLA, « Face à l'impunité des multinationales, le devoir des États à faire respecter les droits humains », *Études,* n° 4267, janvier 2020, p. 21-31.

Elles proposent alors au forum de Davos en 1999, le Global Compact, un appel visant à promouvoir la responsabilité sociale des entreprises à travers un code de conduite relatif aux droits humains, au droit du travail, à l'environnement et à la lutte contre la corruption. Ce code, non contraignant et non sanctionné, reçoit l'adhésion massive des acteurs privés (près de 9 000 entreprises l'ont signé). Au point que le secrétaire général des Nations unies, Koffi Annan, publie en 2008 un rapport sur le devoir des États d'assurer la protection des droits humains, sur la responsabilité des entreprises de les respecter et sur la nécessité pour les victimes d'avoir accès à des voies de recours. Sans suite. En France, une loi sur le devoir de vigilance des sociétés mères et des entreprises donneuses d'ordres sera adoptée en 2017 après plusieurs années d'activisme de nombreuses ONG. D'autres pays européens tentent de suivre cette voie, mais l'Europe y résiste jusqu'à aujourd'hui. De nombreuses ONG et syndicats se sont regroupés dans la « Campagne mondiale pour revendiquer la souveraineté des peuples, démanteler le pouvoir des multinationales et mettre fin à leur impunité ». Pour la première fois, le Vatican a appuyé le manifeste (2019) *Des droits pour les peuples, des règles pour les multinationales*.

Cette agitation internationale a-t-elle de l'effet sur les syndicats des pays concernés ? Oui, certainement : l'espoir d'un changement de paradigme reste toujours présent, mais toujours en attente, toujours retardé. Le tour d'horizon que nous faisons sur cette cinquantaine de pays dans le monde peut nous donner une image des principales configurations du syndicalisme selon les pays, ses relations avec l'État, les politiques publiques, le ou (les) patronats. La variété des situations et la particularité des histoires peuvent montrer une forte hétérogénéité[6]. Néanmoins il n'est pas inutile d'observer ces contextes très variés pour pouvoir se convaincre que le syndicalisme, quoi qu'on en pense, existe et existera toujours, au pire comme une arche de Noé capable de sauver la diversité et d'unifier les espérances. Et que ce

[6] Que souligne par exemple le numéro spécial de critique internationale : Citoyennetés industrielles (in)soumissions ouvrières et formes du lien syndical, n° 87, avril-juin 2020 : Un rapprochement à l'aune de la métaphore de la citoyenneté industrielle, qui articule régimes de production et régimes de citoyenneté, comprenant tant les formes variées de la subjectivation syndicale que les processus de (dé)politisation des mondes privés des ouvriers et des ouvrières permettrait de déceler des tendances comparables de relations sociales aux fondements des (in) soumissions ouvrières et donc des citoyennetés au travail en formation (Amin Allal et Karel Yon), p. 31.

n'est pas le moment de l'abandonner à ses propres forces, face à la toute-puissance du capital qui a engagé une lutte mondiale pour étouffer l'expression du travail et les espoirs de justice et de démocratie.

EUROPE, AMÉRIQUE DU NORD

États-Unis. La palme mondiale de la plus vigoureuse activité antisyndicale leur revient certainement[7]. Sur deux fronts : la désyndicalisation des entreprises où les salariés étaient organisés collectivement (les votes de « décertification » organisés par les entreprises contre des syndicats implantés et reconnus), l'entrave à l'implantation syndicale dans toutes les entreprises. L'activité d'empêchement syndical (*union avoidance industry)* est devenue un secteur économique à part entière comprenant consultants, juristes, psychologues, entreprises de gestion de crises. Au milieu des années 2000, les trois quarts des entreprises ayant affaire à un « risque syndical » ont eu recours à ces prestataires. Les pénalités financières contre les entreprises ne respectant pas le droit syndical, un moment envisagées par l'Employee Free Choice Act en 2009 sous l'administration Obama, ont été retirées de l'ordre du jour. Au contraire, la législation rend difficiles les conditions d'exercice de l'activité syndicale ; certains États de l'Union imposent un « droit au travail » *(Right-to-Work*), qui consiste à protéger l'offre du travail des entreprises « à n'importe quel prix » sans possibilité donc pour un syndicat de conclure avec son employeur la clause habituelle de « sécurité syndicale » qui oblige les deux parties. Ces États sont devenus des sortes de « républiques bananières » où s'exprime la toute-puissance du patronat. Il y en aurait 29 ayant adopté cette législation[8] actuellement. Et l'activité des entreprises d'empêchement syndical, après avoir obtenu des baisses drastiques du taux de syndicalisation dans le pays, se lance sur un nouveau marché : l'internationalisation de l'antisyndicalisme. Une filiale d'Amazon,

---

[7] Rick FANTASIA, Kim VOSS, *Des syndicats domestiqués, répression patronale et résistance syndicale aux États-Unis,* Raisons d'agir, 2003. Marianne DEBOUZY, *Travail et travailleurs aux États-Unis,* La Découverte, 1984.

[8] Daniel PELTZMAN, « Pouvoir et gouverner, le cas du syndicalisme aux États-Unis », *Cahiers du MIMMOC, Mémoires, identités, marginalités dans le monde occidental contemporain,* n° 11, 2014, Montréal.

Whole Foods Marker, qui emploie 95 000 salariés aux États-Unis, Canada et Royaume-Uni est chargée de surveiller ses magasins pour tuer dans l'œuf toute possibilité de syndicalisation. En évaluant « la loyauté des employés », les plaintes envoyées aux Ressources humaines, la « densité raciale » le taux des familles au seuil de la pauvreté, elle établit une propagande qui vise à dénoncer les syndicats et à engager les salariés à une relation directe avec la direction. Comble de l'humour noir, la crise financière de 2008 a eu des conséquences négatives sur la négociation collective dans tous les pays du monde. Le modèle est donné ; les patronats s'y engouffrent ; les syndicats font le gros dos, en tentant d'explorer parfois des formes d'action collectives au niveau international.

Il n'est pas inutile cependant de rappeler succinctement que le syndicalisme américain se débat dans la tourmente[9], que le modèle AFL-CIO d'un syndicalisme national confédéral se perpétue au milieu de conjonctures variées : la législation progressiste du NLRA (New Labour Relation Act) de 1935, la période anticommuniste de l'après-Seconde Guerre mondiale, et la longue période néo-libérale actuelle. Comment le syndicalisme a été « occupé » un moment par le *« community organizing »*, modèle de mobilisation des classes populaires urbaines qui touche autant le travail que l'habitat, l'école et les conditions d'existence des classes populaires. Ce mouvement, qui avait entraîné la naissance d'une autre centrale syndicale, *« Change to win »*, avait rassemblé 5,5 millions de travailleurs entre 2005 et 2011 avant de revenir dans le giron de l'AFL-CIO qui en compte 14,8 millions actuellement. Ce dernier finalement résiste : il représente 11,8 % du monde du travail, dont 37 % dans le secteur public (90 % des travailleurs du privé ne sont pas syndiqués). Il vient de négocier la fin d'une grève de 6 semaines (augmentation de salaires et de primes) qui touchait 50 000 salariés de General Motors et annonce de nouvelles grèves dans le secteur automobile. Une loi de l'État de Californie, entrée en vigueur le 1-1-2020, envisage de protéger les « forçats de l'économie numérique[10] » (chauffeurs, livreurs, pigistes, interprètes, correcteurs, photographes) et déjà le mouvement syndical bourgeonne à travers de multiples cellules. La Silicon Valley voit

---

[9] Dona KESSELMAN, Catherine SAUVIAT, « Enjeux de la revitalisation syndicale face aux transformations de l'emploi et aux nouveaux mouvements sociaux », *Chronique internationale de l'IRES*, n° 160, février 2018.

[10] « La Californie veut réguler les plates-formes », Corine LESNES, *Le Monde*, 21-2-2020.

augmenter le nombre de ses syndiqués en 2019 ; des formules d'organisation para-syndicales voient le jour tout en gardant une structure de base locale et territoriale ; elles concernent d'un côté les techniciens et ingénieurs et de l'autre les manutentionnaires et les petites mains. Leur résistance et leur vitalité sont nouvelles. Nous en évoquerons quelques exemples au chapitre des formes d'innovation syndicales internationales (ch. 15).

Royaume-Uni. La tolérance relative vis-à-vis des syndicats, légalisés depuis 1871, dont a fait preuve la Grande-Bretagne jusque dans les années 1970, et qui n'excluait ni grèves ni conflits, a cédé la place depuis à une discrimination patronale puissamment organisée à l'encontre des syndicats. L'Economic League, l'organisation patronale chargée de constituer les listes noires de syndicalistes, avait obtenu des résultats incontestables lors de ces dernières années : 50 % de taux de syndicalisation et 13 millions de syndiqués en 1979, 25 % de taux de syndicalisation et 7 millions de syndiqués en 2013. Thatcher porte un coup fatal au syndicalisme à l'issue de la grève des mineurs qui a duré un an en 1984. Dénoncée comme illégale, l'Economic League se dissout pour être aussitôt remplacée en 1993 par une nouvelle association, The Consulting Association, qui rachète ses fichiers à la précédente et qui continue à travailler avec l'aide de la police et des services de sécurité. Notons que ces informations prennent un caractère international du fait de la multinationalisation des entreprises. Ce n'est qu'en mars 2014 que le Parlement européen adopte une loi interdisant le « blacklistage » des travailleurs syndiqués, dont les conséquences étaient dramatiques pour les salariés : licenciements et mises à pied, mobilités imposées dans l'entreprise ou en des lieux géographiques différents, sanctions jamais comptabilisées dans les statistiques publiques ou celles des entreprises, suppression des protections juridiques accordées aux travailleurs, refus de négocier avec les syndicats. Le nombre d'actions engagées devant les tribunaux du travail baisse de 67 % entre 2013 et 2015 pendant le mandat du gouvernement de coalition entre conservateurs et libéraux démocrates (2010-2015). Le nombre de conventions collectives qui concernait 70 % des établissements en 1980 passe à 30 % en 2011. Fait nouveau : le secteur public, où la syndicalisation reste forte, est particulièrement visé. De 1980 à 1993, 60 mesures de restriction syndicales sont prises au titre de leur « ingérence dans les réductions de coût et de maximisation des profits » des entreprises ; on ne saurait mieux dire. Des consultations ou des élections « sauvages » annoncées au dernier moment, et sans contrôle effectif des résultats, sont organisées pour substituer aux accords de branche des accords d'entreprise ; elles font l'objet d'un abattage médiatique intense. La guerre est si intense que la justice est rarement saisie par les syndicats, car les amendes éventuelles sont dissuasives. Les différends feront l'objet de « règlements amiables » avec l'employeur.

Résumé : *Plus que jamais le droit du travail permet aujourd'hui d'empêcher l'organisation collective des salariés sous la forme de syndicats indépendants. Le patronat britannique contemporain a en réalité tourné le dos à un siècle de conception pluraliste des rapports de travail. Alors qu'autrefois la majorité des employeurs tolérait les syndicats, qu'ils considéraient comme des partenaires indispensables à la mise en œuvre du changement, aujourd'hui ces mêmes employeurs sont plus enclins à les voir comme des obstacles inutiles et visent un monde du travail libéré des syndicats*[11].

Ce qui n'est peut-être pas une vision de trop longue portée, si l'on en juge d'une part par le renouveau que connaît le parti travailliste actuellement, grâce à son appui syndical, évènement exceptionnel, mais peut être passager, en Europe, où il appuie les projets de déprivatisation de quelques secteurs de l'économie, dont la santé en premier lieu[12]. D'autre part, la création de plusieurs intersyndicales des petits boulots (4) dont l'une, l'IWUGB (Independant Workers Union of Great Britain[13]) syndique des chauffeurs d'Uber, des coursiers, des femmes de ménage, des familles d'accueil d'enfants à problèmes, et croît très régulièrement chaque année. Mais le Brexit qui annonce la fin de la toute relative protection sociale assurée par la législation européenne, annonce aussi, vraisemblablement, un accroissement des difficultés des syndicats anglais. Ceux-ci envisagent déjà de demander à leur nouveau gouvernement conservateur l'adoption d'une clause de « non-régression » syndicale.

---

[11] Steve JEFFERYS, « Des syndicalistes britanniques toujours blacklistés, l'antisyndicalisme patronal au Royaume-Uni », *Travail et emploi*, avril-juin 2016, n° 146, p. 17-49.

[12] Allan POPELARD et Paul VANNIER, « Renaissance des travaillistes au Royaume-Uni », *Le Monde diplomatique*, avril 2018.

[13] Éric ALBERT, *Le Monde*, 13-3-2018.

Espagne. Le syndicalisme espagnol se répartit entre deux centrales principales : les Comisiones Obreras liées au Parti communiste (1/3 des syndiqués), l'Union générale du travail liée au Parti socialiste (1/3 des syndiqués), le dernier tiers étant occupé par des centrales spécialisées (fonction publique, commerce) ou régionales[14]. La fin de la dictature franquiste (1975) amène l'État espagnol à signer les conventions de l'OIT sur la liberté syndicale et sur le droit d'organisation et de négociation collective, cette dernière interdisant les pratiques de discrimination syndicale. Le taux de syndicalisation est de 20 % (2,9 millions). La succession de gouvernements de droite ou de gauche n'entraîne pas de grande inflexion dans le syndicalisme, mais la crise de 2008, avec le Mouvement des Indignés (2011) entraîne une tension politique forte : d'un côté sont dénoncés le développement du clientélisme, de la corruption, de la toute-puissance du capital financier ; de l'autre, le syndicalisme est dénoncé comme obstacle au progrès social. Une baisse de 20 % de ses adhérents intervient entre 2011 et 2015, et s'accompagne de grèves générales en 2012 et 2013. De nombreux débats posent la question de son inefficacité, de son manque d'influence sur le politique, cependant que de nouveaux axes de lutte se dessinent : lutte contre la sous-traitance imposant à de grandes compagnies, telles Telefónica, une limite de 30 % d'employés en sous-traitance, constitution de syndicats de site rassemblant plusieurs métiers. Des mobilisations parallèles spécifiques se font jour, chez les jeunes, les retraités, les surendettés, les chômeurs, les femmes de chambre d'hôtel, les éducateurs sociaux, ou bien des manifestations interprofessionnelles appelées « marées citoyennes » s'emparent d'un thème déterminé (l'éducation, la santé, les services sociaux). Nés d'une certaine « résignation » syndicale, ces mouvements tentent de revitaliser le syndicalisme.

Ce n'est pas toujours le cas : des ententes « illicites » sont dénoncées entre syndicats et banques dans le secteur bancaire. La situation syndicale dans le secteur du commerce[15] montre la puissance du syndicat patronal du commerce. Ce patronat s'appuie depuis 1978 sur des syndicats maison qu'il a créés pour répondre à la mobilisation menée par les syndicats indépendants à la sortie de la dictature. Ils gagnent les élections depuis 1980 et jusqu'à aujourd'hui, grâce à un

---

[14] Catherine VINCENT, « Le syndicalisme face à la crise, revitalisation ou retour à la concertation », *Chronique internationale de l'IRES*, n° 160, 2017.

[15] Enrique MARTIN-CRIADO, Pilar CARVAJAJ-SORIA, « Répression et syndicalisme maison en Espagne », *Travail et emploi*, n° 146, p. 75-100.

« système de faveurs » établi sur la longue durée qui permet de faire le tri entre les « travailleurs de confiance » et les autres. Renoncer au syndicat indépendant est récompensé par des avantages : possibilité de changer d'horaire, de jour de congé, d'être muté dans un secteur désiré, d'avoir une augmentation de salaire, d'obtenir un CDI, une place dans l'entreprise pour un parent. S'inscrire au syndicat indépendant entraîne une surveillance accrue sur le travail, des mises en quarantaine, des menaces de mise à pied, des humiliations publiques, des coups de fil à domicile pour informer le conjoint des avantages de changer de comportement, des menaces de licenciement et des licenciements. Chaque échéance électorale fait l'objet d'une campagne d'intimidation dans les entreprises pour dissuader les candidats des syndicats indépendants et éviter la constitution de listes complètes. De telles pratiques gênent la négociation d'accords interprofessionnels et viennent en appui à la réforme radicale menée depuis 2012 par le gouvernement conservateur en faveur de la négociation d'entreprise aux dépens de la négociation de branche. Néanmoins la rencontre de l'ensemble du syndicalisme avec le Mouvement des Indignés en 2011, à propos de l'éducation nationale ensuite, son souci de prendre en compte la branche plutôt que l'entreprise, signale que les capacités d'un mouvement syndical indépendant sont encore bien réelles. Et un nouveau gouvernement de gauche (février 2020) apporte quelque soulagement avec le relèvement du salaire minimum, l'indexation des pensions sur l'inflation et l'augmentation du salaire des fonctionnaires.

C'est un moment d'incertitude syndicale face à l'offensive néo-libérale : les syndicats oscillent entre des mouvements corporatistes d'accords avec les entreprises et des mouvements offensifs d'unité syndicale de courte durée.

Allemagne. De 1990 à nos jours, l'Allemagne, comme d'autres États européens, connaît une crise de la représentation syndicale. Les années 2000 interrogent les syndicats uniques et puissants par l'éclatement des revendications catégorielles. Le nombre de syndiqués passe de 12 millions en 1991 à 7 millions en 2000. La libéralisation concurrentielle des économies imposée par la mondialisation a fait son œuvre – plus particulièrement dans le secteur des services où le creusement de l'écart des rémunérations a eu des effets plus forts –, accompagnée de l'augmentation des loyers. Mais l'Allemagne connaît cependant des mouvements de grève massifs comme en 2007 dans les transports publics (Wikipédia, 7-12-2017). La politique de récession sociale décidée à la fin des années 1990 pour gagner la compétition économique, les graves limites du rôle de l'État en matière d'éducation, ont provoqué une baisse du chômage, mais c'est quand même 15,5 % de la population qui vit en dessous du seuil de pauvreté ; 70 % de la population vit avec moins de 952 euros par mois au lieu de 45 % pour l'ensemble de l'Union européenne. Belle victoire du « modèle allemand ». L'ouverture de la politique d'immigration en 2015 n'a pas entraîné de contestation dans le monde ouvrier : les adhérents issus de la migration restent toujours surreprésentés dans les fonctions d'élus syndicaux ; par contre les partis d'extrême droite entament une percée électorale. 2015 a été une grande année de grève dans les services éducatifs et sociaux, à forte majorité de femmes. Elle e été longue de mai à octobre et s'est terminée avec une augmentation salariale et une revalorisation fondamentale de la profession d'éducateur (la notion de *care* avait été prise comme référence). La grève de la poste a été un conflit plutôt défensif contre la détérioration des salaires à la suite de la privatisation de l'entreprise d'État dans les années 1990. Initiée contre la filialisation d'une fonction de livraison rapide qui prévoyait des baisses de salaire de 25 % la grève a été dure (recrutement par la direction de salariés de Pologne et des Pays-Bas) et s'est terminée de manière mitigée : maintien des avantages acquis pour les anciens et suppression pour les nouveaux recrutés. Dans la métallurgie, IG Metall mobilise plus de 800 000 salariés dans des grèves d'avertissement préalables à des négociations. Autres grèves : conducteurs de locomotive, personnels de santé en protestation contre la réduction régulière de leurs effectifs, personnel d'Amazon dont la direction totalement sourde aux revendications recrute dans les pays de l'Est, voire délocalise dans ces pays. En juin 2017 les ouvriers de Volkswagen en Slovaquie[16] ont obtenu après une grève de 6 jours, 14 % d'augmentation de salaire, une prime de 500 euros et un jour de congé additionnel. Il faut dire que leur salaire représentait entre 25 et 33 % du salaire des ouvriers de Volkswagen en Allemagne, ce qui avec l'augmentation le fait monter à presque 40 %. Mais l'important est que le nouveau syndicat qui s'était constitué dans cette affaire contre le syndicat « officiel » de l'époque soviétique et qui avait vu le taux de syndicalisation passer de 70 % en 1993 à 10 % en 2017, a déjà

---

[16] *Manières de voir*, n° 156, Déc. 17-Jan. 18, Philippe DESCAMPS, « Une grève historique chez Volkswagen », p. 80.

remobilisé 75 % des ouvriers, et a reçu l'appui de la centrale syndicale allemande IG Metall.

Ce renouveau de l'action collective[17], après une longue période de reculs sociaux (1990-2010) révèle l'existence de trois mondes syndicaux, un monde où les normes conventionnelles issues de négociations avec les syndicats sont respectées (la métallurgie, l'électricité), un monde où la multiplicité des organisations patronales et des syndicats rend difficile les conflits étendus et les négociations unifiées (nombreuses branches du tertiaire et de la fonction publique), un monde enfin où la précarité règne totalement, celui de « la génération stagiaire » dans de nombreuses branches des services, comme Amazon, où les luttes ont lieu pas à pas, entreprise par entreprise. En soulignant que les grèves notent un recours accru à la base syndicale, et soulignent une plus forte démocratisation interne, une politisation et une dénonciation de la logique économique dans tous les secteurs de la protection sociale.

La **Turquie** présente, secteurs privé et public confondus, un syndicalisme tripartite : un syndicalisme qui se veut centriste et « supra-politique » le TURK-I-S, créé en 1952 (69 % des syndiqués), un syndicalisme révolutionnaire, la Confédération syndicale révolutionnaire née en 1967 (10 % des syndiqués) affiliée à la Confédération syndicale internationale, et un syndicat conservateur lié au mouvement islamiste, créé en 1976 (16,5 % des syndiqués) ; mais il y a beaucoup plus de syndiqués dans le public (68 %) que dans le privé (10 %). Le coup d'État de septembre 1980 a entraîné une répression syndicale qui a été quelque peu réduite grâce aux efforts de l'OIT (adoption de quelques-unes de ses conventions en 1988 puis en 1995), mais qui reprend sa course à la suite de la crise financière de 1999 et s'aggrave jusqu'à aujourd'hui : menaces sur les adhérents de gauche, obligations de changer de syndicat pour avoir accès aux conventions collectives, votes truqués, arrestation de dirigeants, création de syndicats « jaunes », emprisonnements préventifs, menaces de mort et assassinats. Ces violences antisyndicales touchent évidemment les syndicats de gauche et du centre et avantagent le syndicat conservateur[18]. Elles sont plus violentes dans la métallurgie

---

[17] Ingrid ARTUS, « Allemagne, la vague gréviste de 2015, causes, résultats, perspectives », *Chronique internationale de l'IRES, n° 157, mars 2017, 3-19.*

[18] Isil ERDINC, « Discrimination syndicale en Turquie », *Travail et emploi*, n° 146, p. 101-123 ; Isil ERDINC, « Gouverner le syndicalisme : l'intervention de l'État

et les chantiers navals, secteurs actifs où la sous-traitance s'est beaucoup développée. La résistance s'organise d'une part en ayant recours au syndicalisme international pour des entreprises importantes comme Renault et Bosch, d'autre part en faisant alliance avec des partis politiques d'opposition dans les chantiers navals et les docks. Mais la violence antidémocratique déborde largement le syndicalisme et s'attaque puissamment à toutes les oppositions politiques dans un processus de renforcement de la dictature. Une structure « chapeau », l'Association des droits sociaux, tente, difficultueusement, d'organiser une résistance internationale.

Grèce. Les conséquences de la signature du troisième mémorandum sur la dette entre le gouvernement et la Commission européenne (2015), qui allait à l'encontre du non au référendum voté un mois plus tôt, sont désastreuses pour le pays : dérégulation d'un marché du travail déjà précarisé : 29,6 % de chômage selon les calculs les plus restrictifs ; retards considérables et renouvelés du paiement des salaires de la part des employeurs, croissance du travail non déclaré ou informel, adoption de mesures légales contre la grève et criminalisation de l'action syndicale, pressions sur les négociations collectives et les droits syndicaux, facilitation des licenciements collectifs, remise en cause du droit de grève par son alignement sur les « pratiques optimales » préconisées par le FMI. Sans compter les restrictions apportées au système de sécurité sociale, à celui des retraites, l'appui aux privatisations, les exils hors du pays (400 000). Bref tout l'arsenal antisocial est déployé pour « soutenir » l'économie et démanteler le syndicalisme qui connaît des scissions internes et qui se replie, comme il peut, sur les petits partis politiques toujours actifs et sur les réseaux sociaux[19] et associatifs, sur la reconstruction d'un syndicalisme parallèle d'extrême gauche. Pourtant le syndicalisme est très ancien (les années 1920) en Grèce, réparti entre deux grandes confédérations qui regroupent ou regroupaient plus de 700 000 membres, soit 22 % de la population active, bien structurées en centres régionaux et organisations de base. Elles auraient perdu plus d'un tiers de leurs adhérents depuis 2013. Cet exemple de

---

dans le champ syndical depuis le coup d'État militaire de 1980 », *Chronique internationale de l'IRES*, n° 166, juillet 2019.

137 Christina KARAKIOULAFIS, « Nouveau bras de fer avec les créanciers internationaux : quels enjeux sociaux ? » *Chroniques internationales de l'IRES*, n° 59, septembre 2017, p. 3-18.

démantèlement total d'un pays, sans retenue, brisant des résistances nationales qui ne trouveront qu'un faible appui au niveau international, restera sans doute comme le cas d'école exemplaire de la « réussite » de l'Europe et de sa mondialisation. L'austérité, que la gauche avait voulu délégitimer, a été réhabilitée par la droite grâce aux élections par la puissance des idées et des intérêts d'une alliance financière et politique internationale parfaitement cynique.

Dans les **anciens pays socialistes**, les syndicats qui avaient lutté pour sortir de la domination bureaucratique du parti unique se retrouvent en porte-à-faux une fois « libres » et confrontés à un capitalisme qu'ils ne récusent pas comme en Pologne où Solidarnosc du fait de son appui aux privatisations perd 10 ans après, en 1990, la majeure partie de ses adhérents (2 250 000 en 1980 ; 750 000 en 1990). La crise qui affecte l'URSS et les pays de l'Est, la fermeture des mines et des chantiers navals, la cession des usines sidérurgiques à l'indien Mittal ne favorisent pas l'activité syndicale qui se replie sur les petits syndicats (infirmières, postiers, supermarchés). Le taux de syndicalisation qui était de 28 % en 1991 tombe à 12 % en 2002, Solidarnosc à 500 000 adhérents. La difficulté à se repositionner de manière claire et durable sur des positions de classe, la difficulté à s'orienter sur des processus progressistes d'émancipation nationale qui sont combattus par les pouvoirs dans une perspective nationaliste-populiste, toutes classes confondues, conduit les syndicats à s'adapter à la conjoncture, « en roue libre » après avoir joué un rôle parfois décisif au moment de la dislocation du bloc soviétique. Les taux de syndicalisation qui étaient de 63 % en Hongrie, 57 % en Slovaquie, 41 % en Tchéquie à la chute de l'Union soviétique, passent respectivement dans chacun des pays à 17 %, 31 % et 22 % en 2004 et à 10 % environ actuellement, en comptant en outre les syndicats de droite nouvellement constitués et disposés à jouer le jeu nationaliste de la compétition à l'intérieur de l'Europe. Les facteurs de résistance d'un syndicalisme plus offensif, le souci de trouver une place dans l'Union européenne d'opposition sont à la fois nationalistes et bureaucratiques : souci de trouver sa place en Europe avec l'appui de l'Union européenne et celui des pays en situation comparable.

Le développement des petites entreprises, l'essor de sous-traitants imposé par l'industrie allemande peut recevoir l'appui des syndicats allemands, mais les entreprises sont hostiles au syndicalisme. Les négociations collectives sont rares, même si elles sont plus fréquentes dans le secteur public. L'encouragement à l'auto-entrepreneuriat a encore de l'effet. Tout récemment (décembre 2018) les syndicats hongrois sont descendus dans la rue pour protester contre la loi obligeant les salariés à faire jusqu'à 400 heures supplémentaires de travail par an pour suppléer à la pénurie de main-d'œuvre. 600 000 personnes auraient quitté le pays depuis 2010 ; c'est aussi le sort des autres pays voisins. Ce qui peut donner des marges de manœuvre à l'action syndicale. Des grèves récentes et victorieuses chez Audi, Mercedes et Bosch en sont la preuve[20].

En **Russie**, où le syndicat officiel hérité du socialisme compte quelque 20 millions d'inscrits, ce sont des centrales syndicales opposées qui mènent les batailles (grèves de 2006 et 2012 dans l'automobile) ou de nouveaux syndicats (la Poste, les routiers, le transport aérien), mais ce sont, semble-t-il, certaines centrales syndicales multinationales, telles l'IndustriALL Global Union, qui regroupe officiellement 50 millions de travailleurs dans 140 pays, dans tous les secteurs d'activité, qui fournissent un appui important à l'activité syndicale nationale.

L'évolution du syndicalisme dans les pays de l'Est présente un vrai paradoxe. Pourquoi ces syndicalismes-là, qu'ils aient été ouverts et pluralistes (Pologne, Hongrie, Bulgarie, Roumanie) ou rigides et centralisés (Russie, Tchécoslovaquie, Serbie, Croatie, Ukraine) n'ont pas tenu la combativité qu'ils avaient connue en sortant du giron de l'Union soviétique (250 grèves en Pologne en 1990, 6 351 en 1992, 7 443 en 1993 et plus rien après) au moment où la conjoncture économique leur devenait favorable dans les années 1990 au début de la compétition avec l'Europe de l'Ouest ? Pour leurs dirigeants politiques, il fallait « rattraper » l'Europe et dans ce but éviter que les syndicats deviennent puissants. Ces derniers, pour leur part, continuent à jouer en général en régime capitaliste le rôle ou la fonction qu'ils exerçaient déjà en régime socialiste : appuyer les managers et, à travers eux, la nation et l'État. Dégraisser les effectifs pour améliorer les performances est une mesure acceptée sans discussion. Les usines continuent à être pour eux des lieux d'accès à l'emploi et aux services sociaux ; le contrôle de la population du point de vue politique reste le lot du pouvoir, comme la politique hostile à l'immigration. Pour les dirigeants, le souci des intérêts ouvriers, de

---

[20] Corentin LÉOTARD, « Un front syndical contre Victor Orban », *Le monde diplomatique,* mars 2019, p. 21.

leur possible fonction démocratique dans la société, reste au second plan. Ils ne veulent pas de syndicats à l'image des syndicats européens, à leurs yeux conservés par protection par un patronat qui les a combattus et vaincus. À une domination brute du capital accompagnée de passivité ouvrière, ils opposent un partage des tâches où le capital accroît son influence, où le pouvoir politique gère le nationalisme, où ils font naviguer la classe ouvrière navigue entre ces balises.

Le dernier numéro de *Collective Bargaigning* (avril 2018) de l'Institute for advanced labour studies (Amsterdam) note au niveau de l'Europe une croissance à peu près générale des inégalités de revenus, mais aussi une reprise, assez généralisée, de l'activité syndicale dans tous les pays, notamment en relation aux salaires.

AFRIQUE

Notons d'abord trois observations générales que relève l'éditorial de la revue *Tiers Monde* (n° 224, 2015) dans son numéro spécial consacré au syndicalisme en Afrique : le rôle déterminant joué par les syndicats dans les luttes d'indépendance, le caractère politique au sens noble du mot et pas seulement corporatiste de leur action par la suite, leur enracinement « par le bas » propre à chacun d'eux en fonction de leur histoire singulière et de leur action. Ces trois matrices initiales connaîtront bien des aléas par la suite, mais sont susceptibles de donner naissance à des renouveaux à venir. En supposant que les empreintes néo-libérales imposées par les institutions internationales (FMI et Banque mondiale en particulier) qui ont engendré des populismes ethniques et religieux violents parviennent à laisser la place à des visions démocratiques nationales capables d'endiguer le cycle des violences.

C'est sans doute en **Tunisie**, pays initiateur du « printemps arabe » devenu l'hôte de plusieurs forums sociaux mondiaux que le processus de démocratisation de la politique a été le plus prononcé et soutenu jusqu'à maintenant par un syndicat, l'Union générale des travailleurs tunisiens. Ce syndicat est l'héritier de la Confédération générale tunisienne des travailleurs qui se constitue à la suite des grèves de 1924 initiées par les dockers qui réclamaient simplement le même salaire pour les ouvriers tunisiens et les ouvriers français (« comme aux docks de Marseille »), et poursuivies par les briquetiers, les cimentiers, les mineurs et les ouvriers agricoles. Première confédération syndicale ouvrière de l'empire colonial français, elle fut immédiatement combattue avec une extrême vigueur par l'administration coloniale et le patronat, mais également par la section tunisienne de la SFIO et la CGT, Jouhaux en tête[21]. Mais elle fut soutenue par contre par des syndicalistes de « second rang » dont l'histoire n'a pas conservé la trace. Associée aux luttes politiques pour l'Indépendance, représentant principalement les services publics et les mineurs, elle oscille entre un syndicalisme d'État et une logique contestataire dans les années 1970 et 1980 mêlant avec habileté clientélisme et bureaucratie à travers le mécanisme du détachement[22]. Contrainte dans les années 1990 sous la tutelle du président Ben Ali d'accepter les politiques de l'économie libérale, de l'ajustement structurel et des privatisations, dépendante des financements du pouvoir politique, l'organisation syndicale dispose toujours d'une marge de manœuvre sur le plan organisationnel et conserve des possibilités d'action démocratique lorsque les circonstances, qu'elle a en partie contribué à créer, s'y prêtent. Tiraillée entre la fonction néo-corporatiste imposée par l'État et l'affirmation de contestations ouvrières sociales et politiques, la centrale ne peut être parfaitement disciplinée et reste un « maillon faible des agences du pouvoir ». Cette position lui donnera un rôle d'arbitre entre des forces antagonistes, religieuses ou pas, lors du « printemps arabe » de 2011 et jusqu'à aujourd'hui. Rôle qui l'entraîne, voire l'engage, à conforter la démocratie dans sa propre organisation, à améliorer la représentativité des basses catégories et des femmes. Poursuivre l'objectif démocratique qui s'est dessiné pour l'ensemble du pays, conforter sa propre autonomie en relation au pouvoir politique, faire face à la concurrence que lui apportent deux nouvelles centrales syndicales dont les dirigeants, anciens de l'UGTT, manifestent un opportunisme sans masque constituent ses tâches actuelles. D'autres concurrents sont d'ailleurs apparus dans un passé antérieur, qui ne sont pas parvenus à détruire ce qui apparaît maintenant comme un « organe » vital de la société tunisienne, plus vital sans doute que des partis politiques qui représentent plus des idées ou des idéologies que des

---

[21] Tahar HADD, *La naissance du mouvement syndical tunisien,* L'Harmattan, 2013, p. 11.

[22] L'octroi d'un poste dans l'organisation aux militants de terrain très, trop ? actifs, Héla YOUSFI, *L'UGTT, une passion tunisienne, Enquête sur les syndicalistes en révolution (2011-2014),* IRMC-KARTALA, 2015, p. 155.

forces sociales concrètes enracinées dans une société. L'image d'une maison mère à laquelle les dissidents ne peuvent manquer de faire référence même après l'avoir quittée ressort souvent des entretiens réalisés par l'auteur ; organisation refuge de certains mouvements sociaux, ce syndicat représente une force plus sûre, structurée et stable qu'un parti politique : il n'entend pas céder son droit de regard à une organisation ou un parti politique récent parce qu'il hérite d'une histoire longue au cours de laquelle il a maintenu une orientation démocratique qu'il entend préserver. Tout cela dans le cadre des tensions bureaucratiques, clientélistes, islamistes qui ne sont pas évaporées comme par enchantement avec le « printemps de 2011 ». Enfin la place des femmes est encore restreinte : bien que représentant 54 % des adhérents de l'UGTT, elles n'accèdent à des responsabilités qu'à des niveaux locaux (20 %) ou au niveau régional par le biais de femmes diplômées issues du secteur public[23].

Au **Maroc,** l'Union marocaine du travail créée en 1956 prenait la succession d'un syndicat marocain affilié à la CGT française ; il rassemblait au moment de l'Indépendance 65 000 adhérents (sur une population totale de 5 millions d'habitants) et sa présence avait été marquante dans le processus qui avait conduit à l'Indépendance. Par la suite la centrale a été ballottée, manipulée, contrôlée par le pouvoir politique jusqu'à se retrouver divisée en plusieurs syndicats et concurrencée avec le temps par trois autres centrales. Sans jamais cependant se retrouver dans la dépendance d'un seul parti, comme les autres centrales qui connaissent une position proche de celle de courroie de transmission, ce qui rend difficile les ententes entre syndicats. De toute façon, la syndicalisation est faible ; le Maroc n'a pas adhéré à la convention 87 de l'OIT sur la liberté syndicale : 96 % des travailleurs ne sont pas syndiqués et 65 % des délégués syndicaux élus en 2009 sont « sans appartenance syndicale » ; 8 % des fonctionnaires sont syndiqués et 3 % des travailleurs du privé ; 82,9 % de la population sont exclus de toute couverture médicale et 40 % analphabètes. La grande marche intersyndicale unitaire sur Casablanca n'a réuni en 2014 que 10 000 personnes. Symboles du grand écart actuel : l'ancien secrétaire de l'UMT et Nicole Notta, ex-secrétaire général de la CFDT française ont formé un cabinet d'audit social à

---

[23] Abbia Selmi, « Des ouvrières dans les syndicats tunisiens depuis la révolution : entre espoirs d'émancipation et marginalisation », dans *Le genre au travail, recherches féministes et luttes de femmes,* Syllepse, 2021.

l'intention des entreprises. Cependant qu'un nouveau syndicat, l'UMT-orientation démocratique, appuie la création d'un syndicat des travailleurs migrants, actuellement en opposition frontale avec le pouvoir marocain, dans un pays où les migrants africains sont, depuis longtemps, très nombreux à se concentrer dans les enclaves de Ceuta et Melilla, à portée de vue de l'Espagne. Un autre syndicat de coloration plutôt anarchiste s'oppose à la privatisation de complexes touristiques, et prend la défense des pêcheurs de la région du Rif, au nord du pays, contre les groupes mafieux qui veulent éliminer la pêche artisanale. Enfin un mouvement de femmes les « Soulaliyates » revendique les droits des femmes sur des terres collectives menacées par la spéculation foncière.

En **Égypte**[24], le mouvement des « officiers libres » (Nasser 1953) n'a besoin que d'une force syndicale instrumentalisée pour l'appuyer et les chefs des centrales syndicales seront pendant longtemps nommés par le pouvoir politique ; ce qui sera désigné comme un corporatisme stato-centré[25]. De 1962 à 1986, le président de la centrale syndicale unique (ETUF) est le ministre du Travail. La renaissance syndicale s'effectue peu à peu et aboutit à la création du CTUWS (Center of Trade-Unions Work and Services) en 1990, puis du Comité de coordination pour les droits et les libertés ouvrières et syndicales qui donnent naissance aux grèves des années 2000, plus particulièrement la grève de la grande usine textile de Mahallah (22 000 employés) en 2006, renouvelée en 2007 et 2008, aux grèves dans les services publics (impôts, santé), et enfin au mouvement de la jeunesse du 6 avril, fondé en 2007. La centrale syndicale unique ETUF se vide peu à peu de toute activité tant elle est étouffée par le pouvoir. L'agitation syndicale et politique intense qui a précédé la destitution du président Moubarak en février 2011 s'était traduite par l'instauration du syndicat indépendant des impôts fonciers (RETA) en 2009, qui dénonce le syndicalisme d'État officiel. La création postérieure de deux nouvelles centrales syndicales « indépendantes » en 2011 et 2013, ne parviendra pas à constituer un syndicalisme autonome et à le détacher des dépendances politiques qui le musèlent. Les capacités

---

[24] « Le rôle de mobilisation des travailleurs et du mouvement syndical dans la chute de Moubarak », *Mouvements*, n° 66, 2011, p. 69-78.

[25] Le même processus s'implante en Algérie ave le contrôle total de l'UGTA (Union nationale des travailleurs algériens) par le parti unique FLN (Front de libération nationale).

d'expression et d'intervention syndicales restent largement inférieures à celles des Frères musulmans qui, malgré leurs divisions, portent l'essentiel des mouvements sociaux. Cependant que les migrations intenses et répétées dans les pays du Golfe conduisent à des tensions entre les migrants qui critiquent un État qui ne sait ni retenir ses travailleurs, ni les protéger lorsqu'ils vont à l'étranger, et les non-migrants qui considèrent qu'il faut rester sur place pour lutter. Cette divergence reste limitée à ces deux catégories de travailleurs ; elle n'est pas un enjeu pour les institutions publiques qui en auraient la charge[26], mais témoigne d'un débat syndical. Par ailleurs, toutes les associations et en particulier les « Ordres professionnels » (journalistes, ingénieurs, agronomes, enseignants, dentistes, infirmières, avocats) qui ont à voir de près ou de loin avec les droits de l'homme sont, comme les syndicats, sous la menace de lois répressives[27] et perméables aux infiltrations islamistes. Le mouvement syndical avait pris une grande part dans l'éviction du président : le 8-2-11, 3 jours avant sa destitution, se tenait le « jour du travailleur égyptien ». Et la lutte se poursuit : en 2015 contre la loi qui touche les travailleurs des services publics ; en 2016, grève dans les chantiers navals et contre l'emprisonnement d'un journaliste ; en 2017 où le pouvoir tente d'étouffer les centrales syndicales autres qu'officielles en leur interdisant de recevoir de l'aide internationale, en restreignant leur autonomie financière, en leur imposant des critères d'inéligibilité et en exigeant la présence d'officiels du gouvernement lors de leurs élections. Cela peu avant la visite d'une délégation de l'OIT (dont l'Égypte a signé la convention sur la liberté syndicale), et avant de refuser d'enregistrer un nouveau syndicat de Télécoms en mai 2018. Notons, pour finir, l'importance de la mobilisation syndicale féminine. La grève de 2006 à l'usine textile de Mahallah résonne encore du slogan : « Où sont les hommes, les femmes sont là ». Depuis, leur présence dans les mobilisations syndicales ou de rue n'a cessé de se renforcer. Plusieurs entreprises, abandonnées par leurs patrons, sont proposées par l'État à une gestion coopérative ou collective qu'il ne soutient pas lorsque naissent des difficultés de gestion ou lorsque les patrons refont surface pour leur créer des difficultés et les reprendre à leur compte. L'asphyxie de la société civile est à l'ordre du jour :

[26] Lucile GRUNTZ, « Des chercheurs d'or aux diplômés chômeurs : émigration, travail et politique », *Politique africaine,* n° 133, mars 2014, p. 93-11.
[27] Laure STEPHAN, « En Égypte, les ONG sont sous surveillance », *Le Monde*, 29-3-2017.

l'Égypte compterait 60 000 prisonniers politiques selon des ONG (*Le Monde*, 21 novembre 2020).

Pour compléter cet ensemble, il y a aussi la pratique, largement répandue, de la lettre de démission que signe l'employé ou l'ouvrier en même temps que son contrat d'embauche. Jointe à la méfiance de la part de la population à s'intégrer aux structures syndicales existantes, c'est la forme du « rassemblement protestataire » qui est devenu un « mode d'action routinier[28] », pour les professions libérales (médecins, ingénieurs, pharmaciens), les retraités, et les fonctionnaires publics. Enfin, pour la première fois dans l'histoire égyptienne, un appel à la grève a été lancé par le syndicat officiel dans une usine textile privée.

Au **Sénégal**, après une histoire mouvementée entre partis et syndicats de gauche français et sénégalais jusqu'à l'Indépendance, s'instaurent avec Senghor le parti unique et le syndicat unique, socialistes, porteurs de l'Indépendance, en 1960. Cette situation durera jusqu'en 1974 ; face à un sentiment national où la légitimité de la démocratie n'est pas qu'un slogan, mais a valeur de référence, l'ouverture, dès Senghor, poursuivie par A. Diouf en 1981, donnera un peu plus de respiration aux syndicats et aux partis, en même temps que le pouvoir politique tente, dans la seconde moitié des années 1980, de limiter les injonctions de l'ajustement structurel. Ensuite, sous la présidence de Wade en 1990, où la référence de gauche a totalement disparu, l'émiettement syndical est cultivé : 9 nouvelles confédérations dites « centrales » plus ou moins actives voient le jour entre 2000 et 2009, année de l'incendie de la Bourse du Travail par la CNTS (Confédération nationale des travailleurs sénégalais) une intersyndicale pro-gouvernementale. Il faut attendre le pacte de stabilité sociale signé en 2012 avec le nouveau président, à la suite du mouvement des « rappeurs » en 2011, devenu mouvement social de la jeunesse Y en a marre, qui dénonce les multiples faces de la corruption dans le pays, pour observer de nouveaux signaux de reprise d'une activité syndicale. Ce mouvement a montré, manifesté, tout « l'énervement » ressenti par la population devant l'insuffisance des services publics, la corruption, les fausses alternances politiques. La défaite du M23 (Mouvement du 23 juin 2011) aux élections de 2012

---

[28] Sarah BEN NEFFISSA, « Égypte, nouvelles dimensions des protestations sociales », p. 55-60, dans *États des résistances dans le Sud, 2010, Monde arabe*, ALTERNATIVES SUD, 2009.

n'est pas une défaite de ses idées, mais reflète plutôt une forme de sagesse populaire, la peur du chaos devant la déstabilisation de structures politiques encore incertaines, peu stabilisées. Le « touche pas à ma table » des marchands ambulants du marché de Sandanga est devenu le cri de ralliement des pauvres qui ont réussi tant bien que mal à se débrouiller jusqu'ici ; comme la révolte contre des projets d'agriculture industrielle de 20 000 ha qui auraient privé de travail les paysans de toute une région. Comme enfin « les émeutes de la soif et de l'eau » suite aux pénuries provoquées par la privatisation des services publics. Par la suite le pouvoir tentera de coopter les meneurs des mouvements sociaux, ce qui donnera naissance à une dissidence nommée « M23 authentique ». Ballotté certes par les conjonctures et évènements politiques, objet d'une attention ambivalente du pouvoir politique, mais enraciné dans une légitimité ancienne, et donc relativement ouvert aux renouvellements portés par des groupes et classes d'âge en quête de justice sociale, le syndicalisme sénégalais reste un référent principal de la vie politique du pays.

Mali. Dès la chute de la dictature militaire qui avait duré de 1968 jusqu'en mars 1991 se manifeste une crise de la représentation démocratique à travers le faible taux (30 %) de participation aux élections, la multiplication des partis politiques et la militarisation progressive de l'appareil administratif. À partir du coup d'État militaire de 2002, la société militaire prend la direction de la politique et s'impose peu à peu à la société civile. La fièvre affairiste et l'essor de la corruption s'emparent des militaires. La déliquescence de l'État apparaît au grand jour et finit par assembler contre lui une population unanime. Malgré cette conjoncture détestable, se fait une montée progressive des mouvements sociaux qui touche beaucoup de secteurs de la société : civile, politique, militaire et religieuse.

L'activité syndicale est plus forte dans les zones minières et chez les paysans qui subissent les pressions de l'agro-industrie. Elle est appuyée dans les années 2000 par de forts mouvements de mécontentement des jeunes et des femmes parallèles à la militarisation progressive de l'appareil administratif. La fièvre affairiste qui s'est emparée des militaires et a corrompu tous les niveaux de l'État et de la représentation politique suscite une opposition entre deux centrales syndicales, celle du pouvoir et une autre plus indépendante. La Confédération syndicale des travailleurs maliens à laquelle s'associe le Syndicat national de l'enseignement supérieur (qui prend en charge la totalité de l'enseignement) entreprend la lutte contre la réforme de l'Assurance maladie obligatoire qui donne lieu à de multiples malversations et passe-droits effectués par l'État. Elle dénonce une crise de l'école générale : années scolaires de 5 mois, salaires enseignants les plus bas de la région, manque d'éthique professionnelle, insuffisance des qualifications, grèves récurrentes, la dernière en mars 2020. Des policiers qui forment un syndicat dissident pour s'affilier à cette centrale sont aussitôt menacés d'expulsion par le syndicat du pouvoir, l'Union nationale des travailleurs du Mali. La pression foncière et minière dans le sud-ouest du pays semble intolérable. Dans la zone de l'Office du Niger, ce sont 700 000 ha incluant des terres agricoles qui ont été cédées à des sociétés étrangères. Par endroits, les paysans résistent victorieusement : 93 organisations paysannes se sont constituées pour tenter de récupérer des terres à l'entreprise chinoise qui les a spoliés ; celle-ci, la COVEC, est condamnée, ce qui n'empêche pas la poursuite de l'occupation des terres par d'autres sociétés. Un nouveau syndicat paysan autonome, qui tient à se différencier des groupements de producteurs et autres associations villageoises encadrées par l'État, se constitue en février 2012 ; il précède de peu le coup d'État du 22 mars 2013.

Ce dernier ouvre le champ aux initiatives de la moralisation politique qui prétend se poursuivre en moralisation religieuse et économique. Dans ce contexte prend essor une forme d'arbitrage religieux qui prétend juger et apaiser les conflits entre l'État et ses administrés, les pouvoirs économiques et les sujets qui y sont soumis, exercer le rôle d'entrepreneurs de morale en toutes circonstances. Multiplication des arbitrages idéologiques, formatage des consciences, les mosquées envahissent l'espace public et les stades, les partis s'alignent sur les chefs religieux, la révision du Code de la famille qui accorde trop de droits à la femme est effectuée. Les associations religieuses, écoles coraniques et medersas connaissent un essor sans précédent. Ce n'est qu'à la lumière des « démocratisations sabotées » et des « enrichissements insolents » que peut se comprendre l'essor du djihadisme qui se reproduira avec le temps comme « entrepreneur de violence » et créateur de guérillas. La crise de 2013 est vue comme « un châtiment divin infligé aux membres de l'ancien régime dont le comportement trahissait l'abandon des valeurs religieuses, sociales et morales[29] ». La région du Nord est quasiment passée sous contrôle islamiste. Les tensions, et les massacres, entre Dogons et Peuls en sont une conséquence de forte portée politique. Suite aux massacres renouvelés de militaires par des bandes armées islamistes, c'est dorénavant l'activité militaire anti-terroriste, encadrée et appuyée par la France depuis 2013, qui détermine la marche du pays. Marche incertaine comme vient d'en témoigner le dernier coup d'État militaire de 2020.

Au **Burkina Faso**[30], le syndicalisme est assez étroitement lié à une configuration politique de gauche sans que pour autant il se soit laissé diviser en de multiples factions comme au Maroc. La Confédération générale des travailleurs du Burkina (CGT-B) regroupe encore la très grande majorité des travailleurs face aux 4 autres centrales syndicales plus réformistes ou centristes. Le passage au pouvoir de Thomas SANKARA (1982-1987) a consolidé les luttes antérieures pour la démocratie en général et donné forme par son exemple après sa mort aux luttes pour les droits civiques et les droits de l'homme face aux politiques libérales de l'ajustement structurel qui se sont imposées comme partout en Afrique. Les deux fronts, économique et politique, ont été occupés intensément et continûment par le syndicalisme qui a fourni la structure sur laquelle se sont appuyés d'autres mouvements : le mouvement étudiant rendu particulièrement nerveux par les assassinats politiques, les mouvements d'une société civile active protestant contre l'augmentation du coût de la vie (produits alimentaires et essence principalement) et l'amputation des politiques sociales, les mouvements culturels des jeunesses populaires. Mais la gestion politique du pays n'a pu éviter les multiples conflits violents entre commerçants, étudiants, police, armée et syndicats qui ont abouti à la chute du président Compaoré (2014), ce qui apparaissait comme pouvant être une étape dans un processus de restructuration d'une vie démocratique. Mais les élections n'ont pas donné de résultats satisfaisants pour les associations et les syndicats les plus actifs. Le mouvement syndical reste l'une des forces principales structurantes du nouveau mouvement de la société civile ; il reçoit l'appui du Balai Citoyen, mouvement social de la jeunesse, qui montre une belle

---

[29] Joseph BRUNET-JAILLY, Jacques CHARMES, Doulaye KONATE, *Le Mali Contemporain*, Karthala, 2014.

[30] Bettina ENGELS, "Trade Unionism in Burkina Faso", *Tiers Monde*, n° 224, oct-déc. 2015, pp. 67–82.

vitalité. Mais il est largement étouffé par la guerre civile larvée entre les organisations armées djihadistes et l'armée elle-même, sur laquelle se greffent d'autres affrontements (principalement ethniques, « gardiens de la brousse » Dogons, Peuhls) auxquels s'ajoutent les nouvelles milices VDP (Volontaires pour la défense de la patrie) organisées et entraînées par le pouvoir en place. Mais ce dernier n'exerce aucun contrôle sur la trajectoire que pourraient prendre ces groupes « mal » armés dans les affrontements à venir où les militaires restent de toute façon très éloignés de la société civile. Les forces militaires et le pouvoir politique semblent impuissants à maîtriser une situation qui leur échappe totalement et qui prend le même chemin que le Mali. On compte 1 300 morts pour la seule année 2019. Comme au Mali, la mouvance guérilla recouvre de son filet toute la société civile et politique, champ syndical compris. Les élections du 22 novembre 2020 se font avec 1 million de personnes « déplacées » et plus de 20 % des villages et secteurs de vote qui sont fermés, car les listes électorales n'ont pu être établies (*Le Monde*, 22 novembre 2020.) Néanmoins un taux de participation de 50 % et la réélection du président sortant laissent augurer une relative stabilisation de la situation.

Autre signe d'espoir, la santé du syndicat de l'enseignement : face à une croissance forte des effectifs (1 700 000 scolaires en primaire en 2008 et 3 200 000 en 2017), le nombre d'enseignants (50 % hommes, 50 % femmes) triple entre 2000 et 2015. Réunifiés sous un même statut public en 1998, les 4 principaux syndicats d'enseignants s'unifient en 2017 après un long processus de rapprochement sur la base d'une défense du service public au bénéfice des élèves et des parents. Des AG dans les établissements ou les Bourses du travail, des grèves limitées, mais reconduites à bon escient conduisent à une amélioration progressive du niveau de recrutement, des carrières, à la création de nouveaux emplois, à la limitation du nombre d'élèves par classe, à des investissements en bâtiments. Bref une dynamique respectée et reconnue par l'ensemble de la nation qui fait apparaître le secteur comme un îlot de développement dans une configuration nationale plutôt agitée[31]. Comme si la construction d'un métier, d'une identité de métier portait le devenir de la jeunesse et d'une future identité nationale.

---

[31] Alexis ROY, Camille NOÜS ? « Luttes pour la valorisation d'une profession », Des enseignants en grève au Burkina Fasso 2017-2019 », *Mouvements*, n° 103, 2020, p. 111-120.

La **Sierra Leone** où l'agriculture absorbe plus de 70 % de la main-d'œuvre connaît un taux de chômage des jeunes, estimé à 65 %, qui est officiellement pris en charge par une organisation gouvernementale totalement inactive. Les deux sociétés d'exploitation minière sont en arrêt pour des raisons évidentes et obscures de corruption. Par contre, l'Alliance pour le contrôle et la transparence dans l'occupation des terres, associée à des réseaux internationaux, le Réseau pour le droit à l'alimentation et le Réseau pour la justice et le développement qui regroupent agriculteurs, commerçants et consommateurs, entendent s'opposer fermement à l'introduction d'un capitalisme agraire et minier multinational (minerai de fer) qui s'est déjà infiltré dans les rouages de l'État par la corruption. Sans beaucoup de succès jusqu'à l'heure actuelle. Enfin l'Internationale des services publics prolonge une action de défense avec les personnels médicaux contre la propagation du virus Ebola.

Le **Liberia,** qui a connu une longue période de quasi-apartheid, porte toujours les stigmates d'une ségrégation sociale accusée. Le gouvernement s'acoquine à une bourgeoisie nationale pour accorder des droits d'exploitation ou des « permis d'utilisation privée » pour des milliers d'hectares de forêts, de plantations d'hévéas, d'exploitations pétrolières. Tous les secteurs (transports, police, santé) et tous les niveaux de l'administration sont largement corrompus ; toute tentative de création de mouvements syndicaux et politiques « authentiques » devient rapidement la cible des corrupteurs. Seuls résistent encore, en dépit des réductions de salaire, l'Association des enseignants du système scolaire consolidé de Monrovia, fragile, puisque très localisé, et l'Association des travailleurs du système de santé libérien plus solide, car elle existe au niveau national, mais ces deux organismes sont soumis aux mêmes assauts de corruption. Le syndicat santé a mené une action soutenue à propos de lutte contre le virus Ebola ces dernières années, mais il a été perpétuellement entravé par les pouvoirs publics qui ont réussi à empêcher l'adoption de la convention 87 de l'OIT sur la liberté syndicale. Il est néanmoins relié à l'Internationale des services publics qui lui permet de mettre sur pied des actions de lutte contre le virus Ebola.

Au **Ghana**, dans le contexte d'un emploi informel important, où les travailleurs salariés ne représentent que 18 % de l'emploi total, les syndicats ont été longtemps minés par des conflits internes qui reflètent des conflits ethniques et locaux. Mais les années 1990 ont vu simultanément les marches contre l'ajustement structurel conduites à l'origine par de jeunes syndicalistes, la naissance de plusieurs organisations puissantes des femmes contre la violence domestique et pour l'égalité des droits civiques, domestiques, économiques et sociaux – très liées à des organismes locaux et internationaux et obtenant des avancées législatives importantes –, des mouvements citoyens contre la corruption, *Occupy Ghana*, à l'image d'Occupy Wall Street, qui impliquent la classe moyenne et se diffusent sur les medias sociaux, et enfin la constitution d'organisations de défense des sociétés locales face aux dangers créés par l'exploitation pétrolière et qui obtiennent des négociations avec les pouvoirs publics pour la protection de l'environnement. Organisations et mouvements qui s'érigent, et parfois durent, avec une certaine autonomie, recherchés par des partis politiques bureaucratisés en manque de clientèle, de revendications ou de raisons de lutter, ou au contraire poursuivis et pourchassés par des partis au pouvoir pour des raisons politiques. Persiste et dure néanmoins le Trade Union Congress, qui déclare 500 000 adhérents, interlocuteur de l'État dans le cadre de la Commission nationale du travail, qui négocie des accords, organise des grèves et se trouve parfois débordé par des mouvements violents de banlieue comme celui d'Ashaiman en 2013, qui démontrent les limites et parfois l'inefficacité du dialogue institutionnel. De manière générale, le Ghana présente un fonctionnement démocratique qui semble avoir dépassé la chronique des assassinats et de la corruption qui affligent d'autres pays d'Afrique.

Au **Bénin**[32], où l'enchaînement des assassinats et de la corruption est entré dans une phase violente en 2015 sans donner lieu à de quelconques changements politiques, ce sont des paysans et de jeunes diplômés qui s'organisent pour tenter de promouvoir un nouveau code foncier permettant d'éviter l'accaparement des terres par les grandes sociétés multinationales et qui tentent de jouer de ce fait un rôle d'administration publique et économique, face à un État défaillant. Malgré leur échec, dû à l'absence des moyens de pression syndicaux traditionnels comme la grève, leur action a mobilisé, outre l'opinion publique locale, des ONG internationales qui ont pu faire prendre

---

[32] Philippe LAVILLE DELVIGNE, Camille SAIAH, « Fonder sa légitimité par le plaidoyer ? » *Tiers Monde*, n° 224, oct-déc. 2015, p. 103-122.

conscience de la dimension de ce phénomène au niveau mondial. Les syndicats des employés du public (santé, justice, éducation) sont également présents et capables d'organiser des grèves, même s'ils sont peu revendicatifs. Pas moins de quatre centrales syndicales existent et subsistent.

La Côte d'Ivoire a hébergé quatre grandes centrales syndicales avant son indépendance puis a constitué l'Union générale des travailleurs de Côte d'Ivoire en 1962 pour retourner à la situation de 5 centrales actuellement, chacune articulée internationalement, mais toutes bureaucratisées et sans forte activité. La vie politique et syndicale est clivée par l'opposition autochtones-immigrés, traversée par des tentatives de conspiration militaire, des affrontements entre jeunes en quête d'emploi. Affrontements sans issue sur le thème officiel de la lutte contre la vie chère, entrecoupés de pillages de banques, commerces et administrations au profit de stratégies politiques qui dérivent peu à peu sur une fracture entre la classe politique et la société. Le syndicalisme en tant que tel en est absent au point que s'est créé en mars 2018 un « syndicat des femmes travailleuses » au motif que les hommes brident leur capacité d'expression dans leurs syndicats masculins (pas une seule responsable syndicale élue depuis l'Indépendance) et sont de toute façon inactifs. Il reçoit d'emblée 4 000 inscriptions et rassemble toutes les professions féminines, salariées ou indépendantes (femmes de ménage, enseignantes, vendeuses, pompistes, transporteuses, infirmières, agricultrices) et son intention est de porter l'attention tant sur les questions professionnelles que sur celles de la famille : couverture maladie, école, droits civils, logement. Ce développement est à suivre, car il n'est pas si fréquent et porte des dimensions anthropologiques plus profondes, par-delà les différences ethniques, et plus amples, par l'extension de leurs préoccupations (une plateforme « Éveil électoral de la femme » s'est constituée), que celles représentées par des mouvements syndicaux masculins spécialisés et segmentés.

Niger. La Ve République, née en 1999, aura connu trois renversements, des coups de force bureaucratiques où se réaménagent et se recomposent, à travers la forme d'un parti-État, plusieurs références historiques et de nombreux leaders d'associations et de partis, dont les deux forces syndicales principales, l'Union des scolaires du Niger (USN) et l'Union des syndicats de travailleurs du

Niger (USTN). L'univers syndical nigérien ne compte pas moins de 14 centrales syndicales, noyautées par des partis politiques, certaines à la solde du patronat, et regroupées en 2 blocs opposés, l'Intersyndicale et la Convergence, qui comptent de faibles effectifs. Au gré des recompositions, les faveurs sont redistribuées entre l'armée, les chefs traditionnels, les fonctionnaires, les exploitations minières et pétrolières. À un mouvement associatif ethno-régionaliste en succéderont d'autres, plus altermondialistes, à visée explicitement politique. Lorsque s'agite un mouvement étudiant pénétré par l'islamisme, d'autres mouvements entrent en ébullition pour leurs propres raisons, le monde enseignant pour les salaires, les pharmaciens, médecins et dentistes pour un statut autonome au sein de la fonction publique. Et c'est finalement à travers de nouveaux syndicats, constitués par de nouvelles professions, tels les contractuels de l'éducation nationale, ou à travers le renouvellement de quelques centrales syndicales à l'intérieur de l'Intersyndicale des travailleurs du Niger, que se donne une nouvelle impulsion à la vie démocratique. Querelles internes et manipulations politiciennes paralysent une institution syndicale qui semble pouvoir s'émietter, mais aussi se recomposer à l'infini. À l'inverse a lieu un essor associatif indiscutable de la société civile articulée aux bailleurs de fonds internationaux, tels l'Union européenne et le PNUD, qui tend à se regrouper en collectifs, suivant ainsi une trajectoire inverse à celle des démultiplications syndicales. Des remaniements ministériels incessants opposent des partis politiques qui ne savent plus comment s'affronter aux forces islamistes qui ont pris l'initiative dans une grande partie du pays. L'opération militaire Barkhane, menée par la France depuis 2014, ne trouve ni solution militaire ni solution politique. La dernière attaque islamiste de décembre 2019 à Inates au nord-est de Niamey a laissé 71 morts.

Au **Nigeria** les deux syndicats des travailleurs du pétrole qui représentent l'un les ouvriers qualifiés, l'autre les travailleurs de recrutement local, sont capables d'union dans les grandes circonstances où ils représentent de fait les intérêts de la majorité de la population (cf. la menace de grève de 2012 contre la hausse des prix à la pompe). En même temps ils sont l'objet des politiques de division des employeurs en fonction des qualifications et des origines ethniques des ouvriers, comme partout dans le monde. Et si les syndicats parviennent à défendre les premiers mieux que les seconds, ils ont refusé d'entrer dans les logiques d'intérêts corporatistes que des partis politiques clientélistes voudraient leur faire adopter[33]. Ils mènent des grèves presque unitaires concernant le salaire minimum national (2018). Le mouvement syndical chez les pétroliers (Chevron, Emi, Exxon) entraîne des répressions violentes en fonction des conjonctures économiques (licenciement de 180 personnes en 2016 et en 2018, dont 82 syndicalistes). Différentes catégories, transporteurs, agents douaniers, propriétaires de camions s'unissent pour protester contre les difficultés d'accès aux terminaux portuaires. Le dernier congrès de l'Organisation de l'Unité syndicale africaine s'est tenu à Aruja en 2019. Mais la dimension principale du mouvement social étouffe le mouvement syndical. Elle est politico-religieuse : dans un pays où chrétiens et musulmans sont à égalité, se disputent et accèdent en alternance au pouvoir (certains États fédérés sont dominés par la charia islamique, d'autres par le pentecôtisme moderne de la théologie de la prospérité). La relative entente au niveau des élites et des dirigeants des deux communautés permet de constituer des gouvernements mixtes, sans empêcher l'émergence des violences interconfessionnelles éparpillées (Boko Haram du côté musulman), redoublées par des conflits dérivés entre éleveurs et agriculteurs, les vols de bétail et les enlèvements, qui hypothèquent lourdement l'avenir d'un pays de 200 millions d'habitants.

Afrique du Sud. Le dynamisme revendicatif de plusieurs syndicats miniers en particulier, face aux sociétés minières ou au gouvernement, voire face à la corruption de leurs propres dirigeants et des dirigeants de leurs centrales (qui tirent encore un certain prestige de leur combat contre l'apartheid) illustre le fait que la notion de justice sociale ancrée sur le travail n'est pas un horizon perdu. Mais le rejet du cadre des relations professionnelles de l'apartheid (facilitation des négociations pour les catégories les plus élevées ; limitations des négociations pour les catégories plus basses) n'est toujours pas acté. Cependant que le dernier épisode du massacre de Marikana[34] où l'on voit la vieille centrale syndicale créée en 1982, la NUM, National Union Mineworkers, (affiliée à l'intersyndicale COSATU, principal

[33] Camilla HOUELAND, "Casualisation and conflict in the Niger delta: Nigerian Oil Workers, Unions between companies and communities", *Tiers Monde*, n° 224, pp. 25-46.
[34] Judith HAYEM, « Marikana : répression étatique d'une mobilisation ouvrière indépendante », *Politique africaine,* n° 133, mars 2014, p. 111-130.

appui de L'ANC de Mandela dans la lutte contre l'apartheid) consentir au massacre sans sommation par la police de 34 grévistes de l'AMCU, (syndicat nouvellement créé en 1999 et qui deviendra majoritaire en 2015 à la suite de ces grèves), nous donne quelques enseignements fondamentaux à la fois sur les valeurs et les déviations du syndicalisme. Le soutien de l'ANC à la répression, au massacre, qui laisse criminaliser les mineurs grévistes pour « rassurer les marchés », suscitera un sursaut d'indignation politique dans une grande partie du pays. Le NUM perdra entre 50 et 70 000 adhérents à la suite de cet évènement

D'une part, la corruption du NUM, aboutira à une scission syndicale en 2015, scission que la COSATU tentera de récupérer en 2019-2020 en lançant des « avertissements » au gouvernement et en organisant quelques grèves contre les licenciements sans parvenir à se relégitimer face à la nouvelle centrale la South African Federation ou Trade-Unions (SAFTU), qui s'est constituée en 2017. Le dépérissement des bureaucraties syndicales qui se coupent de leurs bases apparaît inéluctable, quel que soit leur prestige historique. La nouvelle centrale SAFTU, qui s'appuie en partie sur les travailleurs les plus exploités (intérimaires quasi sans papiers) montre que la fonction du syndicalisme reste au cœur de la défense des droits de l'homme et du travailleur, comme un ultime marqueur de dignité et de civilisation. Pour combien de travailleurs dans le monde le salaire est encore une « insulte » comme le disent les mineurs interwievés à la suite de cette grève ? Enfin les liens qu'établissent entre elles certaines branches du syndicalisme combatif (métallos, enseignants, mineurs, électriciens, habillement-cuir-textile) avec des mouvements sociaux d'habitation qui n'acceptent que ce parrainage signalent un processus nouveau d'émergence et de prise de parole de « la masse des Noirs pauvres » (W. Gumède, cité par J.-P. Rémy, *Le Monde* 4-11-12). Cependant que l'activisme des étudiants, en regard d'une critique de l'histoire incorporée dans les livres, signes et monuments de mémoire, tente de raviver la nécessité d'une lutte contemporaine face à un pouvoir oublieux du passé et qui dévie avec cynisme tous les problèmes sociaux sur les immigrations africaines, bouc émissaire nouveau, en devenant à son tour raciste. Dans un contexte où la réforme agraire, toujours pendante, se profile à l'horizon comme un enjeu économique et social central.

La **République démocratique du Congo,** pays sujet aux conflits armés de tous ordres, (plus de 130 groupes armés dans les deux provinces du Kivu où la guerre entre chefs de guerre du pays et des pays voisins a fait ces 20 dernières années quelque 6 millions de morts), mais plus particulièrement axés sur les ressources minières, les salariés ne représentent que 4 % de la population active et sont divisés en de multiples syndicats (420 en 2008) en concurrence féroce, alors que 72 % des travailleurs sont dans l'économie informelle et 24 % au chômage, et que 12,8 millions de personnes, dont 4 millions de « déplacés internes » ont besoin d'assistance humanitaire, selon les estimations voisines du gouvernement et des ONG. Cependant, l'activité syndicale dans les mines a été réprimée avec constance tout au long de la colonisation et depuis l'Indépendance, dès l'assassinat de Patrice Lumumba. L'envolée des cours des produits miniers ces dernières années ne semble pas leur avoir donné de nouvelle impulsion. Un syndicalisme sporadique touche les enseignants. La Confédération syndicale du Congo, principale centrale syndicale, qui disait avoir 390 000 adhérents en 2005, fait partie du MOCC Mouvement ouvrier chrétien Congo regroupant des sections Jeunes, Femmes, Mutualités et Économie informelle. Elle s'épuise depuis 2017 dans la revendication d'un salaire minimum décent qui reste éternellement bloqué à 5 euros (les syndicats en demandaient 15) à cause des désaccords au sein du gouvernement. Les dernières élections syndicales dans le secteur public ont attendu 6 ans avant que leurs résultats soient publiés. Le pays a cependant signé toutes les conventions de l'OIT, mais n'en respecte aucune. Le soutien porté au syndicalisme par l'OIT ou l'ISP (Internationale des services publics) est totalement inefficace ; 6 militants de Médecins sans frontières sont retenus en otage depuis 3 ans. Le pays est totalement absorbé par des querelles d'hommes politiques, les affrontements violents entre mafias, et « la rue » tente de prendre la place qu'elle peut au travers de manifestations, le plus souvent marquées par l'inscription dans des rapports de corruption et de clientélisme.

L'**Ouganda** présente un cas un peu particulier où la lutte contre les projets d'installation de Total (forage de 419 puits de pétrole, construction d'un oléoduc de 1 440 km) s'appuie sur un devoir d'alerte (la loi de 2017) : la violation des droits humains due aux atteintes portées à l'environnement. Les nombreuses ONG métropolitaines qui ont entrepris cette lutte sont relayées par des ONG locales qui ont à subir des attaques et des pillages réguliers effectués par les pouvoirs locaux et la police.

En **Zambie** où la répression des travailleurs du cuivre était régulière avant même toute constitution d'une organisation syndicale, le syndicalisme a connu une période de construction lente dès l'Indépendance malgré un contexte répressif permanent. Critiqué au départ par le pouvoir pour son absence d'esprit national, le syndicalisme lutte pour la fin du système du parti unique qui advient en 1991 ; il sera suivi par la création d'un parti d'opposition en 2000. Cette période est en même temps le moment de l'affirmation du Zambia Central of Trade-Unions qui par son action politico-syndicale et sa lutte contre l'ajustement structurel parvient à toucher toutes les branches d'activités et fait accepter l'idée d'un référendum pour une réforme constitutionnelle qui adoptera officiellement le pluripartisme (2000). Depuis lors le pouvoir reste toutefois aux mains de la droite, qui plaide pour une réduction du secteur public, appuyé par tous les autres secteurs de l'économie. La démocratie multiparti n'a changé que peu de choses et les grèves des médecins, infirmières et travailleurs du public ne se soldent guère que par des licenciements. Le Congrès zambien des syndicats fait l'objet d'une « répression institutionnelle » appuyée par les médias, cependant que les syndicats du cuivre connaissent régulièrement des périodes de tension lorsque le pouvoir tente de les acheter pour obtenir leurs votes lors des élections ou à l'inverse des périodes de détente lorsqu'ils ont accès à des terres agricoles à la suite de leur licenciement. Cependant que se poursuit la privatisation des mines. Entre sanctions, séductions, corruptions et une surveillance policière omniprésente le syndicalisme a bien du mal à survivre de manière authentique ; mais il résiste, tant bien que mal, au sein d'une économie de plus en plus contrôlée par les investissements chinois, et la dette croissante qui en est la conséquence.

Qu'il soit encore assez structurant du mouvement social, voire politique, qu'il soit plus ou moins étouffé par le clientélisme et la corruption, voire asphyxié par une dynamique guerrière de type ethnico-religieuse, le syndicalisme est toujours présent, vivant, en attente d'opportunités implanifiables ou de conjonctures favorables qui tardent à se dessiner. Des éléments de modernisation présentés par de grandes opérations d'aménagement à l'échelle nationale ou régionale pourraient-ils relancer des formes modernes d'intégration sociale et retrouver l'appui critique d'une jeunesse jusqu'ici écoeurée par la corruption et à laquelle ne sont proposés que des choix de violence politique ou religieuse ?

ASIE

Bangladesh. Le rapport de Human Rights Watch de 2015, 2 ans après l'effondrement de l'immeuble du textile Rana Plaza (1 134 morts et 1 500 blessés) présente ses entretiens avec 160 employés de 44 usines. Il conclut : « Si le Bangladesh ne condamne pas les patrons responsables de manœuvres antisyndicales, les pratiques ayant provoqué des milliers de morts vont se perpétuer ». Le film « Made in Bangladesh » (2019) montre que les pratiques de lutte antisyndicale sont toujours les mêmes.

Deux ans après ces évènements, l'ambiance semble être restée identique. Extraits de ce rapport, au hasard. Un ouvrier dit à son collègue syndicaliste : « vous êtes vous-mêmes battus par le management, vous vous faites virer, alors quel sera notre sort si on vous rejoint ? » Un autre : « ils m'ont frappé avec des crosses de hockey et cassé la jambe droite ; l'un m'a dit : si je t'entends à nouveau prononcer le nom du syndicat, je te coupe la langue ». Une femme, battue alors qu'elle était enceinte, forcée au travail de nuit, est finalement licenciée pour avoir voulu entrer dans le syndicat. À celle qui réclame un congé maternité, le cadre répond : « si vous vous concentrez sur la baise ne venez pas ici, allez au bordel ». Conclusion : 10 % des usines du textile ont un syndicat. Le secteur textile, 10 % du PNB, 80 % des exportations et 80 % de femmes, asservit sa main-d'œuvre : il faut éviter de boire, de l'eau souvent non potable, pour ne pas aller aux toilettes. « Ils rognent sur toutes les dépenses, sécurité, ventilation, sanitaires, ne payent pas les heures supplémentaire et ne donnent pas d'assistance en cas d'accident du travail ». Question : quel est le plus voyou des trois : des entrepreneurs bangladeshi esclavagistes, des gouvernements qui les laissent agir à volonté, ou des multinationales qui imposent leurs prix en déclinant toute responsabilité et en fermant les yeux ? On note seulement que les trois fonctionnent ensemble dans la plus grande harmonie. Le salaire minimum mensuel qui était de 39 euros avant 2013 est officiellement passé à 63 euros deux ans après. Belle performance, mais qui peut confirmer que cette augmentation est respectée ? Car tous les gouvernements successifs ne pensent qu'à une seule chose, attirer les investisseurs[35] et assurer un ordre moral strict autour d'eux. Toutes ces informations sont venues au jour à la suite de la catastrophe de 2013 ; on peut supposer très raisonnablement que les situations sont aussi dramatiques dans les pays voisins, mais elles ne sont pas connues. En 2018, le gouvernement décide de ne pas renouveler l'accord sur la sécurisation des usines textiles, car il n'y a pas eu de nouvel accident ; 174 usines sur les 1 620 examinées auraient pris jusqu'ici des mesures correctrices ; mais on peut se demander pourquoi dorénavant les inspections se font sans les représentants syndicaux.

La lutte continue cependant : la fermeture d'une usine textile de 1 257 salariés le 8 juin 2020 sous prétexte d'annulation des commandes d'un donneur d'ordre est contestée par les salariés (900 sont syndiqués) qui occupent l'usine pendant 50 jours. Les discussions mettent à jour le « mensonge » de l'usine et les négociations se terminent le 1-2-2011 par la réintégration intégrale des travailleurs et la reconnaissance de l'exclusivité de représentation du syndicat pendant deux ans.

Birmanie ou **Myanmar**. Malgré la fin de l'État à parti unique en 1988, c'est une junte militaire qui interdit les syndicats de 1963 à 2012. Ceux-ci, autorisés à cette date en prévision de l'élection présidentielle de 2015, se trouvent dans un processus d'organisation difficile après de longues d'années d'oppression absolue. Les conditions de travail sont draconiennes : de 10 à 13 h par jour 6 jours par semaine ; les heures supplémentaires ne sont pas payées, car elles sont considérées comme un rattrapage sur le retard accumulé au long des heures normales (petit règlement propre aux multinationales du textile appuyées par la junte et devenu pratique informelle généralisée) ; et les ouvrières sont très souvent forcées à travailler le dimanche. Les salaires sont entre 60 à 100 dollars par mois. Sur les 1 000 syndicats enregistrés, seulement 20 à 40 % selon les informateurs ont quelque activité ; le Cooperating Comittee for Trade-

[35] Vue d'un autre angle, Jean-Luc RACINE, anthropologue spécialiste de l'Inde, écrit dans *Le Monde diplomatique* de décembre 2016 « Le péril djihadiste gagne le Bangladesh » : « Cette quête des investissements étrangers explique aussi le déni des gouvernements successifs face à la montée de l'islamisme violent qui a commencé dans les années 1990. » La mise en perspective entre écrasement du mouvement syndical, lutte sanglante contre le trafic de drogue, répressions politico-culturelles aigües et montée des terrorismes identitaires serait à faire dans beaucoup de pays du monde.

Unions estime à 30 000 le nombre de syndicalistes actifs sur une population de 34 millions de travailleurs. Une seule fédération de syndicats existe, celle des travailleurs du secteur maritime. La commission actuellement chargée d'élaborer la loi sur le salaire minimum comprend 5 syndicalistes sur 39 personnes. Les employeurs respectent la loi quand bon leur semble et ne sont jamais sanctionnés pour les répressions syndicales illégales ; l'ouverture politique de 2015 annoncée avec l'arrivée au pouvoir de Aung San Suu Kyi a déjà fait long feu : la loi sur les licenciements abusifs, un moment en question, n'a jamais été amendée ; 83 % des employeurs ne respectent pas les décisions de justice. Tout récemment (2018), dans la capitale, une grève éclate dans une entreprise de confection chinoise employant 1 200 femmes et 100 hommes, où le syndicat existe depuis deux ans. Après négociations la direction refuse d'intégrer 30 grévistes réputés avoir été les meneurs. C'est alors une « occupation » hors usine, pendant deux mois. La direction, pour casser la solidarité qui s'établit avec les habitants du quartier fait intervenir des mercenaires armés, présentés comme antigrévistes. Vingt-six blessés dont 6 « sérieux » justifient l'intervention musclée de la police. Tout rentre dans l'ordre. Cet exemple de violence anti-syndicale est relativement banal, et les organisations de la société civile sont étroitement contrôlées. Par ailleurs la violence anti-communautaire et la répression qui se sont abattues sur les musulmans Royingas en 2017 (10 000 massacrés, 750 000 exilés au Bangladesh) et pour laquelle l'actuelle présidente birmane est passée devant la cour internationale de justice de La Haye, sont à relier à cette violence anti-populaire et anti-syndicale qui a structuré l'exercice d'un pouvoir longtemps exercé par l'armée qui continue à imposer ses marques dictatoriales et qui vient de reprendre le pouvoir récemment par un coup d'État (février 2021). Mais le syndicalisme n'est pas mort : la reprise des grèves dans le secteur textile en 2019 après 4 ans de relative liberté en est la preuve ; et le remplacement d'une main-d'œuvre masculine par une main-d'œuvre féminine supposée plus docile a au contraire relancé les revendications. Le syndicalisme est actuellement au premier rang de la lutte contre le coup d'État militaire.

La **Thaïlande**[36], depuis le renversement de la monarchie absolue en 1932, vit en régime de coups d'État successifs, sous la botte permanente des militaires jusqu'à aujourd'hui, à part une brève période entre 1973 et 1976 qui sera désignée *a posteriori* comme l'âge d'or du mouvement syndical. Mais aucune convention de l'OIT ne sera ratifiée. Actuellement, l'économie informelle occupe 64 % de la population active et les travailleurs syndiqués ne représentent que 1,25 % à 4 % de la population active (30 % dans le public, 70 % dans le privé). Le 1 % plus riche de la population possède 66, 9 % de la richesse du pays. Un régime de patronage paternaliste étouffant cultive toutes les divisions politiques et syndicales possibles alors que les syndicats locaux tentent désespérément d'attirer l'attention de l'OIT et du syndicalisme international pour maintenir leur tête hors de l'eau. Entre un mouvement féministe lié aux réseaux internationaux et des ONG très variées du point de vue idéologique, agissant en parallèle ou en substitution au mouvement syndical, le mouvement social thaïlandais est bien vivant, mais très dispersé ; les tentatives de capitaliser le mécontentement au travers de partis politiques populistes restent toujours précaires, aléatoires, incertaines. La dispersion syndicale (21 fédérations et 15 centrales) marque des divisions importantes au plan idéologique et stratégique ; elle peut parfois aboutir à la collaboration avec des acteurs aux intérêts radicalement opposés à ceux des travailleurs. Jusqu'au dernier coup d'État de mai 2014, confirmé par les « élections » de 2019, où la modification de la Constitution autorise le pouvoir à prendre toutes les libertés : régime policier, pouvoir donné à des acteurs non élus : monarchie, armée, Premier ministre, justice, et nombre « d'agences indépendantes » : commission électorale, commission anti-corruption, commission d'audition de l'État, commission nationale des droits humains, Sénat. L'essor du capitalisme se fait au travers de nombreux et grands partenariats public-privé qui éliminent toute pensée de redémocratisation du pays.

Les résistances existent cependant, ponctuelles et segmentées, au travers de manifestations non violentes de désobéissance civile (People Movement for a just society). L'essor des médias sociaux permet une information concurrente de celle des médias officiels ; ils font campagne pour l'abolition d'ordonnances gouvernementales,

---

[36] Andrew BROWN, « Thaïlande, un contexte institutionnel et politique défavorable au mouvement syndical », *Chronique internationale de l'IRES,* n° 156, déc. 2016.

intentent des actions en justice contre le pouvoir. L'une des résistances qui prend forme actuellement consiste à exiger des entreprises l'intégration de travailleurs en sous-traitance. Dans les secteurs les plus avancés, comme l'automobile, l'objectif est de faire reconnaître comme travailleurs permanents ceux qui travaillent en sous-traitance depuis un an. Seule avancée notable, le mouvement féministe, qui s'attaque en outre à la structure pyramidale corrompue du mouvement syndical. En s'appuyant sur les réseaux internationaux de solidarité, il parvient à constituer en interne des réseaux d'alliance avec des usagers prêts à l'action sur plusieurs points : aide à l'enfance, santé, sécurité. Des femmes occupent actuellement des postes de direction au sein du Thai Labour Security Comitttee, fondé en 2001, qui se présente comme un interlocuteur inévitable pour les employeurs, et qui regroupe en son sein nombre d'ONG du pays. Est actif enfin le mouvement des « chemises rouges » qui présente une alliance hétéroclite et parfois conflictuelle entre travailleurs du secteur informel et travailleurs étrangers du Myanmar, du Laos et du Cambodge. Cependant, aucune des deux principales conventions de l'OIT n'a été jusqu'ici signée par le pays.

Le **Cambodge** vit du vêtement : 80 % de ses exportations, 470 000 travailleurs formels et autant d'informels, 960 usines, 412 exportateurs, dont les plus grandes marques mondiales. Faiblesse du salaire et intensification du travail : l'enquête de l'OIT (2001) note 4 000 évanouissements sur les lieux de travail en 2 ans, et des contrats qui ne dépassent pas 3 mois. Cette enquête sur 473 usines du textile dénombre quantité d'illégalités (« non-conformités »). Lorsqu'elle est publiée, presque 10 ans après, elle entraîne un bond des grèves (plus 170 % entre 2010 et 2012). Les négociations concernant le salaire minimum ne donnant pas de résultats, une grève générale quasiment nationale éclate du 24 décembre 2013 au 2 janvier 2014 dans plusieurs secteurs (outre l'habillement, le textile et le cuir, de nombreux travailleurs de l'informel, vendeurs de rue, domestiques, conducteurs de tricycles) pour lesquels le salaire minimum représente une base de référence. La revendication portait sur le doublement du salaire (de 80 à 160 dollars), après la conclusion d'un groupe de travail tripartite (gouvernement, employeurs, salariés) ; le gouvernement n'a pas voulu aller au-delà de 100 dollars. Le 2 janvier le pouvoir passe à l'agression : la police et l'armée interviennent dans plusieurs villes simultanément (plusieurs morts et de nombreux blessés, la répression se poursuivra jusqu'à la fin de l'année). Deux ans après, le rapport de Human Rights Watch International (11-3-2015) note que la situation n'a guère changé : les heures supplémentaires restent obligatoires et leur refus entraîne licenciements et transferts punitifs ; les contrats sont transformés en courte durée lorsque des grossesses sont découvertes, les mesures antisyndicales sont monnaie courante, et les pressions sur le temps (aller aux toilettes, durée des réfections, congés maladie) augmentent chaque fois qu'une augmentation du salaire minimum légal est en vue. La répression antisyndicale et politique se manifeste à l'approche de chaque élection par l'emprisonnement des leaders. Ce qui fut le cas encore pour les élections de 2018. L'émergence de la Chine comme source majeure du financement du développement dans le pays semble être une malédiction pour la promotion de la démocratie et des droits humains ; les syndicats européens et américains suspendent peu à peu leurs aides face à la guérilla incessante menée par le pouvoir contre les ONG qui avaient connu un grand essor (plus de 3 500 ONG en 2011).

Aucun souci de progrès lié à la démocratie pour les gouvernements de ces quatre pays ; la répression syndicale y est devenue en quelque sorte naturelle. Par contre la situation paraît plus ouverte, ou du moins plus incertaine dans les pays socialistes, Chine et Viêtnam, qui présentent un mixte d'entreprises d'État et de multinationales. Le syndicalisme, théoriquement encadré par l'État, est en voie de le déborder malgré une forte répression. Cette vigueur syndicale non encadrée par l'État est présente dans toutes les entreprises publiques ou privées. Ce mélange de syndicalisme officiel et de syndicalisme authentique caractérise une dynamique qui semble aller vers plus de liberté.

En **Chine** les syndicats sont des organes du pouvoir obligés à une « consultation collective » annuelle avec leurs employeurs, publics ou privés, qui amende, révise et modifie à la marge les contrats collectifs de travail. Cette règle générale est parfois dépassée par ce que Hobsbawm avait appelé « la négociation collective par l'émeute » lorsque les ouvriers grévistes se rebellent contre leurs syndicats, courroies de transmission du pouvoir politique, que ce soit dans les entreprises publiques ou dans les entreprises privées (où ils sont aussi présents légalement et obligatoirement). Ces premiers pas, fruits d'ONG composées de travailleurs sociaux et d'anciens leaders ouvriers, s'imposent dans l'hostilité et parfois la violence puisque les grévistes tentent de se substituer à leurs syndicats officiels pour négocier avec le patronat dans une perspective de longue durée. Les positions et postures sont différentes dans ce jeu à trois acteurs : le patronat des multinationales veut limiter les ingérences du pouvoir politique qui s'exerce par le biais de ses syndicats officiels en même temps qu'il veut appuyer ce nouveau syndicalisme parce qu'il limite le rôle de ces derniers, mais il s'en méfie en même temps, car il est plus revendicatif et combatif que le syndicalisme officiel. Et les entreprises socialistes qui appuient les syndicats officiels sont très attentives à ne pas se faire déborder par le nouveau syndicalisme (« la négociation collective par l'émeute »). Pour l'heure les multinationales, organisées à travers leurs Chambres de Commerce (nationales), semblent avoir pour objectif prioritaire le contrôle du syndicalisme officiel.

Mais cette évolution récente, initiée en 2007[37], autorise le contrat de travail écrit, renforce le plancher légal des droits au sein de ces contrats et resserre les règles sur les procédures de licenciement. Se multiplient donc les structures « syndicales » parallèles concurrentes du syndicalisme officiel, qui entrent dans la négociation collective sans prêter attention au fait que le principe de la liberté d'association n'est pas légalement reconnu. De là leur fragilité, qui est contrecarrée cependant par la nécessité d'une stabilisation résidentielle de la main-d'œuvre ouvrière. En effet la loi a donné récemment aux ouvriers la possibilité de passer d'une résidence rurale à une résidence urbaine. Cette possibilité avait toujours été refusée par les pouvoirs publics pour limiter l'accès des « paysans-ouvriers » aux mêmes droits sociaux que les citadins, faciliter la discrimination salariale et limiter de fait l'intérêt d'une organisation collective en ville, l'ouvrier sachant que son permis de travail en ville arriverait à échéance tôt ou tard et qu'il devrait retourner « chez lui » à la campagne où son état civil était enregistré. L'assouplissement progressif de cette forme d'état civil et la nécessité de créer une certaine stabilité (système du *hukou*) conduit les villes à instaurer peu à peu un permis de résidence pour stabiliser leur main-d'œuvre, cependant que l'État en profite pour réduire le financement de ses obligations sociales pour les laisser aux mains des

[37] Chloé FROISSART, « L'émergence de négociations collectives autonomes en Chine », *Critique internationale*, n° 65, oct.-déc. 2015 ; Solidaires Han DONGFANG, « La Chine s'éveille à la contestation syndicale », *Manières de voir*, n° 156, déc. 2017-jan. 2018, p. 82-5 ; *Solidaires international*, n° 13, printemps 2019 ; Manon LAURENT, « Les grèves en Chine : les révoltes dans l'usine du monde », *Mouvements*, n° 103, automne 2020, p. 101-110.

structures et associations municipales. Ce passage d'une classe ouvrière semi-rurale qui faisait des allers-retours permanents entre le village et la ville à une classe ouvrière totalement urbanisée et totalement dépendante de son salaire change la donne. Le nombre de grèves et manifestations en 2015 a été plus élevé que celui des 4 années précédentes. Les responsables locaux des syndicats officiels, conscients de leur propre immobilisme, vacillent parfois en faveur des non-officiels, tandis qu'en d'autres cas l'affrontement entre grévistes et syndicats officiels se développe.

La crainte du pouvoir serait de voir un processus du genre « Solidarnosc » mettre en question le régime. Aussi ce dernier a-t-il autorisé les gouvernements locaux, face à l'éventualité d'une passivité ou d'une trop forte bureaucratisation du syndicalisme officiel d'entreprise, à intervenir en privilégiant le dialogue et non la répression avec le nouveau syndicalisme pour résoudre des conflits de plus en plus fréquents. Cependant que l'ensemble des ONG avec l'aide d'un cabinet d'avocats publie (octobre 2013) un code de négociations collectives, transmis aux autorités nationales et provinciales, qui affirme que les syndicats ne sont pas les représentants de l'intérêt général (des pouvoirs publics, des employeurs et des salariés) selon la doctrine communiste, mais les représentants des intérêts des seuls salariés. Le pouvoir de justice et de répression reste cependant dans les mains des syndicats officiels, de même que la politique économique. Actuellement, pour faire face à la crise financière mondiale déclenchée depuis 2008, la relance du marché intérieur a été effectuée à travers une augmentation des salaires. En 2017, le gel du salaire minimum a cependant été reconduit pour la 3e année consécutive pour juguler l'inflation. Mais les manifestations de rue prennent naissance sur internet contre les excès de l'intérim (tout travailleur, après 6 mois d'intérim devrait être intégré normalement alors que « beaucoup » sont intérimaires depuis plus de 10 ans) ; Walmart, sanctuaire mondial de l'antisyndicalisme, subit des grèves à répétition et poursuit sa politique du temps de travail flexible malgré l'hostilité du pouvoir (2016). La Fédération nationale des syndicats de Chine avec l'appui du gouvernement a promu la mise en œuvre d'un plan expérimental d'élection directe des syndicats et de négociation collective et une loi de renforcement de la sécurité sociale (accidents du travail, soins médicaux, chômage, maternité, retraites). Les ONG du travail abandonnent leur statut d'entreprises commerciales et deviennent des quasi-syndicats

Mais la conjoncture évolue dans la perspective de guerre commerciale avec l'Occident. Le fabricant de robots Jasic à Shenzhen[38] vit sur un régime draconien de règlement intérieur : 18 infractions sont susceptibles d'amendes plus ou moins lourdes jusqu'au licenciement sans indemnités. Amenée à la table de négociations par les syndicats officiels, l'entreprise se lance alors dans l'intimidation, la répression, l'accusation mensongère, le matraquage, l'emprisonnement et le licenciement. Une solidarité de voisinage s'établit entre ouvriers, se référant à une vraie solidarité ouvrière communiste. Des comités de soutien se constituent dans de nombreuses universités. De nombreuses arrestations ont lieu. Le pouvoir et les syndicats officiels font longtemps attendre des décisions de pacification qu'ils auraient aimé ne pas avoir à prendre. Il est difficile de prévoir un avenir global ; ce qui est sûr c'est que les conflictualités parviennent dorénavant à s'exprimer, qu'elles sont de plus en plus difficilement contenues par le pouvoir et qu'elles donnent lieu à négociations. Cependant, sur 7 000 demandes de reconnaissance d'organisations « étrangères » désirant faire de l'information ou de l'animation culturelle, 178 ont été agréées dont 128 relèvent du « secteur économique ». D'autre part, élaborer la liste des conflits du travail qui ont surgi depuis 2013-2015 prendrait trop de place ; la classe ouvrière est réprimée sans cesse, mais jamais muselée ; la législation sociale timide qui se met de fait peu à peu en place à la suite des grèves n'empêche nullement la poursuite des syndicalistes ; le pouvoir se refuse toujours à adopter les deux principales conventions internationales de l'OIT sur le droit d'organisation syndicale et de négociation collective.

Le **Viêtnam** présente la même structure d'un syndicat unique officiel (Confédération générale du Travail du Viêtnam), créé en 1929, qui a 8 millions d'adhérents actuellement, et qui est plus présent dans les entreprises d'État et les entreprises publiques que dans les entreprises de capital étranger. Sur 55,7 millions de personnes en âge de travailler, 18,7 millions seulement appartiennent au secteur formel, avec contrat de travail et protection sociale, 20 millions travaillent dans l'agriculture et 17 millions dans les services publics. Depuis 2005, avec le développement des entreprises privées, le plus souvent étrangères (Corée, Taïwan, Japon), l'activité syndicale conflictuelle

[38] *Le Monde* du 17-10-18, Jack QIU, « Le réveil du mouvement ouvrier en Chine ».

(arrêts de travail et grèves) est menée par des « mouvements » spontanés ou des associations, qui se sont constitués récemment un peu dans toutes les entreprises, à l'image de ce qui se passe en Chine. Elle connaît un essor que la structure syndicale officielle s'emploie à gérer en général « après coup[39] », en s'appuyant sur des grèves qui n'étaient pas les leurs au départ, mais dont elle prend le relais pour rester proche de sa base et aboutir finalement à des négociations. Attitudes et procédures qui semblent plus facilement tolérées qu'en Chine, dans la mesure où elles restent généralement pacifiques tout en étant illégales. Ce qui a sans doute à voir avec le fait que l'attitude du pouvoir avec ses multinationales paraît moins méfiante que celle de la Chine avec les siennes : dans ce dernier pays, le pouvoir a tendance à suspecter les firmes gérées de manière autoritaire par les milices de sécurité privées qui se méfient ostensiblement de la structure syndicale officielle. Le Viêtnam au contraire attire nombre de multinationales installées en Chine du fait de ses bas salaires (3 fois moins élevés en moyenne) et se déclare prêt à entrer dans toute zone de production gérée par le libre-échange, avec l'Europe et avec les États-Unis, où, du fait de la faiblesse de ses salaires, il a tout à gagner. Néanmoins un Code du travail existe depuis 1995 (revu en 2002 et 2012), mieux respecté dans les entreprises d'État que dans les entreprises à capitaux étrangers. La tendance de la CGTV à l'heure actuelle est de s'affranchir de la tutelle du parti afin de mieux prendre en charge les intérêts des travailleurs et éviter l'apparition de syndicats indépendants dans les entreprises ; néanmoins le relais qu'il assure pour les grèves et mouvements spontanés ne le déstabilise guère dans la mesure où ces mouvements se dissolvent généralement « après la bataille » et qu'un petit nombre seulement parvient à se stabiliser. Les grandes grèves, celles de 2005 pour l'instauration d'un salaire minimum, à renégocier chaque année, celles de 2015 pour le droit à la retraite sitôt que s'effectue leur retour à la campagne[40], sont menées

[39] Martine BULARD, « Des grèves sans syndicat », *Le Monde diplomatique*, février 2017. Selon le directeur du Centre de recherche sur les relations de travail, 5 722 grèves ont été répertoriées entre 1995 et 2015 dont aucune n'a été déclenchée par la CGTV seule habilitée officiellement à les déclencher ; il s'agit donc « d'arrêts de travail » effectués par des « mouvements », à partir desquels la CGTV entre en négociations.

[40] Comme en Chine (système du *hukou*) existe un système identique, celui du *ho khau* qui consiste à ne retenir en ville les travailleurs que de manière temporaire, en leur refusant les avantages sociaux que ne donnent ni l'État ni les villes, ce qui incite les ouvriers en fin de contrat, à revenir dans leur campagne, avec une « retraite », un

par la CGTV qui montre sa relative autonomie par rapport au Parti communiste Vietnamien, tout en conservant sa structure bureaucratique de l'Indépendance (1975) : le président de la CGTV siège au Comité central du Parti, et ses sources de financement sont assez obscures. Et si 70 % des grèves « sauvages » qui se sont déroulées en 2011 n'ont pas vu (selon l'OIT) la participation de la CGTV, c'est cependant 90 % d'entre elles qui ont été réglées grâce à la médiation finale de la CGTV. Formule d'avenir ?

L'actualité est à la réforme foncière et à la pression foncière exercée par le pouvoir, souvent illégale, derrière laquelle les paysans observent la pression économique chinoise, qu'ils dénoncent, comme leur propre pouvoir, lors de manifestations « où le spectre d'une révolution populaire démocratique sur le modèle des printemps arabes hante désormais les plus hautes instances du Parti communiste vietnamien[41] ».

La Corée du Sud connaît un syndicalisme officiel (la FKTU) depuis sa naissance dans les années 1955, centré autour des *chaebols* (conglomérats puissants de production-commercialisation, de base familiale), modelé et conformé par un paternalisme prégnant[42] qui enveloppe sa croissance lente et régulière, malgré des entraves légales (le syndicalisme est interdit aux fonctionnaires, professeurs d'université, pilotes de ligne et courtiers d'assurance). Une certaine libéralisation intervient en 1987 avec la grève générale et l'élection à la présidence d'un ancien avocat du travail. L'année suivante voit la création de 3 400 syndicats ; le syndicalisme se développe assez

---

pécule, qui leur permet d'entreprendre quelque chose de personnel. La grève de 2015 exigeait le maintien de ce droit que l'État voulait n'accorder qu'à l'âge officiel de la retraite, 55 ans pour les femmes et 60 ans pour les hommes.

[41] Nguyen Mai Hue, « Yves Duchère, Viet Nam, conflits fonciers et désaveu politique », p. 167-175 *Alternatives Sud, Asie des pouvoirs et des luttes,* 2019.

[42] Le modèle de la relation sociale de base est celui du lien « Gab-Eul » : « Gab » désigne la partie d'un contrat (donneur d'ordre, employeur, propriétaire) ; « Eul » désigne l'autre partie (fournisseur, salarié, locataire). Ce lien est un lien de statut, d'une relation inégalitaire entre classes sociales où le Gab n'a aucune obligation envers le Eul qui pour survivre est obligé d'être loyal envers le Gab. Le régime de *chaebol* repose sur cette structure de domination. Jeseon PARK, « (Re)trouver une justice sociale perdue, l'expérience centenaire de la Corée 1919-2019 », dans A. SUPIOT, *Le travail au XXIe siècle,* Éditions de l'Atelier, 2019. Cette relation est comparable au régime de « l'échange des faveurs » au Brésil où tout inférieur se doit de flatter son supérieur jusqu'à ce que ce dernier daigne s'en apercevoir et lui accorder une faveur en retour.

facilement dans l'automobile, mais il est impossible chez Samsung jusqu'en 2012, son président ayant proclamé publiquement qu'il lui était absolument hostile. Il avait été condamné en justice avec 15 de ses dirigeants pour cette déclaration. Mais le syndicat ne sera enregistré officiellement qu'en 2019.

Depuis les émeutes syndicales des années 1996-97 liées à la forte crise économique qui avait submergé l'Asie du Sud-Est, prolongées par les grèves et manifestations qui avaient accompagné la réunion du G20 à Séoul en 2010, une nouvelle conjoncture était apparue concernant les travailleurs « irréguliers » (CDD, précaires, intermittents), nouveaux venus sur le marché du travail en contraste avec les travailleurs stabilisés des *daebols*. Une nouvelle centrale syndicale naît en 1995, la KCTU, qui s'attache à cette nouvelle catégorie de salariés, dont la croissance sera très rapide (un million de syndiqués en 2019, autant que la FCTU formée en 1960). Depuis, un régime de croisière syndical semble s'être instauré, plutôt dur et parfois violent, ponctué de grèves contre les divers aspects de la libéralisation du marché du travail (les mêmes dans toutes les parties du monde), et contre la corruption. Morts et suicides, licenciements jugés abusifs par la Justice, emprisonnements longs de dirigeants syndicaux, et, nouvelle arme, amendes exorbitantes infligées aux syndicats pour rembourser les jours de grève. Dans l'attente, en 2020 encore, des réponses positives à la grève générale de 2015 que le nouveau président avait promis de donner lors de sa campagne électorale de 2017.

Singapour, cité modèle du développement libéral le plus avancé, vit depuis 1959 sous un régime politique stable qui se caractérise par une gestion tripartite des relations professionnelles. Sous la houlette du PAP (People Action Party) principal parti, d'émanation syndicale, qui a conduit le pays à l'Indépendance en 1965 et seul parti au pouvoir depuis cette date. Associant libéralisme économique et politiques sociales, c'est un des rares pays au monde où la régulation sociale du marché du travail a constitué de façon si cohérente et explicite une stratégie de développement national[43]. Le défi politique posé à l'ultra-corporatisme singapourien est de préserver l'exclusivité de sa propre main-d'œuvre qualifiée sur laquelle repose l'identité nationale tout en

[43] Adrian THKUAH, Stéphane LE QUEUX, Suhaimy HASSAN, L'ultracorporatisme au service du « Singaporean Core », *Chronique internationale de l'IRES,* n° 156, décembre 2016.

ne fermant pas l'importation continue de main-d'œuvre qualifiée et en limitant l'importation de main-d'œuvre étrangère peu qualifiée : cette régulation-là est essentielle pour assurer un développement technologique continu et les gains de productivité qui lui sont associés. La structure de fonctionnement tripartite formée du parti politique au pouvoir et de l'administration publique, de la SNEF (Fédération nationale des employeurs singapouriens) qui joue un rôle important dans la formation professionnelle, et des syndicats NTUC (National Trade Union Congress) fonctionne de manière soutenue et durable même si elle est soumise parfois à des alternances politiques de « détail », même si existent en parallèle de plus petites structures de représentation patronales et syndicales. Les cas de grève sont exceptionnels ; tout conflit de travail est immédiatement porté devant les tribunaux du travail et jugé. Le système se représente comme stable puisqu'existe depuis 2007, le Forum singapourien du tripartisme où se déterminent les salaires de manière centralisée, que ce soit pour la main-d'œuvre qualifiée ou du bas de l'échelle. Même si le taux de syndicalisation reste modeste, de 17,8 % en 2005 à 19,9 % en 2015. L'effort de productivité ne se dément pas depuis 1965 : exonérations fiscales et autres incitations pour appuyer les programmes de développement technologique des entreprises, développement de la formation continue prise en charge par le forum tripartite, allongement du départ à la retraite pour la main-d'œuvre qualifiée, ouverture à des professionnels étrangers pour ne pas rester à l'écart des évolutions. Ce dernier point crée quelques tensions. Le programme SkillsFuture offre la possibilité, à toutes les étapes de la vie et de la carrière, de financer des formations ; il est une pièce centrale du « Singaporean Core » le cœur, ou l'esprit, de Singapour. Mais la croissance de la population immigrée (1,6 million pour 3,9 millions de Singapouriens) et les prévisions de sa croissance évaluée à 30 % d'ici 2030 risquent de remettre en cause ce modèle si bien construit de corporatisme triangulaire libéral.

L'Inde, qui n'a ratifié aucune des deux principales conventions internationales de l'OIT relatives à la liberté d'association, est un pays où le PIB a crû de 125 % entre 1992 et 2006 et où 77 % de la population vit avec un peu moins de 40 centimes d'euros par jour ; 73 millions de salariés sur 173 sont en dessous du salaire minimum légal ; 3 % des travailleurs sont dans le secteur formel et ont droit à la sécurité sociale, 90 % des travailleurs ne relèvent d'aucune protection sociale et le taux de syndicalisation est de 4 %. La progression du travail informel est patente, certaines branches sont informalisées à 100 % comme le vêtement (largement multinationalisé) ou la production de thé (nationale et privée) où le *lock-out,* forme de grève patronale, est fréquemment pratiqué.

Mais ces travailleurs se sont organisés et se sont constitués en centrale syndicale, souvent depuis la fin du siècle dernier. Les droits d'organisation collective et de grève sont limités autant par la législation que par l'hostilité patronale. Leur histoire a connu maintes scissions internes dues aux hostilités communautaires, politiques et religieuses, aux licenciements massifs et aux répressions patronales violentes[44]. L'accès à l'emploi s'effectue souvent par des négociations entre syndicats patronaux et organisations de castes arbitrées, ou pas, par l'État. Dans les nouveaux secteurs de l'économie, centres d'appels, télécommunications, les employeurs entravent par la menace la formation des syndicats. Ailleurs, dans l'industrie extractive par exemple, ce sont des « entrepreneurs en syndicalisme » qui mènent la bataille durant une période déterminée. La grève générale de 2010 portant sur des revendications de base minimales a été largement observée, mais l'action syndicale est systématiquement entravée par le fait de l'entretien des divisions ethniques par le pouvoir hindou, qui réactive l'hostilité anti-musulmane à chaque tension de l'économie, à chaque incident de la vie quotidienne. Un autre handicap est à noter dans l'appartenance de chaque centrale à des partis politiques régionaux, populistes, en concurrence, qui, par-delà leurs différences religieuses ou communautaires, sont le plus souvent acquis, nationalisme aidant, aux politiques du libéralisme économique. Sans compter que la collusion entre employeurs et inspecteurs du travail est monnaie courante et que les entreprises ne se privent pas de fermer leur établissement un jour pour en ré-ouvrir un autre (le même) quelques jours plus tard. Et en prenant acte que nombre de travailleurs connaissent 3 ou 4 statuts de travail différents dans la même journée, et pas nécessairement les mêmes le lendemain. Certains auteurs ne voient d'issue positive à l'amélioration du droit du travail dans le pays que par l'établissement de procédures législatives contextualisées permettant à ces travailleurs « hétérogènes » de reconstituer et de

---

[44] 100 000 licenciements lors de la grève de 1983 suivis de 100 000 autres peu après : Djallal G. HEUZE *Inde la grève du siècle 1981-3*, L'Harmattan, 1989 ; *Tiers Monde*, 2014-2, Recompositions du travail dans l'Inde contemporaine, mise en cause et réactivation de la dimension communautaire, p. 88-105.

s'approprier le processus législatif en déconstruisant les idées orthodoxes du syndicalisme, de l'employeur et du gouvernement[45] qui sont en vigueur en Occident, mais qui seraient inapplicables en Inde. Il faut souligner cependant que les manifestations de masse sous forme de grève générale mobilisent quelque 250 millions de travailleurs pendant plusieurs jours (ouvriers et paysans, femmes et gommes) comme le 8 janvier et le 26 novembre 2020 et qu'elles se poursuivent depuis plusieurs mois en mars 2021. Ce qui représente de 4 à 5 fois le nombre de travailleurs syndiqués. On estime entre 300 000 et 400 000 le nombre de suicides de paysans, hommes ou femmes, durant les 3 dernières décennies (*Entre les mots entre les luttes*, 8-2-2011). Cependant que la lutte anti-syndicale engagée par l'État se poursuit inexorablement : allongement de la durée légale de la journée de travail de 8 à 12 heures, offre aux nouveaux investisseurs de 1 000 jours exonérés de droit du travail. Les grandes grèves de 2020-2021, « la plus grande grève générale de l'histoire humaine[46] » et la plus forte en Inde depuis 1977, annoncent-elles un affrontement de très longue durée avec un pouvoir qui ne se départit pas d'un nationalisme corrompu, ou ne représentent-elles qu'un épisode de plus illustrant la chronique des incertitudes et des aléas des relations entre les travailleurs et les partis politiques ? Alors que le mouvement a pris naissance parmi les catégories sociales les plus marginalisées de la population puisque le gouvernement avait envisagé d'annuler la politique des prix minimum payés aux paysans concernant le blé et le riz et que le nombre de grévistes actuellement (250 millions de personnes) dépasse de 5 à 6 fois celui de la totalité des adhérents syndicaux du pays.

Notons pour finir la récurrence de la violence : un recensement du syndicat IndustriaLL-union.org (11/3/2021) fait état de 118 morts et 628 blessés dans des accidents du travail entre mai et décembre 2020, de 1 160 morts et 5 800 blessés entre 2014 et 2018.

Le cas de **l'Indonésie** montre que la mondialisation libérale est loin d'être inéluctable. Le massacre des communistes indonésiens en 1965 (600 000 morts) qui conduira à la chute du président Soekarno (1945-

---

[45] Supriya ROUTH, « Perspectives indiennes sur le travail au XXIe siècle : expansion de la force de travail et subversion de la norme de l'emploi », p. 255-270 in Alain SUPIOT, *Le travail au XXIe siècle,* Éd. de l'Atelier, 2019.

[46] Arthur CESSOU, « À l'ombre de la plus grande grève de l'histoire », *Mouvements*, n° 103, 2020, p. 91-101.

66), principal leader d'un tiers-monde neutraliste, où le syndicalisme regroupait dans son pays plus de 3 millions de travailleurs, est encore souligné en 2016 comme un véritable génocide par le quotidien Koran Tempo. La doxa de l'ultra-libéralisme qui lui succède, incarnée pendant 28 ans par le général Suharto, que les multinationales et la plupart des économistes tentent d'imposer au monde entier, reste un semi-échec : l'économie ne semble pas plus mal s'en porter. Les résistances syndicales ne sont pas brisées ; de nombreuses grèves éclatent dans la deuxième partie de la période Suharto, relayées par le syndicalisme international. Et le mouvement de libéralisation politique qui a suivi la chute de Suharto en 1999 est allé à contre-courant du libéralisme économique ; s'instaure délibérément le principe de liberté syndicale (prolifération du nombre de syndicats encore mal articulés au plan national) ; s'impose une négociation annuelle du salaire minimum qui augmente de près de 45 % dans la période récente entre 2012 et 2014, soit 220 dollars. Des négociations tripartites de toutes tailles s'instaurent entre patrons, État et salariés : il suffit que les syndicats soient soutenus par plus de 50 % des effectifs d'une entreprise. Les réformes de la sécurité sociale et l'instauration d'une CMU (couverture maladie universelle) en outre contribuent à l'essor d'une classe moyenne (7 millions de personnes sont passées entre 2003 et 2010 dans la catégorie des revenus moyens, entre 2 et 20 dollars par jour, selon la Banque mondiale) et bien que 50 % de personnes travaillent encore dans l'économie informelle, le taux de chômage est relativement bas (6,4 %). Tous ces résultats sont généralement obtenus au travers de la négociation annuelle des pouvoirs publics avec les syndicats. Les accords collectifs d'entreprise se développent parallèlement, mais ne semblent pas porter une dynamique très forte ; ils ne couvrent que 14 % des salariés et 4 % de la population en emploi, et ils se contentent souvent de reprendre des dispositions du droit du travail qui avaient été laissées de côté. Le taux de syndicalisation ne dépasse pas 15 % dans l'industrie et il est légèrement supérieur à 2 % pour l'ensemble de la population en emploi[47]. Les trois grandes centrales syndicales ne sont pas isolées au niveau international ; et l'autorisation de candidatures indépendantes aux élections politiques locales depuis 2007 a contribué à éloigner les élus des partis politiques pour les rapprocher des syndicats locaux.

[47] « Indonésie, Vers un affaiblissement du pouvoir syndical dans la fixation du salaire minimum », Teri L. CARAWAY, Michele FORD, *Chronique internationale de l'IRES*, n° 156, décembre 2016.

Cependant le remplacement de la négociation salariale annuelle qui donnait lieu à de grandes mobilisations syndicales par un mécanisme statistique d'ajustement salarial risque d'affaiblir une force syndicale qui s'était révélée efficace jusqu'à maintenant. Il reste qu'une dynamique syndicale « authentique » s'affiche lorsque les deux principales confédérations syndicales unissent leurs efforts. Cette tension est perpétuelle et fait partie de la vie syndicale et politique courante dans un grand pays qui compte 120 millions de travailleurs (35 % dans l'agriculture, 20 % dans l'industrie et 40 % dans le tertiaire). Elle vient d'éclater actuellement (octobre 2020) au travers des manifestations dans de nombreuses villes du pays, en contestation d'une « loi sur l'investissement » de 905 pages qui casse le salaire minimum au niveau national, qui réduit de moitié les indemnités de licenciement, qui autorise la réduction du repos hebdomadaire de 2 à 1 jour, et qui permet les déforestations incontrôlées. Ces orientations conservatrices qui signalent la prise de puissance de l'establishment économique sont à rapprocher des mobilisations musulmanes et anti-féministes même si certains n'y voient qu'une coïncidence aléatoire.

Philippines. L'activité syndicale s'organise principalement autour des tentatives de supprimer le travail clandestin, appelé « non-standard » organisé par des « agences » (qui fournissent 42 % de l'emploi total en 2014), qui donne lieu à de multiples abus. Le pouvoir déclare combattre ce travail clandestin avec l'appui des syndicats, mais il le facilite officieusement[48]. Le travail par agences, l'économie informelle et la prépondérance des petites entreprises expliquent en général le déclin des taux de syndicalisation : de 10,7 % en Malaisie en 2000 à 9,4 % en 2013 ; 3,6 % en Thaïlande en 2010[49]. Les revendications du salaire minimum de 310 euros par mois sont repoussées régulièrement alors que tous les prix, publics et privés, ne cessent d'augmenter ; les revendications élémentaires de reconnaissance syndicale sont également repoussées, même chez Toyota qui connaît un fort développement, cependant que sont créés des syndicats maison obligatoires. La politique syndicale répressive ne semble pas avoir de limite ni de fin et semble devoir conduire au chaos. Selon la Fédération nationale des travailleurs du sucre, 172 de ses militants ont

---

[48] Melisa R. Serrano, « Stratégies syndicales face à la montée de l'emploi non-standard », *Chronique internationale de l'IRES,* n° 156, décembre 2016.

[49] Données ILOSTAT, ouv. cité, p. 43.

été tués en deux ans[50]. L'impunité proclamée pour tous ceux qui s'attaquent au trafic de drogue a permis de tuer 24 avocats et 10 magistrats en 2 ans, sans aucune condamnation ni procès ; officiellement 5 104 « trafiquants » auraient été tués jusqu'en janvier 2019, mais la presse et les groupes de défense des droits de l'homme en annoncent 12 000. L'impartialité de l'État est totalement mise en cause ; elle a été soulignée en 2017 par A. Callamard rapporteuse spéciale des Nations Unies.

L'emploi « non-standard » désigne toutes les modalités d'embauche flexibles : travail occasionnel, saisonnier, en période d'essai, apprentissage ; il croît sans cesse (29 % en 2005, 34 % en 2015) et dans tous les secteurs : pêche et foresterie, banques et assurances, réparation d'ordinateurs et de biens matériels et domestiques, santé et action sociale, distribution de l'énergie, sécurité et gardiennage. La relation d'emploi triangulaire se généralise et peut concerner la totalité de l'activité productive d'un individu durant toute sa vie. L'invisibilité de l'employeur final est présentée comme un souci de discrétion pour une facilité d'embauche future, même si le pouvoir dit vouloir inclure officiellement les avantages des contrats standards dans les non standards. Ce qui n'advient pas. Conclusion : le taux de syndicalisation a baissé de 30,5 % en 1995 à 8,5 % en 2013. Mais la lutte pour le contrôle des contractualisations illégales tente de prendre sous l'influence syndicale une nouvelle tournure : prohibition des pratiques de mise à disposition du personnel, arrêt de l'externalisation des tâches de travail par le développement de coopératives nationales, particulièrement à l'issue de grèves et de lock-out. Alors que le secrétaire général du Syndicat national populaire des avocats dénonce :

> Ce gouvernement a cultivé un climat de violence. Que ce soient les pauvres suspectés d'usage de drogue ou les militants des droits humains, c'est la même nouvelle norme : on peut effacer la vie de quelqu'un en toute impunité.

Ce qui n'empêche pas la proclamation de mesures fortement publicisées : le recrutement de 200 inspecteurs du travail supplémentaires (535 exercent actuellement pour 950 000 établissements), l'attribution de mandats par le ministère du Travail à des leaders syndicaux comme inspecteurs du travail.

---

[50] *Le Monde*, 14-11-18.

Ultime mesure, qui rejoint celle prise en d'autres pays : la libération du prix du riz favorise son importation, pousse à la fermeture de 4 000 moulins à riz et à l'abandon de leur exploitation par 200 000 paysans.

Taïwan, entretient des syndicats étroitement dépendants du pouvoir central à travers un encadrement législatif puissant : le Labor Insurance Act (1958), loi sur la couverture santé et la protection sociale complétée en 1984 du Labor Standards Act qui impose aux entreprises le paiement d'un certain pourcentage des dépenses de cotisations sociales de leurs salariés et le financement de leur retraite. Un service des affaires sociales encadre des commissions locales professionnelles dont la fonction est d'aider les syndicats à s'organiser, à traiter les différends professionnels, faciliter la communication avec les entreprises. Une bonne protection syndicale se devait d'être « concurrentielle » de celle imaginée par le Parti communiste chinois pour la Chine continentale ; en même temps qu'elle s'inspirait d'un corporatisme d'État issu du confucianisme[51] pour lequel la reconnaissance de l'individualisme s'accompagne d'une reconnaissance équivalente des pouvoirs publics souvent sollicités pour arbitrer tous les conflits. La loi de 2011 obligera les travailleurs à se syndiquer, mais 4 adhérents sur 5 n'y souscrivent que pour accéder au régime d'assurance sociale et à la formation professionnelle. Par ailleurs la structure industrielle est essentiellement composée d'artisans (3 entreprises sur 4 sont artisanales). Deux conséquences en découlent, l'une à un niveau général où les entreprises taïwanaises sont critiquées, car leur main-d'œuvre, comme les employeurs, prennent davantage en considération les pouvoirs publics que les syndicats ; l'autre au niveau local, car la pression de la chaîne de valeur mondiale comme la proximité de la Chine continentale ont le même effet : le nivellement par le bas de la gestion de la main-d'œuvre et du coût du travail. La compétition vertueuse initiale des années 1950 s'est transformée en compétition à la baisse, au rabais. Classée comme ayant un PIB par habitant plus élevé que celui du Royaume-Uni, de la France, du Japon ou de la Corée du Sud, c'est aussi le pays où on travaille le plus (2 116 heures par personne et par an), où la flexibilité des horaires et les heures supplémentaires sont

[51] Shihwei PAN, Taïwan, vers un changement de paradigme de développement, *Chroniques internationales de l'IRES,* n° 156, décembre 2016.

très élevées. Et l'embauche par interim permet de court-circuiter facilement la législation existante. Cet « alignement sur la chaîne de valeur mondialisée » ou pour parler plus clairement ce libéralisme à outrance a suscité une agitation politique en défense des travailleurs qui s'est traduite par la multiplication de partis candidats aux élections de 2016, dans la perspective d'une confrontation entre une tendance pro-unification et une tendance pro-indépendance vis-à-vis de la Chine, tout en portant aussi le débat propre au monde du travail : protection de l'État ou libéralisme à volonté.

La **Malaisie** a engagé une politique de recrutement de migrants temporaires transnationaux qui représentent entre 20 et 30 % des 14 millions d'actifs du pays. Politique restrictive en même temps (durée de séjour limité à 3 ans, interdiction de se marier sur place, interdiction d'affiliation syndicale). Les migrants sont considérés à la fois comme nécessaires et trop nombreux par les syndicats malais qui souhaiteraient une réduction de moitié de leur nombre à cause du plafonnement de salaires qu'ils provoquent pour l'ensemble des travailleurs. Le pays compte 6,7 millions de travailleurs migrants dont 2,2 en situation régulière. La plupart sont arrivés par des agences de placement et de sous-traitance qui les déposent sans autre frais dans les mains des employeurs ; beaucoup d'entre eux leur confisquent les passeports pour les maintenir sous leur dépendance. Mais depuis 2005, le syndicat MTUC s'engage à défendre les migrants au même titre que les salariés du pays ; des mouvements de grève et d'insoumission éclatent ça et là, mais les plaintes portées contre les employeurs restent le plus souvent sans suite. Néanmoins l'adoption légale d'un salaire minimum universel (travailleurs migrants ou autochtones) contribue à une plus forte unification des travailleurs. Mais que ce soit dans les usines électroniques ou dans la culture de l'huile de palme, un grand nombre de travailleurs sont l'objet d'un endettement chronique implacable qui les soumet à une sorte d'esclavage. L'incohérence dans les politiques d'ouverture et de fermeture des frontières est flagrante : une ouverture en 2013 permet l'entrée de 2,4 millions de travailleurs dans le pays ; en 2014 sont découverts des charniers de corps de travailleurs Bengladeshi, Birmans et Rohingyas à la frontière entre Thaïlande et Malaisie. Devant ces excès, est né l'accord de partenariat transpacifique qui contient un chapitre sur le travail : les relations commerciales ne seraient possibles qu'entre pays qui respectent un minimum de règles sur le travail. Progression lente, heurtée, difficile du droit du travail, revu et corrigé avec tous les pays qui envoient de la main-d'œuvre en Malaisie. Les réseaux clandestins continuent d'opérer à plein régime et les législations sont de peu d'efficacité. Jusqu'à quand ?

L'Asie est un continent où l'activité syndicale est soumise à des conditions très contrastées : les pays héritiers du communisme où l'activité syndicale reste vive avec l'entrée des multinationales étrangères dans la vie économique (Chine, Viêtnam), et ceux qui ont hérité d'un passé politique semblable maintenant révolu, mais encore présent (Indonésie), côtoient ceux qui fonctionnent en « violence sociale » avec des Codes du travail quasiment inexistants et de la main-d'œuvre largement importée, (Philippines, Malaisie), ceux qui ont hérité de régimes dictatoriaux encore très présents (Birmanie, Thaïlande, Cambodge), ceux qui sont portés par des dynamiques communautaires parfois ambiguës au sein de régimes à apparence démocratique (Inde, Bangladesh), enfin des pays, ou des enclaves, insérés vertueusement par le haut dans une dynamique de mondialisation heureuse (Taïwan, Singapour). Dans tous les cas de figure, un syndicalisme est présent et actif, résilient, plus solide ou enraciné qu'en Afrique, se relevant souvent d'épisodes sanglants ou douloureux.

AMÉRIQUE LATINE

Le **Paraguay** (6,8 millions d'habitants) fait partie de ces petits pays qui semblent abandonnés de l'histoire : 35 ans de la dictature Stroessner depuis 1953 ont été suivis par 20 ans de régime militaire, puis de 4 ans (2008-2012) d'un gouvernement chrétien de gauche. Ce dernier est renversé en 2012 par une manipulation médiatique et un « coup d'État parlementaire » des grands propriétaires fonciers (2 % des propriétaires possèdent plus de 80 % des terres) qui décrètent la privatisation de tous les services publics et s'engagent à rembourser les éventuelles pertes des investissements des multinationales dues au régime précédent. Pays avancé du libéralisme absolu, dont l'histoire sociale a peu de relief tellement les puissants ont toujours été dominants, c'est cependant, le 26 mars 2014, une grève générale unitaire et inattendue qui oblige le nouveau pouvoir à ses premières négociations. Elle reste sans prolongements jusqu'à aujourd'hui.

À l'inverse, l'**Uruguay**[52] pays encore plus petit (3,5 millions d'habitants), est dirigé depuis 2005 par un front de gauche issu du long processus d'une résistance syndicale qui n'avait jamais pu être totalement éradiquée par les régimes militaires successifs de 1965 à 1984, et qui s'était fortifiée dans les régimes civils conservateurs suivants (1984-2005). Depuis 10 ans, le front de gauche, dirigé par un ancien militant d'une organisation gauchiste qui sort de 20 ans de prison, légifère en faveur du droit syndical, des négociations collectives, et contre toutes les formes indignes du travail : travail au noir, travail informel, travail domestique. Les salaires augmentent de 45 % entre 2003 et 2014, l'unité syndicale persiste et la défense de l'activité publique (eau, santé, éducation, télécommunications) est tout à fait efficace, à contre-courant des tendances mondiales vers la privatisation. La Confédération syndicale internationale (330 organisations de salariés dans 162 pays) place la force syndicale de l'Uruguay au premier rang de l'ensemble de ses adhérents en termes de combativité (à égalité avec le Danemark). Des tensions corporatistes classiques sont présentes parmi les syndicats, mais leur projet commun reste de démocratiser l'économie et de développer les services publics pour la collectivité : santé, éducation, logement, environnement : éviter le retour du capital privé, de la politique traditionnelle de droite, et plus profondément de la marchandisation de tous les rapports sociaux. Et si la lutte contre l'extractivisme ou la pollution des transgéniques baisse en tension, ce qui ne peut manquer de poser des questions, les luttes de femmes du monde populaire font référence dans la région, du fait de leur grande vitalité. Enfin, c'est le pays de la coopération la plus étroite entre syndicalisme, autogestion, et même pouvoirs publics (46 entreprises récupérées et plus de 3 000 travailleurs, 284 coopératives de production en 2014[53]).

S'il faut retenir une chose de l'**Argentine** c'est que la grande crise des années 2001-2003 qui avait vu l'action conjointe de chômeurs et travailleurs dans le mouvement des *piqueteiros* (interruption de la circulation sur les routes et demande d'argent aux automobilistes) et celui de l'occupation-récupération des usines en faillite – mouvements qui avaient pris leurs distances à l'égard des partis politiques traditionnels –, avait été en même temps un révélateur de la difficulté

[52] Christophe VENTURA, « Au pays des conquêtes syndicales », *Le Monde diplomatique*, octobre 2015, p. 16-17.
[53] R. Neuville, *L'Autogestion en actes*, URUGUAY, p. 319, Syllepse, 2019.

à construire un modèle alternatif de société. En 2013, il y aurait eu 786 unités productives autogérées, dont 98 % de coopératives, impliquant 28 000 travailleurs dans le pays[54] ; en 2018, 15 525 travailleurs sont concernés dans 344 unités de production. La reprise de 2003 renvoie partis et syndicats à leur rôle habituel : les syndicats tempèrent la reprise de combativité, qui était surtout prolongée par les jeunes ayant participé à l'effervescence des années précédentes, et ont tendance à retourner à leurs anciennes rivalités entre travailleurs du privé, du public et travailleurs informels. Difficultés qui se renouvellent en outre sur le plan idéologique (4 centrales syndicales au lieu de 2 donnent plus d'espace aux partis politiques). Cependant la création d'une Confédération des travailleurs de l'économie populaire, qui fait partie des innovations portées par quelques pays au niveau mondial, ainsi que le réflexe, ou le principe, d'occuper les usines quand elles ferment ou licencient, soulignent sans aucun doute une avancée de la réflexion et de l'action syndicales pour la défense du droit au travail. Partagé entre une voie institutionnelle largement contrôlée par les mouvements politiques et une pratique innovante et improvisée de la gestion sous forme coopérative qui est devenue maintenant une sorte de réflexe immédiat national, le syndicalisme argentin recouvre une large gamme de procédures de défense, depuis le syndicalisme institutionnalisé très dépendant du pouvoir politique jusqu'au syndicalisme de base organisé autour de la défense du coopérativisme, pôle populaire-populiste qui s'articule à l'ensemble diversifié du mouvement social des villes. La densité des luttes pour la représentation syndicale, la vitalité des tendances, la variété des débats enrichissent un paysage complexe dont il est difficile de prédire l'évolution. Et qui se retrouve fragilisé par les reculs que viennent de subir le droit du travail et le droit syndical au Brésil en novembre 2017 ; en même temps que stimulé pas les attaques régulières contre les services publics, dont les perspectives de démantèlement réapparaissent sans cesse. Mais la conjoncture économique reste sans relief : un gouvernement de droite poursuit une politique classique de récession lente, programmée, qui tente d'éviter la polarisation sur les phénomènes de corruption. Il vient d'être largement battu par une convergence de gauche péroniste qui va tenter

[54] Richard NEUVILLE, « L'autogestion en actes », p. 165 dans *Autogestion, l'encyclopédie internationale*, Syllepse, 2019. De nombreux exemples d'entreprises récupérées sont cités dans cet ouvrage révélant une grande variété de statuts et de procédures de gestion.

de reprendre quelques marques avec un syndicalisme de contestation. Ultime développement : un syndicalisme féminin s'inscrit dans l'héritage des « Mères de mai » qui ont manifesté chaque semaine sur la place de Mai durant plusieurs années pour protester contre les assassinats de la dictature militaire. Il s'agit maintenant d'une revendication féministe généralisée associant aux luttes syndicales des usines et des bureaux les luttes pour le droit à l'avortement, pour les libertés sexuelles, les dénonciations du machisme familial, le droit au logement, les luttes des sans-papiers, des travailleurs précaires, et jusqu'aux luttes contre les hiérarchies syndicales injustifiables. Ce mouvement semble irrésistible et en tout cas capable de multiples développements : le critère de l'égalité et de la démocratie vu au prisme du féminisme. Un nouveau slogan, une nouvelle certitude apparaît : la grève générale ne devient véritablement générale que lorsqu'elle devient féministe.

Le syndicalisme au **Brésil** est reconnu par l'État dès les années 1930 : il est financé par une cotisation des employeurs (un jour de travail par employeur et par an, recueillie par le ministère du Travail). Un seul syndicat est autorisé par catégorie de travailleurs et par commune ; les syndicats se regroupent en fédérations catégorielles (chimie, métallurgie, éducation.) mais toute centrale syndicale intercatégorielle est interdite. Ce syndicalisme se développe pendant la période de réussite économique du régime militaire (1964-84) et parvient à exprimer une force politique contestataire lorsqu'il dénonce publiquement l'autoritarisme du régime, son surendettement et ses mensonges économiques sur les salaires et le niveau de vie des travailleurs. Dès lors la création et le développement rapide de la CUT (Centrale unique des travailleurs) obtenue en fin de régime militaire après modification de la législation, marque une victoire politique du syndicalisme qui parvient en outre dans plusieurs multinationales de l'automobile à mettre en place une sorte de gestion coordonnée à travers les « commissions de fabrique » dont certaines durent encore à l'heure actuelle[55]. Elle se poursuivra par la création et le développement aussi rapide du Parti des travailleurs, pendant les 20 années suivantes qui verront l'accès du PT au pouvoir (2002). Cette période d'ascension politique qui s'est appuyée sur un

[55] Alberto EULALIO, Joao Ferreira PASSOS, *A historia de luta dos trabalhadores na Ford, Sao Bernardo do Campo 1981-2016,* Fundaçao Perseu Abramo, 2016.

mouvement syndical fort s'est développée surtout sur la base des droits et de la démocratie dans la société civile, de l'autogestion communale et des forums sociaux mondiaux d'alternatives à la mondialisation. Une forte réduction des inégalités s'effectue avec l'arrivée du PT au pouvoir sur la base de la bourse famille, accordée à toutes les familles pauvres dont les enfants n'avaient qu'un accès aléatoire à l'école. Par contre le syndicalisme se développe et se divise en une dizaine de centrales syndicales qui se concurrencent et se dévitalisent mutuellement. Quant au Mouvement des sans-terre, il a fort à faire pour maintenir sa stratégie d'accès à la terre dans un contexte politique très défavorable où le PT n'a pu entraver ni l'accaparement des terres, ni la libéralisation économique et la précarisation du travail, du fait des alliances paralysantes qu'il a nouées avec d'autres partis politiques pour se maintenir au pouvoir. Ne reste que le syndicalisme, qui s'exprime encore dans toutes ses variétés corporatistes ou gauchistes, pour tenir et prolonger un enracinement populaire qui est maintenant ébranlé dans son esprit et son orientation par une vague de repli sur des valeurs et des positions conservatrices tant éthiques qu'économiques. Une vague de privatisations prend forme qui s'accompagne de projets de déconstruction systématique de la Consolidation des lois du travail de 1936, qui avait été pourtant confirmée et renforcée par la Constitution de 1988. Le Code du travail a été supprimé par le nouveau président élu en novembre 2018, et remplacé par une Loi du travail, bien plus informelle et libérale, obligatoire pour tout nouvel embauché. Le ministère du Travail a été carrément supprimé, comme l'impôt syndical (un jour de travail par an et par salarié payé au ministère du Travail par l'employeur). Le déclin du PT a déstructuré le champ démocratique populaire qui ne sait plus sur quelles bases se reconstruire, et bien que se poursuivent les manifestations de rue, en alternance avec d'autres manifestations de droite et d'extrême droite, depuis 2013 et *« l'impeachment »* de la présidente Dilma Roussef. Les oppositions à l'élection d'un nouveau président d'extrême droite se sont manifestées à l'occasion des dernières élections présidentielles dans les régions les plus pauvres du Nord-Est. L'envahissement d'une vision de droite, brutale, violente, se rapporte à une résistance de l'individu face à tout projet étatique supposé imprégné de corruption, à une liberté ouverte absolue à toute entreprise privée, industrielle ou agricole (déforestation de l'Amazonie), enfin à une ouverture totale aux religions évangéliques dites de la prospérité. Jusqu'à quand ?

Le **Mexique**, grand pays du corporatisme syndical contrôlé par le Parti révolutionnaire institutionnel depuis les années 30, connaît un signal d'alerte positif avec le soulèvement zapatiste du Chiapas en 1994 qui dure encore comme un clignotant de résistance sur un territoire « occupé » et projette une lumière sur des avenirs possibles. Politique néo-libérale et processus de bureaucratisation syndicale se renforcent mutuellement selon des schémas devenus classiques en quelques pays d'Amérique latine. Entre 2006 et 2012, l'augmentation du travail informel (12 %), du chômage (43 %), et de la sous-traitance (48 %) s'accompagne d'une baisse du taux de syndicalisation (9,6 % en 2012). De grandes batailles de longue durée décomposent parfois un paysage permanent, figé, de non-droit : le licenciement des 40 000 électriciens de Luz e Fuerza del Centro n'empêche pas la poursuite, 5 ans après les licenciements, de campagnes actives de dénonciation qui mobilisent la solidarité d'autres travailleurs et de la population ; la riposte syndicale à l'accident (2006) qui enterre vivants 62 mineurs de la « Pasta de Conchos » entraîne une campagne conjointe de la compagnie et du gouvernement et le montage d'une opération policialo-judiciaire contre le secrétaire du syndicat qui l'oblige à l'exil au Canada ; la protestation des 400 000 enseignants de la Confédération nationale des travailleurs de l'éducation contre la privatisation entretient un campement permanent dans la capitale depuis plusieurs années. Mais la naissance dudit « syndicalisme de protection » représenté par le « Contrat collectif de protection patronale » établi avec des syndicats fantômes, pour se prémunir contre l'intervention des travailleurs dans l'entreprise (protéger les patrons) et pour protéger les travailleurs contre l'intervention intempestive des syndicats (protéger les travailleurs) a tous les caractères d'un paternalisme violent, qui agit dans l'ombre et l'illégalité, largement tenu secret, mais qui concernerait déjà entre 60 et 90 % des travailleurs, qui seraient ainsi « syndicalisés ». La violence de l'État mafieux corrompu par les trafiquants de drogue s'étale comme tache de sang sur toutes les plages de la société, syndicalisme « institutionnel » y compris. Face à la dérive mafieuse de ce dernier, c'est au risque de leur vie que les militants de dizaines de syndicats indépendants en voie de constitution sont en train de former une « nouvelle centrale des travailleurs ». Mais qui dans le monde s'en préoccupe et essaye de la relayer ? Pendant que la Commission nationale des droits de l'homme estime à 57 000 le nombre des « disparus » au Mexique, dont beaucoup mettent en cause la police et les militaires (et pas seulement les mafias), que les féminicides se déploient dans l'ensemble du pays, et que les ouvriers de Continental poursuivent l'autogestion de leur entreprise.

Car l'activité syndicale se poursuit : entre 2014 et 2017 à Ciudad Juárez, capitale des *« maquiladoras »* en opposition aux centrales syndicales affiliées au PRI, dans le secteur minier, l'industrie automobile, la sidérurgie, chez les travailleurs agricoles de Basse Californie. Les luttes pour l'environnement donnent naissance à des mouvements spécifiques, l'Assemblée nationale des victimes environnementales, (ANAA), le Réseau mexicain des communautés touchées par l'exploitation minière (REMA), le Mouvement des populations affectées par les barrages et en défense des rivières, la Campagne en défense de la terre mère, qui regroupe 180 organisations. Comme si les zapatistas du Chiapas faisaient enfin leurs petits ; ils avaient d'ailleurs lancé une candidature à la présidence qui a été doublée par la candidature de l'actuel président, réputé de gauche et nouvellement élu.

Le **Vénézuela** a connu, comme l'Argentine, le Brésil et le Mexique, un syndicalisme créé dans les années 1930 par des États du type centre-gauche qui s'est parfaitement adapté à tous les États de droite. L'arrivée au pouvoir de Chavez en 1998 doit s'affronter à la CTV (Confédération des travailleurs du Venezuela) qui est liée à la Fedecamaras, organisation syndicale des patrons, alliance effective depuis la fin de la Seconde Guerre mondiale. La nationalisation de l'entreprise pétrolière PDVSA a peu d'effet politique : le personnel se considère avec satisfaction comme un segment privilégié qui n'a aucune raison de renoncer aux avantages acquis, et l'entreprise continue à se considérer comme un État dans l'État, comme la CTV à laquelle elle s'associe pour déclarer une grève illimitée destinée à renverser le gouvernement Chavez en décembre 2002. Mais ce sont les travailleurs qui redémarrent les usines et les machines et Chavez est réélu avec une large majorité en 2004. Une nouvelle centrale, l'Union nationale des travailleurs, est alors créée par le gouvernement ; qui ne parviendra pas à construire son unité : le nombre de centrales spécialisées ira en s'amplifiant (7), celui des syndicats aussi (2 871 organisations syndicales en 2001, 6 124 en 2008) et le taux de syndicalisation stagne à 11 %. En novembre 2011, Chavez tente de créer une nouvelle centrale, la troisième, sur la base des avantages sociaux qu'il accorde immédiatement aux salariés (diminution de la journée de travail, limitation de licenciements, congés paternité-maternité et fériés supplémentaires), mais l'encadrement syndical par le pouvoir politique paraît trop visible et la nouvelle centrale ne prend ni poids ni forme. L'atomisation du mouvement syndical et du mouvement social paraît acquise pour une longue durée ; tous deux avaient été soutenus par les politiques de redistribution d'un gouvernement de gauche, mais à l'heure de la crise interviennent les segmentations multiples, les opportunismes, les arrangements et les asservissements, la corruption et les divisions, parfois violentes. De la même manière, les conseils locaux de planification publique, les missions sociales « bolivariennes » en santé publique, éducation, logement, et toute l'économie sociale développée par les coopératives deviennent l'objet de conflits à propos de financements prévus par l'État, la corruption suit, et avec elle les arbitrages autoritaires et la violence. Le pouvoir politique, qui avait imaginé de construire avec la victoire de Chavez en 1998 la démocratie participative dans un « État communal » porteur des structures productives démocratiques se renverse totalement et devient, à l'opposé, un pouvoir perdu dans les conflits de reprivatisation et une population asphyxiée par les paralysations, un pouvoir qui tente d'imposer son contrôle sur la société civile dans la confusion, au besoin par la violence, pour contenir la crise économique due à la chute du prix du pétrole et aux défaillances de gouvernance[56].

Les pays qui ont connu une histoire politique caractérisée par une violence de longue durée (Colombie, Guatemala) et ceux qui ont connu une violence aussi forte, mais plus conjoncturelle (Chili, Bolivie) ou ceux qui ont connu une violence plus modérée (Équateur) sont tous submergés par l'océan néo-libéral mondial. Pourtant en chacun d'eux le syndicalisme ne s'est jamais éteint. Il montre une résilience qui se nourrit d'une culture populaire toujours vivante.

Le **Chili** a connu de 1970 à 1973 avec le gouvernement de l'Unité populaire une période d'innovation politique et sociale sans précédent dans son histoire. Écrasé par la violence militaire, le pays s'est peu à peu relevé et a retrouvé en se débarrassant du régime militaire une trajectoire de type « social libéral » qui donne priorité à la croissance

[56] *Autogestion, l'encyclopédie internationale*, Syllepse, 2019 (Venezuela, p. 333-387).

économique plus qu'à la justice sociale, et qui limite l'action syndicale grâce à un Code du travail « le plus régressif et le plus régulé au monde » contrôlé depuis longtemps par l'alliance des milieux d'affaires et des médias. La stagnation d'un taux de syndicalisation autour de 14 %, la concentration de 80 % des salariés dans de petites entreprises, la stratégie de subdivision juridique des grandes entreprises en de multiples petites (le multirut) pour combattre la syndicalisation n'empêchent pas cependant le développement, depuis 2011, des conflits dans les call-centers, les chaînes de pharmacie ou les supermarchés, chez les ouvriers portuaires et les étudiants, ou même avec l'ensemble des sous-traitants de l'industrie nationalisée du cuivre (25 000 travailleurs). Comme ailleurs, l'activité syndicale est obligée de s'autocentrer en permanence sans percevoir la possibilité d'un débouché politique. Le mouvement étudiant, le mouvement contre les sociétés de gestion de fonds de pension, le mouvement mapuche, le mouvement socio-environnemental et le mouvement féministe en particulier, qui multiplient leurs activités depuis 2010 dans les secteurs de l'énergie, de l'industrie minière, de l'agroforesterie et de toutes les revendications féministes, qui agitent le pays et repolitisent sa société civile, montrent une reprise d'activité qui se concentre actuellement sur un changement d'envergure : l'élaboration d'une nouvelle Constitution qui donnerait un espace d'envergure à la vie démocratique dans tous les domaines.

La **Colombie** détient le triste record de l'assassinat de syndicalistes au niveau mondial : 3 043 entre 1977 et 2014, dont 70 % n'ont jamais été élucidés ; 70 % de ceux qui l'ont été ont été effectué par les paramilitaires (aux mains des propriétaires fonciers), et 19 % commandités par les pouvoirs publics. Parmi ces assassinats 27 % concernent des femmes. Cette culture de la violence anti-syndicale concerne en premier lieu les professeurs (51 %), puis les secteurs de l'agriculture et des mines (31 %), enfin l'industrie et les services (17 %) Au point qu'une pression internationale s'est exercée sur le gouvernement colombien pour l'engager dans une politique de pacification faisant respecter au minimum un Code du travail et de démocratie afin de pouvoir l'inclure parmi les pays acceptables dans les accords internationaux de libre-échange. Ce qui encourage une activité syndicale qui concerne autant les pouvoirs publics que privés : dans l'éducation, la grève nationale de plus d'un mois de 350 000 instituteurs et professeurs ; dans la santé et les ministères de la Justice et du Travail, dans les transports et le secteur minier des mouvements ont lieu également. C'est cependant la « grève nationale agraire » de 21 jours en 2013, qui a suscité la participation solidaire de tous les autres secteurs d'activité, ce qui ne s'était pas vu depuis 1977, qui semble pouvoir marquer un nouveau départ d'une activité syndicale coordonnée dans un contexte pacifié par les accords récents sur la fin des guérillas. S'y rajoutent les mouvements des populations « oubliées » afro-colombiennes de la côte pacifique, et comme en d'autres pays d'Amérique latine, les mouvements anti-extractivistes qui s'associent aux revendications environnementales (méga-projets de barrages, rejet d'industries extractives dangereuses) souvent appuyés par les municipalités. Soulagé incontestablement par le processus de pacification engagé avec la guérilla des FARC qui aura duré quelque 80 ans, le pays reste encore en processus de négociation avec une seconde guérilla, moins importante, l'ELN, ce qui le maintient encore sous tension. D'autant que la droite utilise le désenchantement populaire suite au ralentissement économique pour agiter le spectre du « castro-chavisme » du Venezuela voisin.

Le **Guatemala** est aussi le pays de l'assassinat des dirigeants syndicaux : 63 entre 2007 et 2014 ; 87 entre 2004 et 2017 selon les sources ; très peu de cas sont élucidés. Ici aussi l'OIT fait pression pour que l'accord de libre-échange entre les États-Unis et l'Amérique centrale respecte quelques principes *minima* concernant le travail. Mais 70 % de travailleurs sont dans l'économie informelle, et le salaire minimum est plus bas que celui du « panier alimentaire de base » qui est lui-même de 40 % inférieur à celui du « panier vital » qui comprend les dépenses de santé, logement, éducation. Au défaut chronique de paiement des prestations sociales s'ajoute le fait que 65 % de la population salariée n'a pas de contrat de travail. Cette situation a pris naissance dès la chute des gouvernements de gauche entre 1944 et 1954 et se poursuit depuis. La signature des « accords de paix » en 1996, qui met fin à la succession des dictatures et à une guerre antisyndicale violente (44 syndicalistes de la CNT disparus en 1980 par exemple) permet au mouvement syndical de se restructurer, mais le contexte mondial de l'offensive néo-libérale de détérioration du droit du travail rend son action plus difficile que celle des mouvements sociaux indigènes et paysans. Néanmoins le syndicalisme est présent partout (secteur privé, secteur public, économie informelle), mais faible également partout. Avec le développement récent des « maquiladoras[57] » du textile dans les années 2000 (42 % des exportations du Salvador, 65 % du Honduras, 55 % du Guatemala), des zones franches s'installent où les entreprises ont toute liberté (exemption de la taxe professionnelle, des impôts locaux, de la TVA, des taxes à l'importation des matières premières, garanties de rapatriement des capitaux et bénéfices). En parallèle les droits du travail sont totalement bafoués (le Guatemala est pourtant signataire des deux conventions de l'OIT) :

> Dans les maquilas, insultes et violences physiques, licenciements abusifs (notamment d'ouvrières enceintes), harcèlement sexuel, horaires interminables, non-paiement des heures supplémentaires… sont monnaie courante (p. 51).

Les intimidations syndicales sont radicales : des groupes de travailleurs connus pour appartenir à des *maras* (bandes délinquantes très violentes liées au trafic de drogue et en guerre perpétuelle entre elles) sont avisés qu'ils seraient les premiers licenciés en cas de constitution d'un syndicat et qu'ensuite il s'agirait de la fermeture de l'usine : leur travail est donc d'empêcher par la violence si nécessaire la constitution de syndicats. Des listes noires de syndicalistes circulent dans toutes les entreprises ; certaines sont reliées à une organisation patronale qui se charge de la Résolution alternative des conflits où toutes les parties sont totalement contrôlées par les patrons. Dans ces conditions, il est facile pour les grandes marques qui veulent présenter une façade de bonne conduite de présenter tous les documents nécessaires. Face à cette situation très violente, la seule solution est d'aviser les syndicats internationaux (la Confédération syndicale des travailleurs des Amériques) ou mondiaux (la Confédération syndicale internationale) qui peuvent venir en appui à ceux qui tiennent à bout de bras un syndicalisme national en asphyxie permanente. La colonisation du pouvoir, par le trafic, le capital privé et le capital financier en est à son stade suprême. Une stratégie politique électorale semble impuissante à retourner la situation ; celle des mouvements sociaux qui visent à élargir des conquêtes de base et les pouvoirs populaires semble s'installer dans un immobilisme forcé de longue durée ; d'autant que des modifications législatives favorables à l'extractivisme et à la criminalisation de la protestation sociale

[57] Philippe REVELLI, « Les “maquilas” ces zones de non-droit au Guatemala », *MANIÈRES DE VOIR*, n° 156, p. 50-3.

(assassinat récent de la militante écologique Berta Cacérès) illustrent la corruption totale du pouvoir politique.

L'Équateur est un pays qui connaît le mouvement syndical comme l'Europe au début du XXe siècle en même temps que des épisodes de répression violente dès cette époque. En 2007 s'annoncent une fin de cycle néo-libéral et un populisme original qui s'initie par des mesures contre la précarisation et la flexibilisation du travail, la sous-traitance, et en faveur des libertés syndicales. Mais ceci ne concerne que le secteur privé. Le secteur pétrolier fait partie du domaine public, et il est en ce sens protégé par l'État du point de vue de ses résultats économiques qui s'inscrivent au budget public national et protégé aussi des organisations syndicales trop revendicatives (limitation des salaires, du droit de grève et des négociations collectives). C'est pour cette raison que la création et le renouvellement d'organisations syndicales parallèles vont bon train (4 000 dont 80 % dans le secteur public) et qu'un nouveau Code du travail est en préparation. En parallèle, c'est pour aider les travailleurs dans une résistance offensive que se constitue le FUT (Front unique des travailleurs) en 2014, dont l'objectif est de rapprocher les salariés du public et du privé des mouvements indigènes. Car c'est en définitive dans le but de desserrer l'étreinte du populisme qui encadre les travailleurs du public et du privé, que prend essor un mouvement social plus important à travers la Confédération nationale des organisations paysannes, indigènes et noires de l'Équateur. Ce tournant, qui veut inclure le syndicalisme dans une perspective plus large de culture et de civilisation, peut être lu comme l'appropriation d'une dimension écologique à l'aube d'une vision nouvelle des problèmes de la planète.

Mais chaque groupe ou acteur social tient à sa particularité, défend une référence et lorsque la gestion de ces différences donne l'impression à chacun des acteurs qu'ils sont réduits à participer à une sorte de « camp national populaire », la distance entre eux devient méfiance. Surtout lorsque certaines initiatives gouvernementales se prêtent à discussion, comme la décision d'exploiter le pétrole du parc national Yasiri pour répondre au refus d'un financement international à hauteur de 50 % des potentialités de ressources de ce gisement de pétrole, financement demandé par le gouvernement afin d'ajourner cette exploitation. Cette décision maladroite pour la gauche et les écologistes ébranle fortement le pouvoir du président Correa. D'autres erreurs s'y ajoutent, par exemple le refus de dépénaliser l'avortement en cas de violence sexuelle. Bref, la société civile existe dans une diversité qui ne lui est pas reconnue. Même si ses impulsions relèvent d'une bonne inspiration, le président sera obligé de les abandonner, tel son projet d'imposition sur l'héritage et les plus-values. C'est encore une nouvelle fois la victoire du néo-libéralisme : la critique des « empiètements » « confiscations » ou « vols » de l'État sur les individus, que la droite politique met en exergue, parvient à ébranler les convictions des classes moyennes et des « indigènes ». Malgré une réélection récente (2017) d'un président de gauche sur le fil du rasoir qui s'est déjà employé à poursuivre le cap à droite.

La **Bolivie** connaît un type d'évolution comparable où un populisme nouveau s'encadre de références à la terre mère, à la nature, à l'origine des civilisations pré-hispaniques, sans que les conséquences politiques et sociales de ce retour aux sources en hommage aux classes populaires soient bien visibles. Le pays, riche en ressources minières, relève d'une économie informelle pour 63 % des travailleurs, le taux de syndicalisation dans le secteur formel est de 17,3 % (en 2010). Le gouvernement Morales, initialement réputé soutenir les peuples « indigènes » a pris une inflexion productiviste ces dernières années en faveur des propriétaires fonciers exportateurs, de l'extension des cultures transgéniques et de la déforestation. Dans le secteur minier la politique d'appui du gouvernement à la Confédération des entreprises privées pour limiter l'action de l'ancienne et puissante Centrale ouvrière bolivienne s'effectue dans un jeu à trois acteurs : des « coopératives ouvrières » sous-traitantes (sans droit de syndicalisation) travaillent parallèlement à des entreprises transnationales (parfois en joint-ventures avec elles) et à des entreprises publiques. C'est chacun de ces trois employeurs directs qui établit les règles du travail (durée, nature du contrat, salaire, organisation collective). 39 syndicats sont présents dans les entreprises privées et 6 dans des entreprises publiques, qui représentent l'essentiel des exportations du pays, mais ne regroupent que 6 % de la main-d'œuvre minière. La principale tension existe entre travailleurs précarisés de la sous-traitance et travailleurs directs, tensions entretenues par les directions et combattues modérément par les syndicats. Car la COB, qui est en principe pour l'élimination de la sous-traitance, ne peut en même temps ignorer tous ces mineurs indépendants organisés en coopératives qui n'ont que cet emploi et les plus dures conditions de vie.

Une même incertitude ou indétermination enveloppe les mouvements sociaux qui, depuis 2006, ont connu des destins divers. Il y a ceux qui se sont affirmés dans leurs intérêts propres (cultivateurs de la coca), ceux qui sont devenus politiquement « dangereux » en prenant au sérieux la « démocratie participative » initialement proclamée par le pouvoir, ceux qui sont restés en harmonie avec le pouvoir dans la ligne de « l'opposition à la privatisation de l'eau » par exemple, ceux qui se sont détournés de leurs objectifs initiaux pour des raisons d'intérêts divers et ceux qui ont maintenu la perspective des mégaprojets (grands barrages et déforestation). L'ensemble de ces organisations et tendances est regroupé dans le Conacalm (Coordination nationale pour le changement) que les observateurs considèrent autant comme une plateforme de coordination politique entre mouvements sociaux et gouvernement que comme un moyen de contrôle social de la gestion publique. Les dernières élections de 2019, qui donnaient une légère avance au président Morales, ont vu leur résultat contesté par un rapport de l'OEA (Organisation des États américains) ce qui a amené des troubles dans le pays et la fuite du président à l'étranger. Interdit de se représenter pour les nouvelles élections du 18 octobre 2020, Morales semble victime d'un « coup d'État civil » (le rapport de l'OEA a été contesté par des journalistes du *New York Times* le 7 juin 2020, et leur contestation n'a jamais été démentie). Le résultat des élections de novembre 2020 a donné une large victoire au successeur de Morales.

Le **Honduras** a été marqué par le coup d'État de 2009 : la perspective du « socialisme du XXIe siècle » qui visait l'éradication de la pauvreté grâce aux ressources de l'industrie extractive a été critiquée pour avoir lié les objectifs sociaux à l'exploitation des ressources naturelles. L'action contre le nouveau gouvernement de droite s'est affirmée de manière constante, soutenue, obtenant même des réglementations législatives restrictives à l'exploitation minière, à celle de l'eau, et à la gestion de l'environnement. Un mouvement des communautés s'est même organisé pour déclarer juridiquement des communes « libres de mines » afin d'éviter toute exploitation minière capitaliste. La défense du territoire a transcendé le plan d'action local et revendicatif pour devenir l'expression d'une lutte plus large contre le capitalisme. Mais le mouvement s'est heurté à un pouvoir politique fondamentalement corrompu où les collusions entre l'élite politique et le trafic de drogue sont bien assises et stabilisées. Ce qui en fait l'un des pays les plus dangereux du monde.

Le **Panama** est devenu, après l'invasion militaire des États-Unis en 1989 et l'emprisonnement du général Noriega, un paradis fiscal, lieu de chasse des spéculateurs financiers illégaux. Une petite oligarchie rentière domine l'économie du pays. Un pouvoir particulièrement truculent use d'une violence sans réserve ; les manifestations contre la loi de 2010, particulièrement défavorable aux mouvements ouvriers ou sociaux, ont provoqué une répression sans mesure : 192 morts et 700 blessés dans les bananeraies de Sitrabaina par exemple. Tous les mouvements sont condamnés, poursuivis, annihilés. Correspondance et harmonie remarquables avec l'essor de paradis fiscaux.

L'Amérique latine présente les situations les plus contrastées du point de vue syndical, mais elle montre la résilience de l'institution syndicale face aux pouvoirs les plus répressifs. Elle est étouffée par la force imposée par des régimes de pouvoir absolu, et renaît de ses cendres lorsque ces derniers chutent. Le travail reste le socle le plus général de la solidarité entre humains, le seul espoir de justice sociale. Mais il peut être vivement combattu, et vaincu, si les pouvoirs politiques laissent toute liberté aux forces du marché.

Le décalage des situations, des perspectives et des politiques entre les pays développés et les autres ne doit pas cependant masquer un partage des horizons qui est à la fois entretenu et obscurci par une sorte d'exotisme de l'observation réciproque entre pays « riches » et pays « pauvres » promu par la télévision et l'internet. D'une part, ils sont « chez eux » : ainsi « nous » pouvons interpréter les violences politiques qu'ils subissent comme une donnée anthropologique ou un phénomène naturel du style tsunami ; et nous sommes « chez nous » et « ils » peuvent interpréter toute avancée d'ordre politique ou syndical comme hors de portée pour eux. Par contre nos reculs de pays riches ne sont guère perçus par eux et leurs avancées de pays pauvres ne sont guère perçues par nous. Ainsi se prolonge l'héritage des situations coloniales. On peut cependant supposer qu'un imaginaire nouveau est en voie de constitution, que chaque prolétariat national ne se contente pas de percevoir dans le spectacle des autres prolétariats du monde leurs seuls aspects différentiels ou exotiques, mais qu'il est aussi capable de percevoir, au travers des écrans, des travailleurs et des classes sociales. Peut-être sur le mode d'un destin plutôt difficile à éviter assumé dans chaque pays particulier plus que sur le mode de la nécessité d'une organisation et d'une action collective chargée de s'occuper de la marche du monde. Les nombreuses tentatives qui s'inscrivent dans la perspective d'un contrôle de la mondialisation du capital, d'une chasse aux illégalités et aux excès des multinationales, les injonctions de justice dans l'exercice du travail sont cependant fréquentes sans cependant donner lieu à de grandes prises de conscience : l'absence de toutes les religions sur ce sujet est d'un silence assourdissant ; la théologie de la libération de l'Église catholique n'aura été qu'un feu de paille ; elle est déjà remplacée par celle de la prospérité par tous les pentecôtismes et celles du *djihad* par les intégristes musulmans.

« *Et si les salariés se révoltaient ?* » s'interrogent P. Artus, chief economist de Natixis, et M.-P. Virard[58]. Car ils constatent que, depuis les années 1980, au niveau mondial, le partage de la valeur ajoutée s'est fait complètement au détriment des salariés et au profit des actionnaires. Dans les années 1980, les entreprises françaises, toutes confondues, dépensaient deux fois plus en investissement qu'en dividendes. Il y a 5 ans elles dépensaient deux fois plus en dividendes qu'en investissement et aujourd'hui elles dépensent 1,5 fois plus[59]. Ce léger retour de balancier n'annonce pas la capacité du travail à faire jeu égal avec le capital. Il y a seulement 111 administrateurs salariés dans les conseils d'administration des 120 premiers groupes cotés en Bourse selon l'Institut français des administrateurs. Loin des 38 % des sièges occupés par les salariés allemands[60] dans les CA de leurs 110 principaux groupes. Loin de la possibilité d'un contrôle du capital que pourraient espérer les salariés désireux de jouer un rôle délibératif dans la définition du bien commun.

Quelles sont les voies alternatives à ce néo-libéralisme tout puissant ? L'altermondialisme s'est manifesté sur la scène publique pour la première fois avec force en 1999 à Seattle, en réponse à l'AMI (accord multilatéral sur l'investissement, 1998) qui impliquait gouvernements, institutions internationales, multinationales, dans une ouverture totale au néo-libéralisme. Contraint depuis à de multiples interrogations face au développement des crises financières, à l'effondrement climatique et aux pandémies, les interrogations sont de

---

[58] P. ARTUS, M.-P. VIRARD, *Et si les salariés se révoltaient ?* Fayard, 2018.

[59] Christian CHAVAGNEUX ? « Façonner la mondialisation, le pouvoir politique des multinationales », *Mouvements*, n° 95, 2018, p. 14-22.

[60] Denis COSNARD, « Les salariés à l'assaut des conseils d'administration », *Le Monde* du 17-10-18.

plus en plus prégnantes sur la nécessité de réviser profondément une activité économique exclusivement fondée sur la croissance et le profit.

CHAPITRE XII

L'entreprise libérée[1], délibérée, à double conseil

Le concept d'entreprise libérée, qui est aussi un slogan, né de l'initiative patronale, n'est pas si jeune, mais fait école. On peut le rapprocher d'autres formes de travail, tel le travail collaboratif, qui organise la coopération horizontale et souvent bénévole autour de projets réunissant de très nombreux collaborateurs : Wikipédia, Linux, les logiciels libres, les Fab Labs et les coopératives de Crowfunding. Sur un autre registre, le développement d'une éthique du *care* initialement issue et d'abord attribuée aux activités féminines ouvre des perspectives de démocratie à toutes les activités de travail. Toutes ces initiatives, sans être par définition contestataires d'une organisation capitaliste du travail, s'épanouissent dans les organisations dérivées qui promettent de l'avenir au travail vivant. Nous renvoyons au livre de Coutrot qui les a très bien présentés (*Libérer le travail,* ouv. cité).

L'entreprise libérée repose sur une règle simple de relations humaines. Dans toute entreprise, de quelque taille qu'elle soit, la règle d'un rigoureux traitement d'égalité entre les personnes laisse à chacun la possibilité de se développer et de s'autodiriger en vue d'un but commun, le succès d'une entreprise, à la place où il se trouve. La règle : recevoir la confiance des supérieurs, exige au préalable de recevoir la confiance des inférieurs. Bien sûr, il y a des hiérarchies, mais elles sont considérablement réduites par rapport aux entreprises ordinaires, et tout ce qui peut empêcher la fluidité des communications et la transparence des décisions est systématiquement mis au jour et en débat. D'énormes problèmes d'organisation administrative, de

---

[1] Isaac GERTZ, Brian M.CARNEY, *Liberté et Compagnie, Quand la liberté des salariés fait le succès des entreprises,* Flammarion, Clés des Champs, 2016.

relations humaines et de coûts de transactions à l'intérieur des entreprises sont ainsi résolus. Chaque individu se trouve en position de « leader libérateur des forces productives » (inférieures) à chaque niveau de l'entreprise ; tout moment de crise, de prise de décision ne peut s'instruire qu'en prenant et exécutant l'opinion de la base, de ceux qui sont sur le terrain ; ainsi émergent de nouveaux leaders, destinés à devenir à leur tour les « leaders nourriciers » de leaders encore à naître.

Dans un monde où prendre l'avantage sur l'autre, où s'imposer ou « tuer » le concurrent-collègue reste la règle du jeu, cette systématique de coopération confiante, en s'approfondissant de jour en jour, a toutes les chances d'aboutir à une satisfaction individuelle comme collective et de pérenniser les équipes et les collaborations. Ainsi est vidée de sens la « lutte des classes » (cf. Dupuy, ouv. cité) entre « hommes de terrain » et « bureaucraties intermédiaires ». Comme est vidée de contenu la lutte de classes plus classique entre patrons ouvriers et syndicats dans la mesure où ces derniers se voient confier, en tant que tels et de façon quasiment automatique et systématique, les espaces de discussion et de négociation qu'ils désirent. Bien sûr, on se demande comment de telles relations sociales de travail si positives ne se généralisent pas à grande vitesse. On voit alors, dans l'exposé des expériences concrètes rapportées par ce livre et les difficultés de leur chemin vers la « libération », comment la race humaine a été formatée, sur la longue durée, par les valeurs d'ordre, de hiérarchie, d'individualisme, et détournée de celles de partage, de mise en commun, de coopération, d'autonomie, de confiance, d'autocontrôle. On est en droit de se demander pourquoi les patrons seraient si obtus pour ne pas voir que l'efficacité de ces principes va aussi dans le sens de leur intérêt, mais on peut imaginer que « le droit divin » dont ils profitent jusqu'à aujourd'hui est un principe de gouvernement plus facile et reposant.

On ne peut cependant s'éviter de penser que cet avenir « libéré » est possible, et qu'il est en voie de trouver des solutions aux problématiques conjointes de la vie au travail et de la qualité du travail. La « recette » pourrait-elle être universelle ? Elle a été appliquée sous tous les cieux, dans tous les continents (Favi en France, Semco au Brésil), dans n'importe quel secteur de l'industrie ou de l'administration (le ministère belge de la Sécurité sociale et celui des Transports), depuis 30 ou 40 ans déjà. Chaque année, le nombre de ces expériences augmente. Sans parler des sociétés coopératives ouvrières de production qui se constituent sans patron depuis plus d'un siècle[2]. Mais les unes comme les autres sont guettées par les rapaces du capital financier, rachetées, « réorganisées » pour sortir tout leur suc de plus-value, puis bradées. Si l'entreprise libérée se généralisait partout dans le monde, ce n'est plus le seul capital financier bancaire qui dirigerait l'économie, mais un capital issu de l'accumulation de chaque entreprise libérée et donc susceptible d'être réinvesti sur le même modèle. On peut supposer alors que son destin serait plus productif que spéculatif. Cela dit, l'entreprise libérée reste en débat et sans doute pour un bon bout de temps tant elle renverse les pratiques de travail, tant elle pose des débats d'organisation, tant elle impose de délibérations autour de la démocratie, tant elle suscite des enthousiasmes ou des engouements incontrôlables ou excessifs, ou des condamnations radicales, tant elle représente au fond un avenir possible et meilleur pour les travailleurs[3].

Une critique de cette proposition est faite dans le livre *L'entreprise délibérée*[4]. L'auteur voit dans le concept d'entreprise libérée « une simple addition des autonomies réunies derrière une vision entrepreneuriale ». Il critique un manque de dialogue sur la notion de travail entre tous les membres de l'entreprise, le rejet de toute distinction et de toute relation entre travail prescrit et travail réel, l'oubli du concept de travail qui permet l'apprentissage par le dialogue. L'entreprise délibérée suppose au contraire que le niveau organisationnel existe de manière autonome et qu'il constitue un espace à réguler. Pour l'entreprise « libérée », le niveau organisationnel se définirait plus comme un agrégat d'individus débarrassé de sa hiérarchie qu'une institution, une arène d'expression des individualités, et non comme un processus de constitution d'un projet collectif. Alors que la construction d'un projet collectif est au cœur de l'entreprise délibérée et du même coup au cœur de la société.

> Si la qualité du dialogue sur le travail est un enjeu fort pour toute organisation il nous faut souligner que cet enjeu dépasse le cadre du

---

[2] François KERFOURN, Michel PORTA, *Le bonheur est dans la SCOP, un patrimoine d'expériences pour demain,* Les petits matins, 2016 ; Maxime QUIJOUX, *Adieux au patronat, lutte et gestion ouvrière dans une usine reprise en coopérative,* Éditions du Croquant, *2018.*

[3] « L'entreprise libérée », *Revue internationale de psychosociologie et de gestion des comportements organisationnels*, n° 56, été 2017.

[4] Mathieu DETCHESSAHAR (coord.) *L'entreprise délibérée, refonder le management par le dialogue,* Nouvelle cité, Grace, 2018.

travail et de l'entreprise. La performance dialogique de l'organisation a une dimension morale et politique susceptible de réagir sur la société tout entière. Quand il est vécu à un bon niveau de dialogue, le travail devient une véritable école de la citoyenneté où l'on s'entraîne à examiner des problèmes de façon partagée et critique, où l'on est invité à cultiver les vertus de la dépendance assumée : écoute, prudence, maîtrise de soi, respect d'autrui. (p. 212-213)

On ne peut que souscrire à cet énoncé qui rejoint par tous ses aspects celui de C. Dejours, lorsqu'il souligne, *a contrario*, comment la gestion néo-libérale actuelle du travail fournit un modèle détestable à l'ensemble des relations sociales hors travail[5].

Ce débat sur la qualité des approches respectives du travail qui sont proposées par l'entreprise « libérée » ou « délibérée » est présent dans l'entreprise et dans la société. Dans toute situation d'entreprise faite de coopération et de conflit, la lutte des classes s'expose en un premier temps sur la base des divisions entre travailleurs. Pour ces derniers, la perspective de l'union, de l'unité d'action syndicale dans une entreprise, n'est pas chose facile ou naturelle. Lorsque Marx écrit le Manifeste du Parti communiste, en considérant que la violence subie par les travailleurs entraîne naturellement leur révolte et leur organisation, il feint d'ignorer que l'union est une conquête sur une situation initiale de segmentation et de division consciemment construite et entretenue par le patronat et le capital d'une part, par des tensions entre orientations différentes au sein du monde du travail d'autre part, dans les pays socialistes comme dans les pays capitalistes. Cette donnée ne peut être esquivée. Elle doit être prise en considération, en même temps que la donnée de base de l'exploitation du travail par le capital, pour penser les formules d'activité nouvelles ou originales, qui, comme les entreprises « libérées » ou « délibérées » se constituent comme entreprises « au service du bien commun », entreprises « refondatrices » d'intérêt collectif, entreprises « à

---

[5] Christophe DEJOURS, *Le choix, souffrir au travail n'est pas une fatalité,* Bayard, 2015 : En détruisant les solidarités sur le terrain de la production, le pouvoir des dirigeants d'entreprise est parvenu à affaiblir les syndicats de façon significative. L'impact politique de l'évaluation individualisée des performances déborde largement le périmètre de l'entreprise : le chacun pour soi, la méfiance à l'égard de l'autre, la déloyauté vis-à-vis des pairs infiltre progressivement la société civile tout entière et se traduisent par un appauvrissement sensible du débat politique dans la cité ».

mission » ou encore « fondations actionnaires[6] ». Toutes ces différences portées par une modification des objectifs finaux des entreprises pour les associer à un intérêt collectif impliquent de refonder l'organisation du travail dans l'entreprise, car sur elle repose la possibilité de la perspective d'une suppression de la subordination. Ce qui paraît encore et toujours comme le nœud du problème. Quand la libération s'effectue dans la perspective d'une conquête du marché, elle ne peut esquiver la question de la subordination. Comment revaloriser et démocratiser les conseils d'administration qui n'ont pour logique que l'accroissement des dividendes ? Assurer une représentation suffisante des forces de travail en son sein ; associer à un conseil d'administration un « conseil de salariés » de poids égal au niveau des votes, dont aucune décision ne peut être prise à moins de 51¨ % comme le propose I. Ferreiras[7]. Les formules discutables sont nombreuses ; elles peuvent, doivent trouver leur fondement dans la suppression du lien de subordination et la promotion du travail vivant. Une lecture plus complète de Marx est suggérée par Y. Gomez[8], et par bien d'autres également : Coutrot, Cukier, Linhart.

Il y a chez Marx, pense-t-il, une notion révolutionnaire, une conception de l'anthropologie du travail qui est libératoire. La gommer ou l'effacer pour ne s'intéresser qu'au mécanisme de l'économie, du salaire, de la constitution du prolétariat et de la révolution prolétarienne revient à effacer cette conception anthropologique où le travail s'annonce comme « source de vie ». Les variantes de cet effacement sont nombreuses : l'approbation aveugle des avancées technologiques, des bienfaits du progrès, l'espoir de la « société de consommation » négligent ce caractère anthropologique fondateur. À l'inverse, le caractère exclusif porté sur la valeur anthropologique du travail néglige le fonctionnement des entreprises et des marchés, la pression du capital et les rapports de force qu'il impose. Il faut donc tenir ensemble les deux orientations : la

[6] Examinant la loi PACTE (Plan d'action pour la croissance et la transformation des entreprises) présentée sur la base du rapport Notat-Sénard, Geneviève Ferone Creuzet et Virginie Seghers en tirent une réflexion plus élargie dans l'article, « Vers un capitalisme d'intérêt collectif », *Futuribles,* jan-févr. 2020, p. 5-25, en s'appuyant sur leurs deux livres *Les fondations actionnaires*, Prophil, 2015, et *Les entreprises à mission*, École des Mines.

[7] Isabelle FERRERAS, « Vers l'action : du politiquement impossible au politiquement inévitable », p. 37-67, dans FERRERAS, BATILLANA, LEDA, *Le Manifeste travail*, ouv. cité.

[8] Yves GOMEZ, *Le travail invisible,* Desclée de Brouwer, 2019.

reconnaissance du travail comme anthropologie, le changement social comme objet de l'action. La première est transcendantale, et fait référence à un idéal (le bien, le beau, le juste) pour penser et agir sur la principale structure qui fonde le monde réel ; la seconde s'occupe de transformer la société selon le jeu des rapports des forces en présence : assurer des avantages au travail en situation dominée. C'est la voie matérialiste. Dans les pays de démocratie capitaliste, la revendication matérialiste et la revendication anthropologique s'associent ou s'affrontent pour limiter la domination renouvelée du capital ; dans les pays socialistes, la voie est celle de l'absorption des travailleurs dans le processus « révolutionnaire » imposé par le pouvoir. Cependant, l'on a trop tendance, selon l'auteur, à attribuer à Marx la seule paternité de la voie matérialiste parce qu'il a été reconnu surtout comme l'inventeur de la « dictature du prolétariat ».

Cependant il a écrit dans les Manuscrits de 1844[9] :

> Le communisme c'est le retour complet de l'homme à lui-même en tant qu'être pour soi, c'est-à-dire en tant qu'être social, humain, retour conscient et qui s'accomplit en conservant toute la richesse du développement antérieur. En tant que naturalisme achevé, ce communisme est un humanisme ; en tant qu'humanisme achevé, il est un naturalisme.

En notant que le communisme, simultanément humanisme et naturalisme, est le résultat de la liberté acquise par la libération du travail vivant, ce sont tous les moments de la réalisation du travail qui sont mobilisés, ceux nés de la dynamique « source de vie et capacité d'agir », ceux nés de la lutte matérialiste des classes. L'ensemble de cette dynamique, loin d'être pré-écrite, ne peut qu'être élaborée par ses acteurs. Or il se trouve que la classe ouvrière et ses dirigeants se sont laissés entraîner, précocement, et diviser dans le même temps, dans une lutte de classes « nationale » formatée par le capital et propre à chaque nation. Ce moment est celui où l'injonction d'unité du prolétariat s'est imposée dans le premier pays, l'URSS, dès 1917, par le biais du taylorisme qui est apparu à Lénine comme la seule possibilité de joindre l'effort de guerre à celui de la production. Cette

---

[9] K. Marx, *Manuscrits de 1844,* GF, 1996, 3e manuscrit, p. 144 ; et *Critique du programme de Gotha* cité par Coutrot (ouv. cité) p. 99 : « L'épanouissement universel des individus suppose d'éliminer l'asservissante subordination des individus à la division du travail et l'opposition entre travail intellectuel et travail corporel de façon que le travail devienne non seulement le moyen de vivre, mais encore le premier besoin de la vie. »

mobilisation nationale a rejeté l'idée d'une coopération internationale ouvrière centrée sur le travail, d'une union des conseils ouvriers prête à se mobiliser pour la révolution internationale. Cette injonction d'unité s'est imposée aux autres pays de l'Est et à toute la mouvance socialiste, ce qui a pu conduire à des guerres intestines infiniment cruelles, dont certaines ont abouti aux goulags[10].

Un parallèle est à faire avec le mouvement, qui lui a été contemporain, de la colonisation. La classe ouvrière de chaque nation développée, prise dans les nationalismes ambiants, n'a pas vu que la colonisation l'entraînait dans une spirale de domination qui mettait en question un possible futur internationalisme prolétarien. La classe ouvrière de toutes les nations occidentales s'est vue empêchée de cultiver l'espoir d'une dignité internationale bâtie sur le travail.

Le moment actuel qui voit le capital s'organiser au-delà des nations au niveau mondial annule toute espérance de ce côté-là. La voie est ouverte à la croyance que la transformation des sociétés ne s'effectue que par le seul jeu des intérêts en présence.

Le désintérêt porté à la démocratie du travail dans les pays de la planète souligne l'échec des socialismes et des « démocraties capitalistes » à dépasser l'horizon de consommation ; la démocratie de production[11] est ajournée. Car le colonialisme s'impose comme domination de l'autre ; il est par définition incapable d'exercer sa réflexivité sur sa propre histoire nationale, incapable d'incorporer l'espace d'expérience de sa nation pour le transmettre.

La Révolution de 89, celle de 1848, la Commune ne peuvent se proposer comme horizon d'attente dans les pays colonisés, nouvelle civilité apte à l'incorporation dans les nations ou les espaces colonisés. Retour de guerre, les anciens combattants sont condamnés à redevenir des indigènes.

[10] Intuition de Gramsci qui voyait dans l'étouffement des conseils ouvriers, et leur substitution par le Parti, l'annonce de la dictature, non désirée, du prolétariat.

[11] Dans son dernier ouvrage : *Le travail invisible, Desclée de Brouwwer, 2019,* reprise d'une édition de 2013, Y. Gomez soutient que l'esprit de rente et la finance ont épuisé leur cycle pour des raisons d'impossibilité de contrôle de leur propre dynamique et que « l'esprit du travail » revient dans l'actualité…

Une explication théorique est donnée par M. Postone, présentée par T. Coutrot[12], selon laquelle :

> Le travail concret n'a pu être transformé en ce que Marx appelle « le travail abstrait » qu'en faisant naître à la place de « l'ouvrier-producteur » un anonyme « travailleur-consommateur » c'est-à-dire un individu social qui ne produit rien de ce qu'il consomme et ne consomme rien de ce qu'il produit.

Ayant vendu sa force de travail, le travailleur ne peut que laisser le nouveau propriétaire en disposer à sa guise. On peut se demander pourquoi cette logique, imposée et dominante deviendrait exclusive et effacerait la posture ou l'image de l'ouvrier-producteur, qui serait rendue invisible par celle du travailleur-consommateur. Le syndicalisme serait-il totalement impuissant sur ce plan ou a-t-il à s'interroger sur ses propres choix ?

On en revient sans cesse au choix du taylorisme comme organisation du travail, choix que le syndicalisme et la social-démocratie n'ont jamais vraiment combattu. Ce choix, intercontinental, s'est imposé sans souplesse à toutes les politiques de gestion de la classe ouvrière en chaque pays, appuyé par la violence du capital. Il a été contesté, mais jamais ébranlé, dans les années 1970-1990, à l'Est et à l'Ouest. Il s'est totalement imposé dans les autres pays du monde, imperceptiblement.

Les syndicats, après avoir cédé du terrain sur leur propre espace dans leur propre nation, perdent aussi la bataille de la solidarité internationale ou intercontinentale qu'ils n'avaient qu'à peine engagée.

Ces deux défaites, liées, relévent de l'interprétation radicale donnée par S. Weil.

Elle écrit dans *Oppression et liberté*, cité par Y. Clot[13] :

> Avant de lancer les ouvriers dans l'aventure d'une révolution politique, il faut chercher s'il existe des méthodes susceptibles de les amener à s'emparer silencieusement, graduellement, presque invisiblement d'une grande partie de la puissance sociale réelle ; et il faut ou appliquer ces méthodes si elles existent ou renoncer à la révolution ouvrière si elles

---

[12] Moische POSTONE, *Temps, travail et domination sociale*, présenté par T. Coutrot, *Libérer le travail*, p. 205-7.

[13] « Oppression et liberté » 1934 (Gallimard 1953, p. 171), cité par Y. CLOT, Le travail un objet politique sans sujet, in *Mondialisation ou globalisation, les leçons de S.Weil* (dir. A. Supiot, Éd. du Collège de France, 2019.

n'existent pas. Mais si évidente que soit cette conséquence, Marx ne l'a pas vue… et ses disciples, soit réformistes, soit révolutionnaires ne risquaient pas de la voir. C'est pourquoi on peut dire sans crainte d'exagérer que comme théorie de la révolution le marxisme est un néant.

Néant parce que n'est pas évaluée « la puissance sociale réelle » du monde ouvrier, que n'est pas pensé son nécessaire « enracinement » que n'est pas rendu possible ce « régime de travail » opposé au régime de propriété, « qui peut affecter la condition ouvrière au point de provoquer un réenracinement contre l'ennui, l'humiliation ou le refoulement de la pensée » (Clot, p. 134).

Il faut donc établir une filiation entre l'échec initial du « syndicalisme des conseils des délégués d'usine » que Gramsci tentait de promouvoir en 1917, l'échec des conseils qui ont tenté de s'établir en divers pays d'Europe à la fin de la première guerre mondiale, l'échec de leur reprise à la fin des années 1960 à la FIAT de Turin et dans la métallurgie italienne, les échecs post-68 en de nombreux pays du monde, pour enfin les mettre en perspective avec le souci de la santé au travail qui se développe dans les années récentes. Car les liaisons entre démocratie au travail, puissance sociale, enracinement, sentiment de compter pour quelque chose, ont quelque chose à voir avec une prise positive du travail, avec la défense et la promotion de la santé au travail

> L'importance qu'a prise à cette époque (les années 1990) la question de la protection de la santé physique et psychique contre toute forme de compensation salariale ou de monétisation et qui imprimera un nouveau cours à la recherche en médecine du travail jusqu'à se traduire par la pratique d'une véritable autoprotection de la santé, individuelle et collective favorisera la rencontre entre les travailleurs organisés et le monde de la science médicale. (Clot, p. 138)

Cette concentration sur les problèmes de santé physique et psychique, cette priorité donnée à la santé, la conscience de compter pour quelque chose, « l'enracinement » s'opposent radicalement à une pensée de l'organisation scientifique du travail pilotée par le taylorisme.

S. Weil, avait vu dans le taylorisme, cause principale de l'échec des conseils d'usine, non une « méthode de raison », mais « le souci de forcer les ouvriers à donner le maximum de leur capacité de travail ». C'est donc dans l'impossibilité d'un enracinement au travail, dans l'impossibilité de la « conscience de compter pour quelque chose » que s'explique « la perte de la puissance sociale » ouvrière, son impuissance à faire la révolution. B. Trentin veut voir dans cette pensée « la contamination réciproque d'une tradition ouvriériste marxiste et de la tradition chrétienne ». Quoi qu'il en soit, l'enracinement est la donnée essentielle qui permet d'asseoir l'action ouvrière, qui permet « d'arriver dans le cadre d'une usine à ce que les ouvriers comptent et aient conscience de compter pour quelque chose[14] ». En cette absence, l'oppression fabrique l'indifférence et le déracinement : inutile de penser alors à une quelconque révolution, qu'elle soit locale ou mondiale. S. Weil n'examine pas les conditions dans lesquelles aurait pu ou pourrait s'effectuer la mondialisation des espaces de travail entre conseils d'usine de différentes nationalités (la mise en commun des consciences de compter pour quelque chose). Elle propose cependant une réflexion sur les possibilités de l'échange, sur la synergie des responsabilisations ouvrières. Pour transmettre un monde habitable, chaque génération doit s'auto-instituer sur une ligne, entre « espace d'expérience » et « horizon d'attente ».

C'est d'un angle de vision totalement opposé, exclusivement interne à chaque nation, que s'interroge P. Rosenblatt[15]. Doutant des convictions du syndicalisme en faveur du socialisme, il écrit :

> Si les syndicats ne veulent pas produire une intelligence critique du processus d'invalorisation du travail, car ils en ont tous les moyens par la connaissance approfondie qu'ils ont des rapports de travail et d'emploi et leurs formes respectives de valorisation et d'invalorisation, ce n'est point par incapacité ou incompétence, mais par choix face au coût politique et social qu'entraîneraient l'éclairage et la conscience qu'ils produiraient, car on ne sait *a priori* où ils pourraient mener. (p. 142)

Ignorer l'invalorisation du travail pour ne pas avoir à poser le problème de sa valorisation caractériserait la démarche des syndicats : on est toujours dans le constat de l'insuffisance de la critique du taylorisme par ces derniers. Les syndicats, sur la défensive, ne désirent pas s'infliger cette autocritique de plus ; ils ont assez à faire avec la défense de l'emploi. Les pouvoirs politiques et les entreprises s'accommodent facilement du *statu quo* actuel. Aucun acteur ne semble prêt à remettre en cause l'équilibre construit au long de deux siècles entre patronat, pouvoirs publics et syndicats, à mettre en question la « zone de confort » ou de « dialogue social » qu'ils

---

[14] *La condition ouvrière*, Folio, essais, 2002, p. 224.

[15] Patrick ROZENBLATT, *Razzia sur le travail, critique de l'invalorisation du travail au XXe siècle,* Syllepse, 2017.

partagent. À moins que quelques signes indiquent qu'on est arrivés à la fin d'une période, à l'épuisement d'un cycle où la toute-puissance du capital doit céder de l'espace au travail ? Le syndicalisme ne s'est-il pas construit sur la base d'une autonomie politique, « outil de résistance aujourd'hui, lieu de réorganisation de l'activité économique demain[16] ». La question écologique peut-elle être l'occasion d'une gigantesque redistribution des cartes entre les acteurs concernés ?

Dernier angle de vue : pourquoi ne peut-on mettre en œuvre l'instauration et la généralisaion de la proposition qui voit dans la constitution d'un conseil d'entreprise représentant les travailleurs le nécessaire contrepoids au conseil d'administration représentant les actionnaires, chaque décision concernant l'entreprise ne pouvant être prise qu'à la double majorité de ces deux conseils. Ce chemin est réputé dangereux pour le capital. C'est cependant le seul « empruntable », car « pour autant que l'on veille à ce que les organisations syndicales jouent leur rôle de représentation et de coordination entre entreprises, entre secteurs de l'économie et entre pays, le visage de l'économie nationale et transnationale et de nos démocraties s'en trouvera radicalement transformé » (I. Ferreiras, ouv. cité p. 55). Cette perspective a l'avantage de présenter une articulation entre entreprises à l'échelle mondiale, à travers leurs syndicalismes, par-delà les démarches et tentatives incertaines du développement d'un « capitalisme d'intérêt collectif ».

La rencontre de l'ensemble des syndicalismes du monde donnerait une visibilité aujourd'hui insoupçonnable au travail. Du travail esclave au travail libre à domicile, de la soumission extrême à la liberté apparente du télé-travail, l'éventail des formes de travail est immense. L'interdépendance économique des entreprises s'est amplifiée, leurs responsabilités collectives, sociales et économiques aussi. Il est donc temps d'établir un régime de normes qui oblige à des engagements vis-à-vis de la main-d'œuvre, assorties de sanctions que pourrait assurer une OIT renouvelée, plus indépendante du patronat. C'est la proposition de A. Supiot (*Manières de voir,* n° 56, déc. 2017), à laquelle il faut associer la condamnation de toutes les procédures violentes d'expulsion du travail de la terre qui concerne de nombreux paysans partout dans le monde. Cette question qui est rarement traitée en parallèle avec le travail salarié industriel représente une étape

---

[16] Sophie BEROUD, Sur la pertinence heuristique du concept de champ syndical, dans Maxime QUIJOUX (sous la direction de) *Bourdieu et le travail*, Presses universitaires de Rennes, 2015.

essentielle de la démarchandisation du travail. Une illustration en est donnée par l'immense grève de 200 millions de paysans qui se déroule actuellement en Inde (mars 2021).

Retirer aux travailleurs la capacité de penser leur condition, d'en faire une expérience et de la mettre en débat, c'est dénier la réalité, refuser de considérer la centralité du travail comme principal moyen d'accès au réel. C'est pour cette raison aussi qu'il faut rendre compte des obstacles largement méconnus portés à l'activité syndicale dans le monde. Les journaux et revues d'envergure internationale préoccupés de politique et d'économie ne s'en soucient guère ; leurs bilans annuels l'ignorent complètement. Le syndicalisme existe et se renouvelle pourtant, même dans les conditions les plus difficiles. Il faut souligner les enjeux de l'activité syndicale internationale, la situer au sein des forces qui la combattent et de celles sur lesquelles elle peut s'appuyer, comme les mouvements altermondialistes. Une tâche nouvelle l'attend qui va au-delà de celle d'établir un rapport de défense contre l'exploitation capitaliste, mais qui se définit comme la prise en charge de la dignité universelle du travail et des travailleurs : la démocratie au travail est la seule alternative face au profit désigné comme moteur de l'humanité.

CHAPITRE XIII

Syndicalisme, altermondialisme, droits du travail.

1 – M. Delmas-Marty[1] observe une régression conjointe, et liée, du droit du travail, de la justice sociale et de la paix, dans le monde entier ; le contexte est absolument défavorable au syndicalisme. Exemple : notre Assemblée nationale veut obliger les entreprises françaises à vérifier que leurs fournisseurs et sous-traitants dans quelque continent que ce soit respectent les droits fondamentaux du travail élaborés en France. Ce thème avait été évoqué en 2013, lors de « l'émotion » suscitée par l'effondrement d'un immeuble occupé par des sous-traitants de grandes marques internationales de confection au Bangladesh, qui avait fait 1 138 morts et 2 000 blessés. Il a été ré-évoqué (*Libération*, 12-3-2015), mais les difficultés de ce contrôle ont alors été soulevées : il a été envisagé de le limiter aux entreprises employant plus de 10 000 salariés et les sanctions qui pourraient accompagner des violations ne sauraient être pénales, mais seulement financières. Peu d'écho de ce souci en d'autres pays du monde, sauf récemment en Suisse. Le « devoir de vigilance » n'est pas à l'ordre du jour ; il excite critique et méfiance et s'exerce *a posteriori*, contradiction dans les termes, après les catastrophes et leur médiatisation, pour obtenir une éventuelle indemnisation des victimes Selon l'AFEP (Association française des entreprises privées), il est totalement inutile qu'un État (ou une entreprise) prenne des initiatives de protection du travail ou de contrôle du capital, car il se mettrait immédiatement en concurrence défavorable avec les autres États et il ne pourrait les soutenir. Mieux : l'État qui se risquerait à appliquer sérieusement les codes et lois existants de l'OIT serait rayé

---

[1] Mireille DELMAS-MARTY, *Le travail à l'heure de la mondialisation,* Bayard, 2013.

de la carte de la compétitivité[2]. Les « lignes directrices non contraignantes » de l'OCDE sont considérées comme largement suffisantes pour encadrer la marche des échanges dans le monde entier. Et l'OIT, qui tente de faire appliquer de manière générale ses conventions et recommandations, est obligée de reconnaître régulièrement ses échecs. Elle continue à s'en inquiéter, sans beaucoup d'effet.

Par ailleurs, selon la responsable du programme d'action contre le travail « forcé » évalué par l'OIT (le terme, plus fort que celui de travail « indécent », évoque des situations proches de l'esclavage), ce sont 21 millions de personnes qui en seraient les victimes, la moitié concernant des migrants internes ou transfrontaliers. Le travail forcé contemporain se définit par la restriction de la liberté de mouvement, la confiscation de pièces d'identité ou du passeport, les menaces physiques, les heures supplémentaires obligatoires, l'obligation de travailler pour d'autres employeurs comme main-d'œuvre sous-louée. Le Qatar en est devenu le spécialiste mondial.

Cette question se lie à celle des migrations : la part des migrants internationaux dans la population mondiale est de 3 % (244 millions de personnes[3]), dont 21 millions de réfugiés (qui s'ajoutent aux 21 millions assignés à un travail forcé). 4 264 d'entre eux seraient morts pour la seule année 2015 dans la traversée de la Méditerranée, 6 398 en 2016[4]. Les migrants internes (de la campagne vers la ville) sont évalués à 740 millions. L'argent que les migrants envoient chez eux dépasse celui des aides publiques internationales (440 milliards de dollars envoyés par les migrants en 2015 dans leur pays d'origine). Les murs pour filtrer les migrations ont poussé comme des champignons sur de nombreuses frontières :

> Alors qu'une dizaine de murs subsistaient à l'issue de la guerre froide, ils sont désormais plus de 65 construits ou en passe de l'être, le long de

---

[2] Alors que l'OIT proclame que « la non-adoption par une nation d'un régime de travail humain fait obstacle au progrès de toutes les autres nations ». B. Thibault : *La troisième guerre mondiale est sociale*. Éditions de l'ATELIER, 2016, p. 36.

[3] Les chiffres qui suivent sont issus des rapports du Programme des Nations unies pour le développement, du Haut Commissariat aux réfugiés, de la Banque mondiale. Cités par W. LACY SWING, État des lieux des migrations dans le monde en 2015 et perspectives pour 2030, *DIPLOMATIE*, n° 31, févr.-mars 2016, n° spécial coordonné par l'Organisation internationale pour les migrations.

[4] Carolina Kobelisky, Stefan Le Courant, *La mort aux frontières de l'Europe : retrouver, identifier, commémorer,* Babels, Le passager clandestin, 2017, p. 10.

40 000 km de frontières, le périmètre de la terre, pour les ¾ érigés au cours des deux dernières décennies[5].

Ce rôle de filtre contribue à déterminer le prix de la main-d'œuvre, dans le même moment où des investissements, ou des « délocalisations » vers les pays d'origine des migrants, y rencontrent une main-d'œuvre facilement exploitable et bon marché. Le nivellement par le bas, dans les deux sens, est très « tendance ». Comme le reconnaît le même article : « Il est impératif aujourd'hui de reconnaître que des migrations bien gérées sont une force pour le développement international » (W. L. Swing, p. 10)

2 – Que font les institutions de régulation internationales ? Le groupe de travail OIT-OMC créé en 2009 pour réduire l'exploitation et améliorer le droit du travail n'a encore produit aucune recommandation ! Depuis 1980, 90 à 95 % des États ne ratifient plus les conventions de l'OIT et 60 % n'y présentent plus leur rapport annuel.

Une convention des Nations unies sur les droits des travailleurs migrants a été établie en 1990, mais n'a été ratifiée par aucun pays d'immigration. Un tribunal de l'OIT ou une cour mondiale des droits de l'homme ? Ces idées, depuis longtemps débattues, sont toujours ajournées. Un numéro récent de la *Revue internationale du travail*[6] observe que les accords de libre-échange européens (une soixantaine au total) ou les nouveaux modèles d'accords commerciaux et d'investissement entre les USA et les autres pays du monde, ou encore les nouveaux « dispositifs de gouvernance sociale privée » nouveaux venus dans la gouvernance mondiale, qui tous contiennent des clauses relatives au travail, pèchent par le « caractère sélectif des normes examinées » (entendre que les normes sont définies par les seuls employeurs) ou/et « la faible efficacité des mécanismes de contrôle ». Qu'en termes élégants ces choses-là sont dites.

« La raison humanitaire contemporaine est plus attentive à la vie biologique des démunis celle au nom de laquelle on leur porte

[5] Elizabeth VALLET, *Diplomatie*, n° 31, p. 21. Elle commente plus loin : « La banalisation de la réponse murée en relations internationales est en soi un paradoxe puisque les murs finissent toujours par tomber physiquement ou symboliquement. Comme l'évolution des trajectoires migratoires vers l'Europe en témoigne, les murs ne parviennent pas à enrayer l'immigration clandestine, ils la déplacent. » (p. 23)

[6] *Revue internationale du travail :* L'architecture de la gouvernance mondiale du travail, vol. 155, n° 3, 2016.

assistance) qu'à leur vie biographique » (« celle par laquelle ils seraient en mesure de donner eux-mêmes, de manière autonome, un sens à leur existence[7] »). Les processus de violation des droits de l'homme, des droits sociaux, le pillage des ressources naturelles, prennent et reprennent essor comme naturellement, automatiquement. L'intégrisme de marché crée peu à peu ses propres lois et son propre droit, qui s'opposent aux particularismes des systèmes juridiques de chaque État : un nouvel antihumanisme marchand.

Face à cette évolution, M. Delmas-Marty essaye d'analyser, par scrupule intellectuel, les courants trans ou post-humanistes qui recherchent des modèles du côté des biotechnologies, des nanotechnologies, des sciences cognitives et de l'information, de l'affinement des échelles de perception ou de la nature augmentée. Face à ces innovations qui se révèlent marginales, improductives, éventuellement contradictoires, elle ne retient qu'une issue possible, celle de « transformer le mythe de l'humanisme juridique dans un processus d'humanisation réciproque, ce qui passe nécessairement par une revalorisation du droit du travail. » C'est un chemin opposé qui est pris : les Codes du travail sont rabotés partout dans le monde ; le droit du travail est déconstruit. Le travail est la variable d'ajustement, l'instrument de la guerre économique.

3 – Comprendre ce paradoxe à l'heure actuelle conduit à poser une question d'histoire, celle des tentatives de construction de la dimension internationale du travail.

Lorsque la classe ouvrière se découvre au niveau international en Europe, que Charles de Rémusat constate « le progrès intellectuel et moral de la classe ouvrière[8] » et que se succèdent de 1866 à 1869 les quatre congrès de l'Association internationale des travailleurs en Europe, l'idée principale est bien qu'il s'agit de créer une solidarité ouvrière autant sur la base d'une pacification entre nationalismes exacerbés par les dirigeants politiques et prêts à dégénérer en guerre que sur la base d'une défense des intérêts ouvriers communs étouffés par la domination du patronat sur l'industrie. Il faut créer « un droit international positif, tout comme il y a une morale chrétienne uniforme » (Michel CHEVALLIER, *Revue des deux mondes,* 1er juin

---

[7] Didier FASSIN, *La raison humanitaire, Une histoire morale du temps présent,* Gallimard-Seuil, 2010, p. 328.

[8] Cité par Édouard DOLLEANS, *Histoire du mouvement ouvrier*, T. I, A. Colin, 2° ed, 1939, p. 277.

1866). Pour ce faire, la relation doit s'établir entre les travailleurs et leurs représentants directs plus qu'entre travailleurs et politiques, puisqu'il faut à la fois s'opposer à la double face du pouvoir, Empire ou République, et au patronat. La méfiance s'installe, parfois explicitée, contre les armées de métier et le service militaire : ne faudrait-il pas les remplacer par « l'armement général du peuple » ? Un autre débat s'instaure pour savoir si les délégués ouvriers devaient n'être que des travailleurs manuels ou, aussi bien, des « travailleurs de la pensée[9] » ; car les ouvriers se méfient des dérives spéculatives portées parfois par des egos surdimensionnés dont ils savent mal se défendre.

Entre 1868 et 1870, 67 chambres syndicales d'adhésions à l'Internationale sont créées en France par des typographes, « l'élite ouvrière », qui ont établi des sociétés de secours mutuel dans 483 villes. Leur progression est fulgurante (500 adhérents en 1866, 2000 en 1868, 245 000 dans les premiers mois de 1870, p. 316). Les tensions entre collectivistes (plus politiques) et mutuellistes (plus solidaristes) sont un élément de ce dynamisme : l'objectif d'émancipation de la classe ouvrière par le socialisme scientifique proclamé de Marx s'affronte dans un échange positif aux tendances des socialismes utopiques. Il s'agit de ces « périodes uniques de commencement » où tous les sujets sont abordés et discutés de manière approfondie. L'esprit structurant de ce moment de création semble résumé par la phrase qu'Eugène Varlin prononce au Congrès de la paix et de la liberté au nom de l'Internationale : « Supprimer l'insolidarité qui existe entre les hommes, c'est du même coup supprimer la guerre entre nations » (Dolléans, p. 305). Pour supprimer la guerre, « deux méthodes, le refus du service militaire ou, ce qui revient au même puisque les armées ont besoin de consommer, le refus du travail » (César de Paepe au 3e Congrès de l'Internationale de 1868). À l'opposé, la coopération internationale dans le travail sera un vecteur de paix entre nations : la pratique du soutien financier entre ouvriers en grève de pays différents est chose courante.

La guerre franco-allemande de 1870, où l'Internationale est prise en étau, interrompt la dynamique en cours. Elle ne reprendra que peu à peu, dans l'organisation d'entraide et de solidarité concernant le soutien aux grèves des travailleurs de toutes catégories et

[9] Les Parisiens veulent exclure les travailleurs de la pensée, car « ils redoutent les vains conflits que suscitent les petits amours-propres et craignent de laisser envahir l'association par les ambitieux », E. Dolléans, ouv cité, p. 290.

l'organisation de réunions, congrès, assemblées dans toute l'Europe[10]. La Deuxième Internationale met du temps à se reconstruire, car elle achoppe toujours sur le problème[11] du nationalisme. Ce n'est que vers la fin des années 1880 que la dynamique reprend : il s'agirait d'ailleurs plutôt à ce moment d'une « refondation » (R. Adam, p. 85), car les syndicats se sont effacés et ont laissé la place aux partis : « Cet effacement du moment fondateur de l'Internationale doit s'entendre comme un postulat théorique : l'Association n'est fondée par personne et appartient à tous. » La tension initiale de l'AIT entre « collectivistes » (Marx) et coopérateurs (Proudhon) se poursuit donc, 20 ans plus tard, à la veille de la Première Guerre mondiale, entre deux branches concurrentes du socialisme européen, un parti ouvrier, partisan de chambres syndicales puissantes qui bénéficie du soutien des *trade unions* anglais, et un parti, peu lié aux syndicats, axé sur la conquête du pouvoir, appuyé par la social-démocratie allemande. L'internationalisme ouvrier s'était proposé de dépasser à la fois le capitalisme et ses organisations patronales, l'État-nation et la démocratie parlementaire bourgeoise. Il se voulait totalisant, complet, prospectif, mais la tension due aux nationalismes, aux rivalités idéologiques et aux conflits de pouvoir avait conduit au sabordage de l'AIT dès 1872. Seuls se maintiennent, après le débat incertain sur l'appui au retour des exilés de la Commune (aide d'intégration républicaine et de réconciliation ? ou redémarrage des pratiques solidaires du passé ?), des gestes solidaires : appui financier à la Révolution russe de 1905, à la grève générale en Suède (1909), à celle de la Ruhr (1905-6), à celle de l'Angleterre (le Great Labour Unrest de 1911 à 1914), à celle de Draveil (France, 1908). La solidarité ouvrière internationale s'exprime, que ce soit dans la perspective de grève générale de masse, ou celle de la prise de pouvoir via le Parlement. La guerre de 1914 y met un terme. Déjà, à sa veille, où Jaurès est assassiné, tous les partis socialistes européens s'étaient prononcés pour la guerre, malgré leurs protestations de pacifisme ouvrier internationaliste.

---

[10] Nicolas DELALANDE, *La lutte et l'entraide, l'âge des solidarités ouvrières*, Seuil, 2019, p. 80. et Chapitre 5 « Renouer les fils de l'internationalisme ». Cependant que le mythe de la richesse ouvrière par les cotisations ne se dément pas, car il maintient en respect les ennemis, qui se méfient de sa puissance.

[11] *« L'ennemi principal est dans notre propre pays. L'opposition à la guerre impérialiste »*, Textes de 1914 à 1916 choisis et présentés par Rémi ADAM, Les bons caractères, 2014.

Mais reste une certaine agitation au sein des diverses armées en guerre qui peut être relayée par des grèves du travail dans la société civile (Autriche-Hongrie, Allemagne, Italie) avec parfois des affrontements entre socialistes et nationalistes. La fin de la guerre tourne à l'avantage de ces derniers dans les divers pays ; elle se poursuit par les assassinats de R. Luxembourg et K. Liebknecht. La Troisième Internationale créée en mars 1 919 à Moscou semble porter de nouveaux espoirs dans la conjoncture nouvelle créée par l'Union soviétique, mais les alliances entre sociaux-démocrates, communistes et syndicats tournent *in fine* à l'avantage des premiers, même si l'affichage reste officiellement « communiste » : Les risques d'intervention militaire contre l'URSS restent présents. Des grèves contre la hausse des prix surgissent ça et là. Une Fédération syndicale internationale se forme qui se rapprochera de l'Organisation internationale du travail nouvellement créée[12]. Mais la démocratie au travail n'est plus à l'ordre du jour.

La Quatrième Internationale, fondée en 1938 par Trotsky, est prise dans les conflits qui affectent le monde socialiste au lendemain de la guerre, dans les perturbations des situations coloniales, dans l'affrontement sino-soviétique, et dans les mouvements de social-démocratie qui accompagnent l'Europe en voie de croissance économique. Tensions et scissions qui l'affecteront durablement[13]. E. Jousse commente plus tard[14] :

> L'internationalisme ouvrier semble ouvrir un « horizon d'attente » particulièrement efficace, car il légitime ceux qui s'en revendiquent. L'expérience de l'internationalisme est inexistante, mais l'attente qu'il provoque est sans limite [...] Plus qu'un modèle l'Internationale fut un mythe, c'est-à-dire un discours à la fois « déformant et mobilisant ». (p. 72-73)

Sa dernière référence d'envergure aura été le soutien à la guerre antifasciste d'Espagne en 1936.

On observe que les processus généraux de reconsidération du travail et des travailleurs qui font avancer les droits et la justice du travail se développent à l'issue de grandes catastrophes, comme les

---

[12] Jacques LE GALL, *Quand la Révolution ébranlait le monde, la vague révolutionnaire 1917-1923*, Les bons caractères, 2018.

[13] Pierre FRANK, *La Quatrième Internationale*, Maspéro, 1969.

[14] Emmanuel JOUSSE, Les internationalismes ouvriers de 1864 à 1914, dans Éric ANCEAU, Jacques-Olivier BOUDON, Olivier DARD, *Histoire des internationales, Europe XIXe-XXe siècles,* Nouveau Monde éditions, 2017.

guerres mondiales, chez les vainqueurs et les vaincus. Mais c'est chacun pour soi, chacun chez soi, dans sa nation. Dans le principe, la solidarité internationale s'exprime par la création de l'OIT en 1919, la Déclaration de Philadelphie en 1944 à l'origine de l'ONU, la Déclaration universelle des droits de l'homme en 1948, celle du Conseil national de la résistance en France : « Les jours heureux » (1944). Ces principes peuvent donner lieu plus tard à des prises de position agressives et viles par des hommes politiques insensibles aux drames de l'histoire[15] : la conscience universelle de solidarité internationale reste présente, même fragile, à l'heure où la dynamique apportée par la mondialisation oppose la protection du travail à l'accumulation du capital. Les difficultés du syndicalisme au niveau mondial restent considérables. Le messianisme soutenu par la prophétie qui se voulait autoréalisatrice de Marx (« prolétaires de tous les pays, unissez-vous ») est toujours en attente. L'union des travailleurs projetée entre conflit (contre les politiques et les patrons) et coopération (entre travailleurs) n'avance guère.

Le contexte colonial n'y a pas été favorable. Il y avait deux têtes de pont coloniales en Afrique en 1875, l'Algérie et la colonie britannique du Cap ; en 1914, 40 ans plus tard, seule l'Abyssinie (future Ethiopie) et le Liberia ne sont pas colonisés[16]. La répression des révoltes des anciens combattants des colonies réclamant l'accès à la nationalité française et la fin du Code de l'indigénat, après 1918 et après 1945, est largement ignorée de la gauche. Du point de vue syndical, des raisons tiennent aux situations nationales : les dirigeants doivent être proches de leurs syndiqués et de leurs aliénations spécifiques ; d'autres au moment historique que vivent les organisations : il est difficile de mobiliser des ensembles qui connaissent des stades très différents de rapports avec l'État et les entreprises : quasi-intégration en certains cas, violence en beaucoup d'autres.

4 – Aller au fond des choses signifie de prendre à la lettre l'avertissement de Gramsci quand il dit que l'absence de démocratie ouvrière, du fait de la prise de pouvoir des syndicats ou des partis sur les conseils, met en question les possibilités d'unification ouvrière

[15] D. Kessler, lorsqu'il est secrétaire d'État du gouvernement Sarkozy, proclame que toutes les décisions du Conseil national de la Résistance devraient être systématiquement prises à contrepied, une à une.

[16] Jacques LE GALL, *La question coloniale dans le mouvement ouvrier en France (1830-1962),* Les bons caractères, 2013, p. 25.

dans toutes les entreprises et tous les pays. Car syndicats et partis sont guidés par des intérêts de classe et nationalistes mêlés. À la différence des conseils ouvriers portés par les seuls intérêts de classe et donc capables de construire une vraie relation entre classes ouvrières. L'échange créé par l'expression démocratique des conseils dans chaque nation permet la communication entre eux et entre elles. Mais les syndicats doivent être réduits au seul rôle d'appui aux conseils, car leur nature est « concurrentielle » et celle des conseils est « communiste » :

> Dans la période actuelle, où les individus n'ont de valeur que dans la mesure où ils sont propriétaires de leurs marchandises, les ouvriers ont dû aussi se plier à la loi de fer de la nécessité générale, ils sont devenus vendeurs de leur unique propriété : leur force de travail et leur intelligence professionnelle. La nature essentielle du syndicat est concurrentielle, elle n'est pas communiste[17].

La relation communiste exige une relation entre conseils capable de définir des espaces internationaux de coopération sur le travail.

Dans un autre vocabulaire, mais le même esprit, S. Weil insiste sur la nécessité de porter attention à l'indispensable « enracinement » ouvrier, qui lui donne la « puissance sociale réelle » qui n'est autre que la confiance en ses propres valeurs, « le sentiment qu'ils comptent pour quelque chose par leur travail » afin de définir des revendications propres et d'éviter l'imposition de directives à visées nationalistes portées par des syndicats ou des partis s'exprimant à la place des conseils. Ces derniers ont connu un essor spontané en Europe, de 1917-1918 aux années 1920 ; essor fortement contrarié par les social-démocraties nationalistes. Effort qui n'a pas été suffisamment appuyé ni par Lénine, mobilisé par le socialisme dans son propre pays, ni plus tard par Trotski (4e internationale).

> À la place des institutions représentatives issues d'élections populaires générales, Lénine et Trotski ont imposé les soviets (à la mode soviétique) comme « la seule représentation véritable des masses laborieuses. Mais si on étouffe la vie politique dans le pays, la paralysie gagne obligatoirement la vie dans les soviets » (R. Luxembourg, *Œuvres*, II, Maspero, p. 85[18]).

---

[17] Antonio GRAMSCI) : *Syndicats et conseils, L'ordine nuovo*, 11-10-19. Cité par T. Coutrot, *Libérer le travail,* p. 212.

[18] Cité par Georges LABICA, *Dictionnaire critique du marxisme,* PUF, 1982, p. 201.

Échec enregistré pour de longues années. Les vagues post-1968 un peu partout dans le monde ont été un sursaut contre le taylorisme et le fordisme, mais elles n'ont pas pu ou su porter le processus de réorganisation du travail. L'expérience la plus avancée a été celle de Lip qui n'a pu se développer que tant que l'establishment politique et patronal s'est senti lui-même hésitant, interrogé par la question du travail démocratique et de l'autogestion. Mais cette expérience ouvrière de gestion du travail a laissé des traces susceptibles de se réactualiser en de nouvelles conjonctures[19]. Si on se reporte sur la période contemporaine de l'altermondialisation, il faut constater qu'elle n'a pas été altérée à sa naissance par une dimension nationale ou nationaliste.

5 – Les forums sociaux mondiaux mobilisent des mouvements sociaux qui ne sont pas téléguidés par un quelconque ordonnateur politique centralisé. La naissance de l'altermondialisme en France, que l'on peut référer à l'éditorial d'Ignacio Ramonet du *Monde diplomatique* de 1997[20], s'est accompagnée immédiatement de la constitution d'un espace international de réflexion durant la première décennie des années 2000 du fait de la participation de tendances politiques et sociétales variées : écologistes, catholiques de gauche, communistes et divers gauche, tiers-mondistes. Le mouvement altermondialiste a légitimé, par son caractère universaliste, écologique et généraliste par-delà la politique politicienne, un rapprochement entre des extrêmes gauches, des christianismes de gauche, des fractions du mouvement paysan et ouvrier, des mouvements sociaux comme Attac, et cela pendant plus de 20 ans jusqu'à l'heure actuelle. Mais l'essor de l'Europe et de l'internationale néo-libérale a fait obstacle aux espaces internationaux de réflexion et d'action qui s'étaient constitués. Et il semble que ces derniers se soient épuisés à vouloir modifier le contrôle du monde construit par les puissants, sans avoir construit les outils nécessaires pour opérationnaliser leur stratégie, sans avoir voulu traiter la question de la place et du rôle du travail (et du travailleur) dans une vision prospective de l'avenir. Un conflit s'est établi sur le

---

[19] Donald REID, *L'AFFAIRE LIP, 1968-1981, Presses universitaires de Rennes, 2021.*

[20] I. RAMONET Désarmer les marchés, Le Monde diplomatique, décembre 1997.
206 Le livre d'Éric AGRIKOLIANSKI, Olivier FILLEULE et N. MAYER, *L'altermondialisme en France,* Flammarion, 2005, décrit les moments fondateurs de cette période.

plan d'une vision d'ensemble du futur et sur chaque plan instrumental : récessions, paradis fiscaux, fiscalités nationales, économie solidaire, spéculations financières, environnement, climat ; un débat d'idées, projet contre projet ; et quelques manifestations réprimées. Le fait, en outre, qu'il s'agisse d'expertises, de propositions, d'alternatives, de prévisions plus que de revendications immédiates ou de négociations de calendriers impératifs a permis aux dirigeants mondiaux (FMI, OCDE, OMC, États) d'esquiver, de promettre, d'ajourner, et finalement d'imposer leurs idées comme par la seule « force des choses ».

Sans proposition sur le mode de participation du monde du travail dans ces projets, les altermondialistes se retrouvent les mains nues et les problèmes de leur alliance avec les syndicalismes existants évacués ; le fait par ailleurs que ces derniers ne se soient pas spécialement branchés sur le thème de l'organisation du travail à l'échelle internationale étouffe l'axe possible de leur propre reconstruction. Enfin, le niveau d'organisation de la galaxie ONG, associé éventuellement à celui des syndicats, est loin d'atteindre celui des organisations internationales, des États et des multinationales. Leur cohésion est à construire en permanence face à ces interlocuteurs stables et puissants. L'internationalisme « ouvrier » qui ne se construit pas sur la base de « l'enracinement ouvrier » sur la base du contrôle du travail, qui reste sur la seule contre-proposition des idées sans mobiliser les moyens de sa défense, ne peut déboucher sur une capacité d'organisation politique.

L'échec des forums sociaux mondiaux tient au fait que ces derniers se présentent comme des contre-propositions à une domination effective, comme une « révolution passive » : idées, problématiques, alternatives ne reposent pas sur la définition d'un outil, d'une méthode ou d'une stratégie capables de les opérationnaliser. Ils n'ont jamais posé l'exigence d'une démocratie de production ou d'une démocratie au travail pour les formuler. L'idée d'une stratégie du type « conseils ouvriers » qui place l'organisation du travail comme base et condition de l'action est absente. L'idée de démocratie économique n'est pas étrangère à nombre d'observateurs critiques[21] mais elle reste un vœu pieux. Lorsque la revue *Multitudes*[22] fait l'inventaire des politiques possibles dans tous les domaines (Europe, médias, numérique,

---

[21] Gustave MASSIAH, *Une stratégie altermondialiste*, La Découverte, 2011.

[22] *Multitudes*, n° 66, « Ceci n'est pas un programme », 75 p, 2017, p. 29.

écologie, développement des biens communs), lorsqu'elle évoque les moyens financiers qu'il faudrait mettre en œuvre et les stratégies de soutien nécessaires à l'action envisagée, il lui est impossible de dire comment s'y prendre. La méthode qui doit supporter l'objectif serait relativement facile à définir : la démocratie de production ou de travail. Les auteurs de *Multitudes* en ont le soupçon, voire le souci, lorsqu'ils notent que les syndicats n'ont toujours donné au travail que « la fonction de produire » en laissant au capital « les modalités de la production, sa valorisation, et du même coup les pollutions, les malfaçons, les nuisances des produits et des modes de produire ». Le processus de production et sa valorisation n'ont pas été pensés comme relevant de la responsabilité du travail et des travailleurs. C'est cependant à partir de ces tâches-là que l'on peut envisager la participation des forces du travail aux accords et conventions économiques qui gèrent les productions de la planète. Et c'est à partir de la critique de ces accords que l'on peut poser la question du contrôle du travail sur la production.

Évincer le travail et le travailleur de ces débats n'est pas de bonne politique. Il ne s'agit pas d'une « démocratie économique » qui évoque une simple interaction d'acteurs dans une économie capitaliste constituée ; ni d'une démocratie d'entreprise qui souligne une interaction concrète au jour le jour, mais qui prend un aspect très restrictif lorsqu'on l'oppose à la démocratie de branche, suite aux débats sur la loi travail de 2017. Par contre le terme de démocratie de travail souligne l'importance du travail en tant que prise sur le réel, et du travailleur en tant qu'acteur de cette prise. L'acte de produire implique l'intervention de chaque producteur sur les modalités de production (formes de coopération et de conflit), sur leur choix et leur suivi à tous les niveaux, qu'il s'agisse de consommation quotidienne ou de choix planétaires sur l'environnement. La décision des choix de production ne peut être laissée par principe aux aléas du marché, plus encore lorsque son enjeu concerne des besoins collectifs fondamentaux : alimentation, santé, environnement. Écarter le travailleur des choix de production et de sa participation au procès de travail apparaît aujourd'hui insoutenable. La participation des travailleurs sous forme directe, communiste (la forme conseils) doit donc se substituer à la forme concurrentielle (partis ou syndicats). C'est ce qu'expriment les auteurs qui évoquent la nécessité d'un travail vivant (la participation à la négociation sur l'organisation du travail) à la place d'un travail mort (la seule discussion sur la compensation de sa subordination[23]). Les échanges de travail vivant entre entreprises ont peu été explorés jusqu'à ce jour. C'est pourtant la piste qui permettrait de lier entre eux les travailleurs du monde entier.

On sait que tous les débats pré ou post-production, qui ne traitent pas du « quoi et comment » produire avec les producteurs eux-mêmes, sont contrôlés par les forces économiques dominantes, investisseurs, cartels, lobbies, brain-trusts, qui s'associent les think tanks, partis politiques et autres organisations, pour réaliser leurs objectifs et leurs marchandages. S'il existait une démocratie du travail au niveau de la production, qui se prolonge au niveau de la circulation et de la reproduction, les dominants-gouvernants seraient contraints d'écouter cette voix. Lorsque les travailleurs ne sont consultés qu'une fois les jeux faits, en tant que consommateurs ou membres de la société civile, leur parole est limitée à un commentaire inutile sur le produit fini. Les débats sur l'environnement, l'évasion fiscale, le travail esclave, les migrations exigent l'expression de toutes les parties prenantes. Pour éviter de revenir au postulat impossible d'un taylorisme universalisé où la production est l'affaire des actionnaires et des managers, pas celle des travailleurs.

La critique du capitalisme que l'altermondialisme actuel engage met davantage l'accent sur la question de ses résultats, les questions de circulation (la liberté du commerce, les paradis fiscaux et judiciaires) ou les questions de sa reproduction (migrations, souveraineté alimentaire, éducation, culture) que sur la question de ses fondements : la production et les droits du travail qui lui sont affectés. C'est pourtant ce que l'altermondialisme devrait appuyer, en se faisant le relais des interventions sur le travail. L'altermondialisme et le syndicalisme ne peuvent oublier la question des modalités de production. Comment modifier les finalités de production (remplacer le carbone par l'éolien par exemple) sans penser à l'organisation des forces qui seront capables de porter ce changement. L'articulation entre syndicalisme et altermondialisme paraît inéluctable, mais leur rencontre est à faire : le contrôle du travail, thème primordial dans la défense d'une vision ouvrière, doit être associé à la perspective du contrôle écologique de la planète.

L'absence de vision d'une articulation entre syndicalisme et altermondialisme fait apparaître du même coup les différences et les décalages entre syndicalismes nationaux ou régionaux comme entre

---

[23] Thomas COUTROT, *Libérer le travail, ouv cité,* passim.

les syndicalismes des pays développés, et les syndicalismes des pays dominés ; les premiers intégrés dans l'État, bureaucratisés et divisés par l'apparition de nouveaux statuts du travail, très fortement orientés sur la défense de droits individuels ou collectifs dans un style corporatiste ; les seconds, subissant de plein fouet la violence de la mondialisation, peu protégés par leurs États, en difficulté perpétuelle sur la base de la défense élémentaire des droits du travail.

Alors que dorénavant le travail dans les multinationales s'organise en filières de production intégrées, les patronats préfèrent avoir affaire à un syndicalisme d'entreprise, qu'ils contrôlent facilement, plus qu'à un syndicalisme de branche qui les obligerait à rendre compte de leur activité à un niveau public international. Syndicats ou conseils ouvriers devraient être présents aux extrémités de la filière et aux étapes intermédiaires. Ils n'y sont que rarement, en butte aux discriminations patronales. L'idée d'une internationalisation des conseils ouvriers est difficile à mettre en œuvre, même si leur association à l'action internationale des ONG montre leur efficacité[24]. En tout cas l'idée du travail comme un destin aléatoire segmenté, propre à chaque nation ou entreprise est de moins en moins tenable.

6 – Notons enfin un autre style de difficulté. Chaque travailleur est au centre d'appartenances sociales variées en dispute. Les conflits d'usages ou de propriété de biens, les solidarités de races, d'ethnies, de régions, de « nations » de religions mènent souvent à la guerre. Ces conflits de défense ont à voir avec des « solidarités de retrait » qui parasitent des conflits du travail se référant plutôt à des solidarités de dépassement. On peut se référer à L. Delcourt[25] qui dénonce :

> Les forces sociales et politiques régressives, symptômes de brouillage des identités, de l'explosion des inégalités et du renforcement des clivages, qui tirent parti du recul des forces progressistes, des crispations identitaires, de l'essor des conservatismes moraux et des fondamentalismes religieux, des résurgences des nationalismes ultra et ethniques, de l'ascension de courants et partis politiques xénophobes.

Croissance de l'emploi informel, migrations, multiplication des groupes armés, ethnonationalismes et nationalismes religieux effacent

---

[24] Par exemple l'association SHERPA s'est spécialisée dans les dénonciations des multinationales. Voir en outre ici même le chapitre XVI.

[25] Laurent DELCOURT, « Dérives réactionnaires et contre-mouvements dans le Sud », dans *Droites militantes et mobilisations réactionnaires,* Syllepse, 2018.

les identités sociales au profit d'identités culturelles et font primer la loyauté à l'ethnos ou à la religion sur les solidarités de classe.

7 – Les interdépendances mondiales s'amplifient face à la gestion de l'avenir de la planète et annoncent une communauté de destin. Une *vision écologique de la planète* peut-elle susciter une vision unifiée des travailleurs ? Les conflits d'intérêts se définissent à l'échelle mondiale où le pouvoir des multinationales s'enchevêtre à celui des États : il ne s'agit pas de controverses scientifiques sereines. Et les problématiques de l'écologie ne font pas nécessairement référence au travail[26] ». Un accord d'intérêt général est difficile à trouver tellement sont puissants les intérêts particuliers constitués, et peu audibles ceux des couches populaires. L'argument du risque est très médiatisé du côté de l'opinion publique, mais il est de l'ordre du futur, et les pouvoirs, économiques ou politiques, se mobilisent difficilement pour la défense d'objectifs lointains. Ces difficultés mettent en scène la divergence des conflits d'intérêts, des expertises et des convictions. Mais comment parvenir à des décisions justes ou justifiées, si ce n'est en organisant l'expression de toutes les catégories d'acteurs, dans chaque activité ? Comment éviter d'imaginer que les choix les plus sérieux auront été les plus discutés et partagés démocratiquement ?

Actuellement, l'imprévisibilité et la durabilité de la menace du Covid 19 donneront-elles la possibilité au monde du travail d'imposer sa vision de la nécessité d'un espace démocratique d'abord dans la gestion de la santé ensuite en toute situation de travail ? En référence à S. Weil, à sa théorie de l'enracinement, à la volonté du « compter pour quelque chose ». Comment les nouvelles formes des luttes syndicales, internationales ou pas, portent ce souci ?

---

[26] Christophe BONNEUIL, Jean-Baptiste FRESSOZ, *L'événement anthropocène, Seuil, 2013 ;* Richard KEUCHEYAN, *La nature est un champ de bataille,* Zones.

CHAPITRE XIV

Des luttes syndicales internationales

Les relations intersyndicales internationales peuvent être encadrées par les Accords-cadres internationaux (ACI) élaborés conjointement entre entreprises et syndicats, le plus souvent au niveau des FSI (Fédérations syndicales internationales) constituées par branches professionnelles (alimentation, transport, métallurgie, bâtiment et bois, habillement et cuir) et qui peuvent inclure des partenaires commerciaux, des fournisseurs et sous-traitants, de premier ou second rang. D'autres niveaux syndicaux (nationaux, régionaux, fédérations d'obédience confessionnelle) ou des organisations d'autre nature que syndicale peuvent également être partie prenante de ces accords. Ces accords, à l'initiative des multinationales, visent à en présenter une image positive, dans un objectif commercial ou publicitaire, parfois lié à un objectif social (salaire, travail décent, respect des droits syndicaux). Ils peuvent avoir aussi un objectif de stratégie industrielle pour maintenir une certaine stabilité des politiques ou une certaine régularité avec les clients, parfois en faisant entrer dans l'accord l'OIT en tant que « témoin ». Ils peuvent se présenter sous la forme de simples recommandations ou prévoir des procédures de contrôle. Dans tous les cas l'Organisation internationale des employeurs (l'une des 3 composantes de l'OIT, outre celle des syndicats et des États) contrôle tous les chantiers[1].

[1] « Il est inconcevable que des mobilisations syndicales dans un pays puissent se traduire par des grèves de soutien dans d'autres », *International Framework Agreements, an Employer's guide,* Genève, 2005. Elles seront même combattues pour éviter qu'elles affectent les entreprises qui connaissent la paix syndicale. Selon Michèle DESCOLONGES et Bernard SAINCY, *Les nouveaux enjeux de la négociation sociale internationale,* La Découverte, 2006, p. 41, cette organisation « a listé tous les risques et toutes ses réserves que les accords-cadres internationaux

La CNUCED (Conférence des Nations unies sur le commerce et le développement) estime à 80 000 le nombre de multinationales (il y en avait 40 000 en 1990) et à 800 000 celui de leurs filiales employant directement 200 millions de travailleurs, soit 1/5 à 1/4 des travailleurs du monde[2]. L'imposition de normes comptables internationales, de la Bourse et de la valeur marché, la possibilité de l'association en cartels, l'attribution de droits de propriété intellectuelle, les facilités de délocalisation et la possibilité d'arbitrage de leurs conflits par des tribunaux privés ont instauré et conforté leur toute-puissance. À l'échelle européenne leur interlocuteur est la Confédération européenne des syndicats qui rassemble les bureaucraties syndicales les plus consolidées du système mondial, soumises à une forte institutionnalisation qui les réduit à la fonction de « partenaire éventuel du dialogue social ».

Le souci de contrôler les multinationales est ancien. L'élaboration de codes de bonne conduite au sein des multinationales date de 1976, mais il est vite devenu un « instrument de communication non contraignant[3] » mis en œuvre seulement par des entreprises volontaires. Des secrétariats professionnels internationaux dans le cadre de la CISL ont un moment tenté d'organiser les syndicats dans les transports, la métallurgie, la chimie, l'alimentation, avant de se transformer en « Conseils mondiaux » visant à coordonner des droits en matière de négociation collective. Ces actions n'ont toutefois jamais dépassé le stade de soutien réciproque dans l'action, sans parvenir à des négociations collectives intégrées au niveau d'un groupe entier. La tentative pour sortir de ces difficultés, qui a été celle des ACI (Accords-cadres internationaux) relevait, pour l'essentiel, de Comités d'entreprise européens rendus obligatoires en 1994[4] ; mais ils sont plus souvent « le signe d'une bureaucratisation avancée des structures internationales qu'un champ d'expériences de luttes et de mobilisations » (J.-M. Pernot, ouv. cité). Un accord exceptionnel réunissant 120 délégués de 14 pays a été possible dans le cadre de la

---

pouvaient rencontrer : harmonisation par le haut des standards sociaux, contagion sociale, risque d'engrenage et construction de nouvelles solidarités d'action dans la mondialisation »

[2] *MOUVEMENTS des idées et des luttes, n° 95, 2018,* « Syndicalisme transnational, s'organiser face aux multinationales ».

[3] Jean-Marie PERNOT, « Syndicats et multinationales, passé, présent, futur », dans MOUVEMENTS, n° 95, 2018.

[4] Remis en cause par les politiques d'austérité, ils végètent, tentés par un repli national. Fabrice WERNECK, *Mouvements*, p. 82, n° 95, 2018.

multinationale canadienne, Quebecor World, car il s'est adressé simultanément et sous des formes variées aux actionnaires, aux clients, aux fournisseurs et aux salariés. Mais la difficulté d'aboutir à un accord, grâce à une exposition médiatique très soutenue pour arriver au résultat, a mis le doigt sur le fait que « la plupart des multinationales sont maîtresses de leurs opérations et à l'abri de toute régulation publique » (J.-M. Pernot).

Le concept de développement durable date de 1987 et l'on voit les énormes difficultés auxquelles il s'affronte jusqu'à aujourd'hui. L'Alliance pour un traité (2014) qui rassemble 900 organisations, dont les plus grandes ONG et les deux organisations syndicales mondiales, n'arrive pas à faire voter par le Conseil des droits de l'homme de l'ONU une charte et de nouvelles normes sociales qui permettent de réguler des entreprises. Toute idée de recours à des mécanismes de sanction suscite la forte hostilité des lobbys industriels. L'OIT, qui devrait être le garant d'un droit international du travail, élabore des recommandations qui ne sont pas respectées parce qu'elles se heurtent à l'action du FMI qui octroie ses prêts aux entreprises si elles réduisent leurs politiques sociales. Quant aux accords mondiaux d'entreprise (150 seulement de portée internationale), qui ont l'avantage d'inclure les syndicats lorsqu'ils existent, personne ne peut contrôler leur application. C'est donc l'association entre les pratiques de l'évasion fiscale, le non-respect des politiques de l'environnement et « l'oubli » des politiques sociales de la part des multinationales qui « font la loi » actuellement. La Confédération européenne des syndicats et l'Institut syndical européen disposent de plus de 100 salariés, de groupes de travail permanents et s'articulent de manière soutenue aux responsables politiques et à leurs multiples conseillers techniques : l'écran est total face aux salariés qu'ils sont censés représenter. Prioriser les droits humains sur les intérêts commerciaux est un espoir infondé ; c'est pourtant cette priorité qui devrait s'afficher dans le monde de demain.

Une avancée récente a été l'adoption de la loi instaurant un devoir de vigilance pour les entreprises multinationales. Cette loi, adoptée en France le 21 février 2017, ne concerne que les entreprises « inscrites » en France et qui emploient depuis 2 ans plus de 5 000 salariés ou plus de 10 000 salariés dans le monde. Syndicats et ONG sont autorisés à intervenir et négocier sur toute la chaîne. La vigilance est un devoir qui permet de relever toutes les insuffisances, omissions et oublis des entreprises concernant la sécurité, la santé ou les droits humains, et de les mettre face à leurs responsabilités. Les plans de vigilance établis conjointement par les entreprises et les syndicats, filiales et sous-traitants inclus, doivent être soumis à consultation au sein de l'entreprise. Trop récente pour faire l'objet d'une évaluation, cette loi constitue un outil de coordination et de lutte commune de la société-mère jusqu'au dernier sous-traitant. Or l'Union européenne[5] s'y oppose frontalement. Une vraie « guerre » sera nécessaire à l'échelle de la planète, car l'ONU reste totalement passive sur ce sujet, malgré les pressions publiques qui s'exercent sur elle.

Cependant des actions se réalisent avec quelque succès, par exemple au SEIU (Services Employees International Union). Ce syndicat[6] envisage une stratégie internationale syndicale de luttes coordonnées articulant les données : migratoires, l'intégralité des chaînes de production d'un secteur déterminé et la grande finance. Le contexte migratoire (300 millions de migrants et migrantes en 2013) oblige nécessairement à penser la rencontre entre migrants et non-migrants : haïtiennes et jamaïcaines des EPHAD du Connecticut ou du Rhode Island, immigration clandestine d'Amérique centrale, travailleurs du nettoyage du monde entier. L'Organisation démocratique du travail au Maroc syndique les migrants d'origine africaine en attente d'Europe. Le Corean Confederation of Trade-Unions a créé un syndicat de migrants. Il faut avoir en vue les organisations spécifiques de migrants en plusieurs pays, penser leur articulation avec les syndicats autochtones ; dépasser les difficultés de langue et de culture, près des lieux de travail, mettre en œuvre des campagnes stratégiques de collaborations syndicales internationales. Au Bangladesh, les syndicats du textile accueillent les Rohingyas chassés de Birmanie pour fortifier leur action dans leurs usines aux frontières du Myanmar, et s'assurer que ce nouveau flux de travailleurs ait accès aux droits syndicaux. La seule affiliation aux fédérations mondiales est souvent insuffisante à créer un véritable militantisme syndical (Nick Allen, art. cité).

---

[5] Marthe CORPET, « Faire progresser le droit, un enjeu des alliances entre syndicats et ONG contre l'impunité des multinationales », *MOUVEMENTS,* n° 95, 2018. Dans ce même numéro, Bernard THIBAULT souligne : « On sait peu que 2,7 millions de personnes décèdent chaque année du fait de mauvaises conditions de travail. Il y a plus de décès par le travail que par les guerres et les conflits réunis »… » 61 % du travail dans le monde s'effectue dans un cadre informel et 74 % de la population mondiale n'a pas accès à un système de protection sociale », p. 59.

[6] Nick ALLEN, « Syndicalisme international, pistes de réflexion pour de nouvelles campagnes », *Mouvements 90-7.*

Le syndicalisme doit ensuite prendre en bloc l'ensemble d'une chaîne de valeur, celles de l'agro-alimentaire par exemple (Coca-cola, Nestlé, Unilever) ou l'ensemble d'un flux logistique : de l'extraction des matières premières aux usines de production en passant par les transports, aérien, ferroviaire, maritime et routier, la containérisation, les entrepôts de distribution. L'action doit être simultanée en ces différents lieux ; pour les « grandes marques » telles Apple ou Samsung, elle doit concerner les mines de cobalt de la République du Congo, les entreprises qui le transforment, les produits des magasins de détail dans les capitales. Les grèves doivent s'adresser en coordination aux consommateurs, aux investisseurs et aux gouvernements. Walmart entre 2009 et 2013 a affronté une campagne menée conjointement par les salariés du commerce (UFCW), les salariés des entrepôts (Warehouse Workers United), les dockers (Ilwu et Ila), les camionneurs (Teamsters), ainsi que des travailleurs très en amont dans la chaîne de valeur (cambodgiens en Thaïlande, travailleurs du textile au Bangladesh). De telles actions conjointes et médiatisées auprès des investisseurs et des gouvernements, même coûteuses à mettre en œuvre, sont en général efficaces.

La troisième ligne d'action concerne la finance et les pratiques d'évasion fiscale. Les banques sont des lieux peu propices à la syndicalisation. Pour que le mouvement syndical les affecte, à un niveau international, il ne peut se contenter de réunions d'appareil ou de spécialistes et doit envisager, outre la pression médiatique sur l'évasion fiscale et les pratiques violentes du traitement de leur personnel, outre la mise en valeur de la liberté du choix syndical dans chaque banque, un travail réticulaire de réseau entre salariés. On peut citer comme exemple la « Campagne globale pour un traité contraignant pour les multinationales », les conférences de *Labor Notes,* le TIE (*Transnational Information Exchange*), qui vise à fédérer les forces syndicales allemandes dans chaque conflit. Outre le RESSY, réseau intersyndical, déjà évoqué dans le cadre de l'Europe, qui vise à mobiliser différents syndicats de différentes banques sur des sujets spécifiques (par exemple les attaques contre les services publics, ou la remise en cause des investissements bancaires pétroliers dans le monde).

Au chapitre des réalisations concrètes, on peut citer le J4J Justice for Janitors (personnel d'entretien et concierges), qui a constitué « un tournant dans l'histoire du syndicalisme américain à un moment où le mouvement ouvrier sortait de la décennie perdue des années

Reagan[7] ». En 1990, les syndicats des personnels d'entretien des buildings de Los Angeles, en majorité immigrés, déclenchent une grève sur l'ensemble du secteur. Après plusieurs succès contre les multinationales américaines, la lutte s'engage contre G4S, multinationale européenne, le plus gros acteur qui se développe sur les marchés émergents du Sud, en Afrique et en Inde. La lutte prend corps entre la multinationale de services de sécurité G4S, troisième entreprise mondiale du secteur de sécurité, et SEIU associé à UNI Global Union. En 2006, les employés occupent les sièges de l'entreprise en Indonésie, manifestent en Afrique du Sud, perturbent des assemblées d'actionnaires à Londres. L'OCDE ayant reconnu que l'entreprise avait violé des droits fondamentaux du travailleur, un accord-cadre mondial est proposé par l'entreprise en 2008, accord-cadre garanti par des assurances et autorisant le syndicat, même dans les pays où la loi nationale interdit la syndicalisation. De nouveaux syndicats se constituent aussitôt au Malawi, au Mozambique, en Pologne, au Népal, en Inde, au Congo, au Ghana. Aux relations de dépendance éprouvées dans chaque pays s'est substitué un régime de « productions de règles » valable dans tous les pays et reconnaissant aux travailleurs de fait un pouvoir collectif pour l'ensemble des pays. Ce sont en fait des luttes de gouvernance qui visent à contrôler les pratiques commerciales des entreprises et à peser dans les accords de libre-échange. L'entreprise est ciblée à un niveau qui n'est plus celui du lieu de travail concret ; elle fait partie d'un nouvel espace de règles transnationales qui unifie la mobilisation des travailleurs. Ces luttes de gouvernance ont fait l'objet de « campagnes totales » (*comprehensive campaigns*) qui visent à affaiblir l'image de toute-puissance des entreprises, leur stabilité économique et leur poids politique. Le renforcement respectif et réciproque des syndicats du centre et de la périphérie dépend donc de la revitalisation des mouvements syndicaux locaux et de leur association aux campagnes syndicales globales. C'est de cette manière que peut se renouveler l'internationalisme syndical ; les accords-cadres mondiaux offrent aux syndicats les moyens d'aller au-delà d'une posture de vigilance pour s'intéresser à la marche globale de l'entreprise ; en fabriquant de nouvelles règles.

---

[7] Jamie K McCallum, « Globaliser le modèle de l'organizing : les luttes de gouvernance et le renouveau syndical », *Mouvements, n° 95,2018, p. 108-115.*

La campagne « Fight for 15[8] » commence fin novembre 2012 avec 200 salariés du fast-food McDonald's de New York qui revendiquent un salaire horaire de 15 dollars, le salaire minimum étant de 7,25 à l'échelle fédérale. Quatre ans plus tard en 2016, ce sont des dizaines de milliers de salariés dans plusieurs centaines de villes américaines qui sont en grève, le mouvement s'étant étendu à l'ensemble des industries précaires et peu rémunératrices occupées par des salariés sans diplôme, issus de minorités et soumis à des pratiques manageriales et antisyndicales brutales. L'organisation stratégique et financière est assurée par le SIEU qui s'appuie sur des organisations militantes locales (groupes sociaux, communautaires, religieux, étudiants) sur le mode de l'action directe coordonnée par des experts professionnels qui font appel à l'expression individuelle des salariés dans les médias plus qu'à un discours syndical trop convenu. Dès 2014, le mouvement s'étend dans une dizaine de pays (Brésil, Japon, Canada, Grande-Bretagne, Nouvelle-Zélande). L'intérêt marqué de SEIU pour l'Europe, où il s'est associé à la fédération syndicale européenne EFFAT, au syndicat EPSU et à l'ONG britannique War on Want, est dû au fait que l'évasion fiscale de McDo est évaluée à un milliard d'euros sur la période 2009-2013. En outre, en France, la réputation de McDo en relation à la gestion de sa main-d'œuvre n'est plus à faire, elle est aussi violente que dans les autres pays du monde. Début 2016, le collectif des Indignés de McDo est porté par la CGT à laquelle s'associe l'ONG ReAct, qui organisent ensemble des blocages de restaurants (journée du 15 novembre 2016). En 2017, la plupart des candidats à la campagne présidentielle portent leur appui au mouvement, qui s'est structuré autour du thème justice sociale-justice fiscale et qui regroupe ReAct, Attac, le Mouvement national des chômeurs et précaires, des syndicats de salariés de la CGT et de Sud, mais aucune des 3 principales confédérations en tant que telles (CGT, FO, CFDT), « en raison de conflits internes ». Ce qui explique que la campagne de 2017 tourne court après les élections, sans que l'on sache pourquoi les centrales syndicales ont refusé de se mobiliser, alors que leurs propres syndicats locaux s'étaient mobilisés. La revendication centrale du salaire minimum de la campagne américaine a été plus ou moins étouffée en France par le souci d'en « découdre avec McDo » et la tension entre centrales syndicales et ONG s'est

[8] Vincent PASQUIER, « *Lost in translation* : la délicate importation de la campagne *Fight for 15* en France », *MOUVEMENTS, n° 95, 2018,* p. 116-125.

révélée contre-productive. Comme si les syndicats aux États-Unis, depuis longtemps battus en brèche, n'avaient plus rien à perdre en se lançant dans la bataille, alors que les syndicats français, plus institutionnalisés, se contentaient de positions timides et conservatrices. Des syndicats américains conscients de leurs faiblesses et des syndicats français surestimant leurs forces ? Mais la bataille est incertaine partout : elle n'est pas gagnée aux États-Unis (les effectifs de la SEIU sont restés stationnaires) ni totalement perdue en France (occupations récentes dans les McDo du Nord-Est parisien). Le mouvement « Fight for 15 » annonce que la lutte continue et qu'il a rassemblé 70 milliards de dollars venant de 24 millions de donateurs pour poursuivre son implantation dans toutes les villes du monde (décembre 2019). Sa lutte se poursuit pour demander, dans le contexte de chômage et des licenciements provoqués par le coronavirus, un autre statut du travail dans l'entreprise. En définitive « Fight for 15 » gagnera la bataille des 15 dollars à la suite de la victoire de Jo Biden aux élections présidentielles de 2021 ; ce sera le salaire minimum officiel fédéral ; aux syndicats d'obtenir le « passage à l'acte » ensuite pour l'ensemble du territoire.

Ryanair vient de baisser les bras le 15 décembre 2017 en acceptant de reconnaître les syndicats de pilotes et de personnels de cabine[9]. Ryanair a préféré fermer des filiales en 2011 en France, en 2015 en Hollande, plutôt que de reconnaître l'existence des syndicats. La compagnie s'appuyait sur la fiction d'une juridiction et d'un droit du travail irlandais pour éliminer toute revendication syndicale, obliger le personnel à obtenir des objectifs de vente déterminés sous peine de sanctions ou de licenciements, incluait dans les contrats une clause de licenciement en cas de participation à une action syndicale. Objet de pressions syndicales diverses non coordonnées venant de plusieurs pays, condamné par la France à une amende de 8,3 millions d'euros pour restriction au droit du travail, obligé à fermer sa base de Copenhague pour avoir refusé la négociation collective demandée par les syndicats, Ryanair est finalement condamné par la Cour européenne de Justice à la suite d'une plainte en Belgique. La grève qui y fait suite entraîne la suppression de 20 000 vols, les pertes sont évaluées à 261 millions d'euros. L'association britannique des transports aériens, alors clandestine, reçoit de nombreuses adhésions

[9] Jeremy ANDERSON, « "Nous n'avons plus peur", la mobilisation inattendue des travailleurs de Ryanair », *MOUVEMENTS, n° 95, 2018, p. 126-133.*

et permet la négociation d'un accord collectif qui s'appuie sur le respect des législations nationales. Cette « agitation » alarme les investisseurs et la compagnie « reconnaît devoir changer son modèle d'emploi pour sécuriser sa viabilité et ses plans d'expansion ». L'ITF (International Transport Federation) qui avait accompagné chaque lutte nationale crée une page Facebook « Cabin Crew United » qui relie tous les travailleurs de l'aviation, y compris ceux qui n'ont pas de syndicat dans leur pays. L'ITF et l'ETF (European Transport Federation) organisent ensuite le premier sommet des travailleurs de Ryanair en juillet 2018 : une campagne transnationale sophistiquée s'organise, qui articule mobilisation de masse, implication des investisseurs et utilisation de cadres législatifs nationaux. Après 28 ans de dictature entrepreneuriale.

Mais en 2019-2020, l'offensive patronale repart : chaque contrat stipule que l'employé s'engage à accepter une mutation sur n'importe quelle base de la compagnie en Europe ; le salaire en dépend et la clause est abusive. Les employés sont convoqués pour des entretiens disciplinaires à Dublin, Malte ou ailleurs ; la compagnie évite cependant les pays qui l'ont « à l'œil » : la Belgique, l'Allemagne, l'Italie ; elle change de nom fréquemment : Mata Air, Lauda Buzz, ce qui lui permet de se faufiler juridiquement entre les plaintes et revendications syndicales et législations nationales. Les employés attendent facilement 6 mois à un an avant de savoir à quel pays et à quel Code du travail européen ils sont rattachés. C'est ainsi que Ryanair est redevenue la première compagnie européenne en nombre de passagers transportés : en plein cœur de l'Europe.

Le B2S et le ReAct. Le premier est une entreprise de centres d'appels téléphoniques, créée en 1996, qui emploie 6 200 salariés en France, au Maroc et à Madagascar et réalise un chiffre d'affaires de 140 millions d'euros par an. Le second est une ONG créée en 2010 qui a pour objectif de construire des contre-pouvoirs face aux multinationales en s'appuyant sur la pratique du *« community organizing*[10] *»* inspirée de Saul Alinsky. Elle intervient au Cameroun (éclairage des rues), au Sénégal avec les vendeurs de rue et l'ONG Y en a marre, avec des auxiliaires de vie, des aides à domicile et des agents de sécurité. Elle agit avec l'appui et la formation Global Labour Institute. Ses actions concernent la lutte contre le harcèlement

[10] Julien TALPAIN, « Community organizing, De l'émeute à l'alliance des classes populaires aux États-Unis », *Raisons d'agir*, 2016.

sexuel dans la chaîne des hôtels Accor en Afrique, la défense des courriers-livreurs de plateforme à vélo (divers pays), les grèves chez Amazon (plusieurs pays), les interventions avec les Amis de la Terre contre l'exploitation du palmier à huile en divers pays du monde (déboisements, accaparement des terres, travail des enfants), les coordinations avec l'Alliance citoyenne associant les syndicats de travailleurs et les groupes d'usagers pour l'amélioration des services publics. La perspective générale est de créer un réseau d'organisateurs syndicaux d'alliances locales, nationales ou transnationales capables de lutter à différentes échelles du monde social.

Un exemple, l'action avec B2S. Un recensement des sites d'appels téléphoniques (7 en France, 4 au Maroc), précède la prise de contact par l'ONG avec les forces syndicales qui y sont présentes. L'implantation d'un syndicat au Maroc ne se fait qu'à la suite de l'intervention des 5 délégués centraux syndicaux français ; le syndicat s'affilie à l'Union marocaine du travail et devient très actif. Une première rencontre en 2013 permet d'effectuer une comparaison des conditions de travail dans les deux pays ; un logo commun est créé : Union franco-marocaine des salariés de B2S. Une seconde rencontre en 2015 est financée par les centrales syndicales. L'UMT devient plus puissante et représentative que les syndicats français ; des Négociations annuelles obligatoires sont instaurées. Un conseil est institué pour discuter du développement de l'entreprise où les syndicats sont invités ; il est à reconstituer lorsque l'entreprise est rachetée par un géant italien du secteur qui installe un site nouveau à Madagascar. Récemment l'affiliation à l'association Trade-Unions for energy and democracy vise à joindre la lutte contre le réchauffement climatique et la justice sociale. Le lien avec le Comité catholique contre la faim et pour le développement est également établi. Le renforcement de l'internationalisme syndical fait pression sur les multinationales.

Le CLAP (Collectif des livreurs autonomes de Paris) face à Deliveroo. Cette entreprise ubérisée de livraison de plats cuisinés est créée en Grande-Bretagne en 2013. Elle est aujourd'hui présente aux Pays-Bas, en France, en Belgique, en Espagne, en Irlande, en Italie, en Australie, Singapour, Hong Kong et aux Émirats arabes unis. L'entreprise met en relation travailleurs et clients par les technologies numériques et se rémunère sur le service effectué. Ses plateformes de travail sont censées favoriser l'auto-entrepreneuriat : elles ne font que renvoyer chacun à un régime strict de travail à la tâche individualisé.

Cette formule semble s'enraciner chez les correcteurs d'édition, les nounous à domicile, les guides de musée. Les livreurs ont une « formation » de 20 minutes, annoncent leurs disponibilités et sont appelés par portable en fonction des demandes. Sur chaque livraison (5,75 euros à Paris), il faut retirer 23 % à verser au régime social des indépendants, aux impôts, au forfait internet de téléphone, aux réparations du vélo, à l'essence des 2 roues. Sans oublier Sécu, retraite, chômage, congés payés. À chaque instant, pour une raison ou une autre, Deliveroo peut cesser de les appeler. Les tentatives pour faire reconnaître ce travail comme un « salariat déguisé » sont très compliquées (première instance, cours d'appel et prud'hommes) et ne peuvent remettre en cause le fonctionnement de ces entreprises. En outre, il faut être présent sur le terrain médiatique pour faire face aux publicités trompeuses sur la liberté du travail, montrer les faibles rémunérations, les risques du métier, le salariat déguisé. La seule alternative serait la création de coopératives, mais il faut un capital de départ. Les syndicats sont mal armés pour lutter contre les réseaux d'embauche clandestins et le travail précaire. Une première grève a cependant permis de faire le lien avec le personnel fixe des gros restaurants donneurs d'ordre et d'envisager plus de coopération. Enfin, première fois en France, la Cour de cassation vient de requalifier en contrat de travail la relation contractuelle entre Uber et l'un de ses chauffeurs (*Le Monde*, 6-3-2020).

La « victoire » du 57, boulevard de Strasbourg[11] sur les réseaux clandestins du travail et le travail esclave, à l'issue d'une grève appuyée par la CGT, aboutit à la reconnaissance du nouveau syndicat par les institutions du travail françaises et l'octroi d'indemnités non négligeables pour les ouvriers lésés. Ce qui n'empêche pas que se reconstitue quelque temps après et à quelques centaines de mètres plus loin, sur le même boulevard, un nouveau réseau de travail clandestin sur le modèle de celui qui vient d'être éliminé. Réalités du profit et du travail contemporain.

Dans tous les cas, ces nouvelles avancées dans la prise en charge du travail concret proposent une stratégie d'action qui associe la vision de la mondialisation à celle d'une solidarité intersyndicale internationale. Encore neuves, mal connues, ciblées à peine nées, elles portent un avenir prometteur. À la condition que le travail, envisagé

[11] La mondialisation à domicile : la lutte des coiffeuses du 57 boulevard de Strasbourg, Entretien avec Maryline Poulain, *MOUVEMENTS ?* p. 156-165.

sur la ligne de la santé et de la démocratie plus que sur celle du fordisme et du salaire, soit mis au premier plan.

CONCLUSION

La population ouvrière ne va pas en déclinant ; les ouvriers étaient 234 millions en 1950 ; ils étaient 541 millions en 2010 (79 %) travaillant dans les pays périphériques et 145 millions dans les pays du « centre[1] ». Une lutte de classes ou un rapport de force traverse toutes les sphères des sociétés et se présente de manière spécifique en chacune d'elles, sous la forme d'arrangements plus ou moins durables ou d'affrontements violents. Mais il y a une sorte de neutralisation silencieuse et violente du politique pour occulter cet affrontement. La difficulté à parler de « la violence des riches »[2] est patente, comme si le renforcement ou la poursuite des inégalités était inséparable de l'idée de progrès. Il suffirait de parler de la richesse et de la pauvreté de manière neutre : heureux hasard d'un côté, malheureux de l'autre. Comme le montre remarquablement l'ensemble du numéro de *Communications* intitulé « Pauvretés[3] » qui affirme que la « mise en agenda » de la pauvreté par nombre de nations comme par les institutions internationales n'est que le résultat d'un souci de leur propre relégitimation. Il s'agit de « faire face aux dénonciations récurrentes des conséquences sociales des politiques issues du consensus de Washington » (p. 117) en présentant la pauvreté comme un problème :

> Qui renvoie davantage à l'individu qui l'éprouve qu'à la société qui le produit. Un problème qui peut donc être traité sans conflit ni réformes au moyen d'incitations ou de dotations permettant aux plus démunis de sortir de leur condition. (p. 120)

---

[1] John SMITH, *L'impérialisme au XXIe siècle,* Éditions critiques, Paris 2019.

[2] Michel PINÇON, Monique PINÇON-CHARLOT, *La violence des riches, chronique d'une immense casse sociale*, La Découverte, 2014.

[3] COMMUNICATIONS, *Pauvretés*, sous la direction de Nicolas DUVOUX et Jacques RODRIGUEZ, n° 98, 2016, Seuil.

De la même manière, plutôt que de s'attaquer aux mécanismes de production de la richesse, on affirme qu'elle va « ruisseler » naturellement sur l'ensemble des pauvres. Ces deux manières d'éviter la question politique de la violence s'associent aux solutions individualistes préconisées dans les réformes « modernes » des Codes du travail : l'attention portée à l'individu, à sa trajectoire, aux possibilités de sa formation tout au long de sa vie active. Ces attentions sont censées résoudre les questions de négociation collective, de droit du travail, de l'organisation et du plaisir au travail d'abord dans les pays développés. La majorité des autres pays doivent encore subir la violence avant de tenter d'améliorer leur situation de travail. Dans une certaine apathie générale.

En revenant concrètement sur le « traitement » à donner au travail, on se heurte au conflit violent qui renvoie au refus de perte de pouvoir du capital. En même temps, la revendication de la démocratie sur les lieux de travail partout dans le monde, qui pourrait constituer une solution pacifique et civilisée aux problèmes actuels de la violence planétaire, ne fait guère partie, ou de manière timide, des agendas des partis de gauche ou des syndicats, qu'ils soient réformistes ou révolutionnaires. Pourquoi ? La routine, le confort obtenus après plus d'un siècle de relations triangulaires entre patronat, État et syndicats peut fournir une partie de l'explication : on se contente du « dialogue social » instauré. L'oubli d'une classe ouvrière et d'une plèbe défavorisées et paupérisées peut être effacé grâce aux filets sociaux de la charité et ce qui reste de l'État social. En Occident du moins. Cependant que fusent les revendications de liberté, dans tous les pays du monde, et les recherches de reconnaissance en tous genres, parfois légitimes, parfois violentes, en proie à toutes les segmentations. De ces tensions naissent les dimensions populistes qui portent un avenir inconnu. Faut-il rappeler qu'à force d'accepter les reculs de la démocratie, on en vient à oublier qu'elle se rétrécit comme peau de chagrin. Hors Occident, la situation est encore plus intenable : le travail y est totalement instrumentalisé, mais nous ne voulons pas le savoir.

On peut débattre de la démocratie à tous les niveaux de toutes les instances, économiques, politiques, juridiques, des sociétés, ces débats restent peu productifs ou improductifs s'ils ne se bâtissent pas sur l'échange initial, pacifique ou violent, sur les lieux de travail, entre travail et capital. Sans ce débat de départ concret, coopératif et conflictuel, dont l'aboutissement doit être la création d'une justice sociale acceptable par les deux parties, il est impossible de construire les autres débats à tous les autres niveaux de la réalité sociale. C'est sur la base de cette première négociation, de ce premier affrontement au « réel » qu'une société de justice peut être construite ; non seulement dans chaque nation, mais entre nations sur la base des plateformes d'échange du travail. Sinon partis politiques et syndicats sont comparables à des constructions hors-sol, produisent des discussions « en l'air » des débats d'idées sans conséquences. Les États perdent de vue la démocratie et choisissent l'autoritarisme porté par les groupes de pression économiques qui s'imposent sans retenue.

On peut distinguer trois niveaux de lutte. D'où que viennent les revendications, des ouvriers ou des gilets jaunes, du prix du carburant ou du pouvoir d'achat amputé des retraités, salariés ou indépendants, elles posent la même question : pourquoi le travail est-il incapable d'assurer la vie ? Alors que la subordination, imposée, reconnue, acceptée et combattue est source de conflits de plus en plus fréquents dans le monde entier. Et pourquoi le droit au travail n'existe pas ? Le droit au travail et la démocratie de travail ne sont pas négociables. Ce combat ne peut être esquivé au profit d'avantages dérivés de reconnaissance d'identités diverses et variées, il est au cœur de la vie politique.

Le deuxième niveau est celui de la concurrence entre États, États et multinationales, multinationales entre elles. Ce niveau doit s'apprécier au risque commun présenté à l'humanité par cette concurrence qui introduit la dégradation conjointe du travail et de l'environnement. Cette concurrence doit être administrée et arbitrée au sein des nations et entre les nations, plus spécialement par ceux dont la voix a été étouffée, pour développer une nouvelle vision éthique du monde.

Troisième niveau : il est nécessaire de contrôler l'accumulation du capital financier afin de le répartir entre un capital d'usage public, un capital social ou coopératif, et un capital consacré à l'environnement mondial. Cette répartition assurerait le pilotage de l'économie mondiale ; ne resteraient au capital privé classique que les activités qui ne concernent pas la production des biens communs.

Sans l'existence d'une véritable démocratie au travail, toutes ces perspectives resteraient des vues de l'esprit. Comment protéger l'avenir écologique de la planète en s'appuyant seulement sur le débat scientifique ? Face aux intérêts qui s'opposent l'intervention massive des travailleurs est nécessaire ; la discussion sur leurs intérêts immédiats, éventuellement opposés en un premier temps, est un préalable indispensable à la construction d'une vision unifiée capable de s'imposer aux groupes d'intérêt économique. Sans ce débat préalable sur le travail et son avenir, qui doit être élargi à tous les travailleurs du monde, il est impossible de faire percer le souci scientifique et éthique. Le réchauffement climatique concerne en premier lieu tous ceux qui vivent sur la planète et non pas les seuls dirigeants ou puissants qui la contrôlent et la gouvernent. Quel problème pour ces derniers d'ajouter quelques millions de morts dus au dérèglement climatique puisque l'on accepte que les guerres, toujours planifiées, en fassent tout autant ou bien plus ? L'inquiétude ou l'angoisse provoquée par la pandémie actuelle donnera-t-elle le signal d'une gestion humanitaire de l'humanité ? Ou seulement la suggestion de poursuivre le développement du capitalisme avec moins de violence pour masquer les conflits existants et continuer « comme avant ».

ANNEXE I

La dictature des banques

Lorsqu'on lit *Le livre noir des banques*[1] de Basta et Attac (Les liens qui libèrent, 2015), on est atterré par leur toute-puissance et notre impuissance, leur amoralité et notre naïveté, leur criminalité et notre ingénuité : de nouveaux produits financiers sont décrits comme « des armes de destruction massive » (p. 9). Depuis la crise de 2008, après le sauvetage des banques par les États et le retour de ces dernières aux commandes, la doxa du libéralisme économique et financier a réimposé son « régime de vérité » comme si rien ne s'était passé, comme s'il n'y avait eu accélération ni du chômage ni des inégalités[2]. Dire les raisons de cette indignation est insuffisant, mais comment les passer sous silence...

Le surcoût des prix du blé lié à la spéculation des achats à terme sur les marchés alimentaires mondiaux représente 120 milliards en 2010, année d'émeutes de la faim en 3 pays d'Afrique. 206 milliards de compensations ont été versés aux créanciers de la Grèce, par les institutions financières internationales. Ces créanciers étaient les banques internationales ayant prêté aux banques privées grecques qui ne pouvaient plus rembourser. Et la Grèce doit maintenant rembourser

---

[1] Ou, plus récent, le livre de Tristan AUVRAY, Thomas DALLERY, Sandre RIGOT, *L'entreprise liquidée, la finance contre l'investissement,* Michalon 2017.

[2] L'Observatoire des inégalités note que la pauvreté en France baisse de 1970 à 1990, qu'elle stagne jusqu'en 2000 et reprend à partir de 2002 jusqu'en 2011. « Pour la seule période de 2008 à 2011, le nombre de pauvres dont le revenu est inférieur de 50 % à celui du revenu médian des Français, soit 814 euros par mois, représente 7,9 % de l'ensemble de la population ; il enregistre une augmentation de 584 000 personnes entre 2008 et 2011. » Pauvreté qui s'accompagne d'une croissance des inégalités de revenus et de patrimoines. ATD QUART-MONDE, *En finir avec les idées fausses sur les pauvres et la pauvreté, 2015, p. 36-38.*

les institutions financières internationales (BCE, FMI). Partout, le rachat de la dette de banques privées « victimes » des offensives spéculatives d'autres banques privées, les amène à s'adresser à leurs banques publiques ou aux banques et institutions financières internationales. Affaires juteuses : le coût de sauvetage des banques privées en 2009, un an après la crise est de 3 400 milliards d'euros selon le FMI ; et de 4 500 milliards en 2012, 3 ans après. Le taux de chômage dans la zone euro qui était de 7,3 en 2008 passe à 11,1 en 2012, toujours selon la Commission européenne. Mais bien sûr l'accusé principal est le Code du travail.

Au chapitre des « causes » de la crise :

1) L'hypertrophie des opérations de marché au détriment du financement de l'économie réelle (les activités de marché de la seule BNP représentent 42 % du PIB de la France).

2) La taille des banques favorise leur lobbying et aggrave les risques lors de la chute de l'une d'elles « trop grosse pour tomber » (*too big to fail*).

3) La taille faramineuse des opérations opaques hors bilan, les produits dits « dérivés » (46 fois le PIB de la France pour les 4 grandes banques françaises) selon le *Nouvel Économiste* du 11-3-2014.

4) Le processus de privatisation entamé dès 1986 : en France en 1984, les banques publiques contrôlent 87 % des dépôts et 76 % des crédits. Sous le gouvernement de gauche (Jospin et Strauss-Kahn, 1997-2002) les privatisations s'accélèrent. Résultat : selon la Banque de France (*Bulletin* n° 193 du 3e trimestre 2013), le capital des grandes banques françaises est largement détenu par les investisseurs étrangers (46 % pour BNP Paribas). Alors que l'Allemagne, qui n'a fait le pari ni de la concentration ni de l'internationalisation, fonctionne avec 1 500 banques coopératives de proximité qui financent son réseau de PME (ce qui explique le maintien de son industrie) ; ces mêmes PME qui disparaissent en France parce qu'elles ne trouvent pas de financement et qui sont rachetées par des financiers qui les coulent au bout de 2 ans (2 exemples pendant la semaine du 18 au 25 mai 2015 : Dim et Lejaby) parce qu'ils ont des projets « ailleurs ».

5) Le *« Shadoww Banking System »* (SBS) (p. 46) : les banques accordent un crédit qu'elles revendent au plus vite à des institutions non bancaires peu régulées en émettant des obligations (CDO), ou « produits structurés » divisés en tranches de risque et de rendement, achetés par des investisseurs censés partager les risques d'une défaillance entre l'établissement créancier et plusieurs investisseurs

(*hedge funds*). Ces acteurs financiers (qui n'ont pas droit à la collecte de dépôts comme les banques) émettent des billets de trésorerie auprès des *money market funds* (SICAV monétaires à la française). Ils achètent aux banques des risques dont elles veulent se débarrasser ; ils lèvent des recettes à court terme pour financer des créances à long terme. En France, les 4 grandes banques (BNP, Crédit lyonnais, Crédit agricole, BPCE) contrôlent des fonds d'investissement qui ont acquis des produits structurés à haut risque en utilisant les ressources des banques de détail des groupes : Natixis, filiale des Banque populaire et Caisse d'épargne, utilise les dépôts des caisses d'épargne sur les marchés financiers, à l'insu de ses clients. Dès le début de la crise, les banques perdent 16 milliards d'euros, on appelle cela « dépréciation d'actifs » (*L'Express* du 6-8-2008) ; et elles sont renflouées par les États qui se récupèrent par l'austérité budgétaire, la déflation, la réduction des services publics.

Alors, contrôler les banques, les superviser ? Mais, c'est justement parce que les banques étaient tenues à avoir un certain pourcentage de fonds propres par rapport à leur activité globale (5 %) qu'elles ont développé la titrisation[3] et le SBS. L'Union bancaire européenne ne regroupe que 18 pays sur 28, et si elle « européise » en un système unique les 40 systèmes différents de garantie des dépôts, elle se sentira obligée d'être solidaire et de faire face aux problèmes de l'Europe du Sud, ce qui a incité Angela Merkel à limiter son champ d'application aux 130 plus grandes banques européennes sur les 6 000 que compte la zone euro, l'Allemagne étant le premier pays des banques de petite taille. Limiter la taille des banques était la meilleure option, qui n'a pas été retenue : les grosses ne veulent pas maigrir, d'autant que plus elles sont grosses et plus elles bénéficient de garanties publiques, jouissent des marchés à taux plus attractif, contractent plus de dettes dont l'État est le garant en dernier ressort ; elles écrasent donc les petites banques. Les avantages accordés aux grandes banques, catalogués comme « subventions implicites », sont évalués à 70 milliards de dollars aux États-Unis, 300 milliards de dollars pour la zone euro (selon le FMI) et 48 milliards d'euros pour les banques françaises, selon la New Economic Foundation. Comme les crédits à l'économie réelle rapportent 1 à 2 % et les marchés 8 %, les banques n'ont aucun intérêt à effectuer cette séparation. D'autant que quand

---

[3] La titrisation est l'opération qui convertit une dette en un actif financier aliénable et sujet à évaluation.

une entreprise cotée en Bourse contracte un prêt auprès du département commercial d'une banque, celle-ci, qui a aussi un département marché, peut profiter de l'information enregistrée à partir de ce moment-là sur l'entreprise pour parier sur ses mauvaises performances ou sa faillite en achetant des *« credit default swaps »* (dérivés de crédit qui permettent de transférer le risque d'une entité à l'autre). La séparation banque de marché/banque commerciale constituerait un assainissement sûr. Mais le capitalisme s'y oppose, car les produits dérivés représentent 615 000 milliards de dollars annuels, soit 10 fois le PIB mondial : par les spéculations sur les dettes publiques, les monnaies, l'alimentation, l'énergie, l'immobilier, les émissions de carbone, les catastrophes naturelles, les risques du nucléaire, la préservation de la biodiversité, les finances locales, et bien sûr la restructuration des activités industrielles sur fond de plans sociaux. Le marché sanctifie tout ce qu'il touche et relègue dans l'ordre de la ringardise, la vie bonne, la vie culturelle, l'éthique, la justice et la responsabilité. Tout doit passer par lui et l'augmentation du PIB.

En 2011, 600 milliards de dollars sont investis dans des titres adossés aux matières premières, les « fonds indiciels » dont 1/3 sur les produits agricoles. En 2010 le commerce du blé est 8 fois plus élevé que sa production mondiale, celui du maïs 16 fois et celui du soja 43 fois (F. Courleux, P. E. Lecocq, Centre d'études et de prospective du ministère de l'Agriculture, 14-1-2011). Entre 2010 et 2011, le prix du blé augmente de 70 % en prévision de sécheresse alors que la production mondiale ne baisse que de 3 %. Les émeutes de la faim sont récurrentes en plusieurs pays (*Le Monde diplomatique*, avril 2008). Le marché agricole mondial est dominé par une dizaine de sociétés transcontinentales qui spéculent à la hausse des prix alors qu'un milliard de personnes souffrent de sous-alimentation. J. Ziegler, ex-rapporteur à l'ONU, demande un véritable « tribunal de Nuremberg » pour ces spéculateurs boursiers.

Quand le PIB de l'Union européenne croît de 12 % entre 2000 et 2008, et celui de son système bancaire de 90 %, quand le montant des produits dérivés qui est de 80 000 milliards de dollars en 1998 (2,5 fois le PIB mondial) s'élève à 700 000 milliards de dollars en 2012 (10 fois le PIB mondial), on peut se demander où va nous conduire une économie-casino qui creuse les inégalités, accroît l'injustice, génère la violence : car le *« happy end »* c'est l'éclatement des bulles et les crises qui s'enchaînent. Le coût du capital exerce une pression croissante sur les entreprises : la rente des actionnaires, qui était en moyenne de *13,8 %* entre 1960 et 1970 est passée à *50 %* en 2011 (Laurent Cordonnier, *Le Monde diplomatique*, juillet 2013). Dans la décennie 1999-2008, les dividendes versés aux actionnaires augmentent de 50 % en France et de 10 % en Allemagne (B. Hamon, *Les Échos*, 7-3-2014). Preuve encore une fois qu'il s'agit de choix politiques imposés aux politiques par les puissants de l'économie. Nos socialistes sont « out ». Alors que la presse ne cesse de dénoncer comme une rengaine le coût du travail, 38 % des patrons de PME déclarent restreindre leur activité en raison des difficultés d'accès au crédit (*Vingtième baromètre de la CGPME sur le financement et l'accès au crédit des PME*, février 2014). Et les pouvoirs publics n'ont pas la volonté politique de développer ce qui existe déjà, l'économie sociale et solidaire, comme d'appuyer les procédures d'investissement liées à l'économie réelle et socialement responsables. Au contraire, l'épargne réglementée, celle des livrets de caisse d'épargne, de la Banque postale et du Crédit mutuel, qui est gérée par la Caisse des dépôts en vue des dépenses de transport, santé, éducation, est dorénavant dispersée entre toutes les banques généralistes censées les affecter aux mêmes destinations. Mais la commission des finances de l'Assemblée nationale attend depuis près de 2 ans, au 14 novembre 2012, le rapport des banques sur l'affectation des crédits du livret A que par ailleurs l'ensemble du système financier tend à détruire en réduisant ses taux.

L'optimisation fiscale consiste à déclarer les revenus dans le pays où ils sont le moins imposés, même sans y avoir d'activité, au besoin en faisant un accord secret avec les autorités de ce pays. Ainsi vont les paradis fiscaux qui sont aussi le royaume de l'évasion fiscale puisque par le truchement des sigles, des sociétés-écrans et prête-noms, des raisons sociales, et des règles du secret bancaire, tout un maquis mafieux totalement disposé à l'accueil des revenus d'activités illicites ou carrément criminelles s'impose comme règle, on pourrait dire loi. Quelques déclarations de bonnes intentions de transparence ont été faites au lendemain de la crise par certains de ces paradis, mais il reste encore officiellement quelque 20 États ou territoires « non coopératifs » ou plutôt 60 selon une ONG française, ou encore 50 selon la Cour des comptes des États-Unis. Exemple en passant : BNP possède une vingtaine de filiales aux îles Caïman qui génèrent 28 millions d'euros dans un établissement qui n'a officiellement aucun salarié. L'opacité de l'information entrave évidemment l'action de la

Justice qui ne peut s'immiscer dans les affaires de fraude fiscale que sur plainte de l'administration ; seul le blanchiment d'argent peut faire l'objet de son intervention directe. La taxe sur les transactions financières qui est depuis 15 ans l'objectif d'Attac, a été un moment réactualisée médiatiquement peu après 2008, mais elle est à nouveau devenue un rêve d'enfant.

Au chapitre des délits bancaires, constatés par les pouvoirs publics ou les autorités corporatives de la finance, il faut d'abord souligner les impunités, tellement les tissages de l'illégalité sont serrés, et les amendes, même spectaculaires, infligées par les pouvoirs publics, sont toujours l'objet de transactions préalables qui évitent la publicité d'un passage par la Justice et assurent une poursuite silencieuse de l'activité. Quant aux plaintes des organes de la société civile, ONG, syndicats ou autres, elles affrontent un système de défense puissant et organisé, au moment même où les autorités publiques françaises démantèlent ou pour le moins réduisent physiquement leur capacité d'investigation et de contrôle.

Face à cette démonstration de puissance, les mesures que préconise le livre relèvent du « souhait à distance » : un parquet européen, la fin du secret bancaire, l'ouverture automatique d'une instruction pour certains délits, le renforcement des effectifs de magistrats, l'aggravation des sanctions, la protection des lanceurs d'alerte. Il reflète la pensée Hollande qui fustigeant en janvier 2012, au discours du Bourget, le « monde de la finance » : *« il n'a pas de nom, pas de visage, pas de parti, il ne présentera jamais sa candidature, il ne sera donc pas élu, et pourtant il gouverne »*, le reconsidère un mois après, en février 2012, lors d'une visite à la City de Londres : *« Il n'y a pas de crainte à avoir, la gauche a gouverné pendant 15 ans, pendant lesquels elle a libéralisé l'économie et ouvert les marchés à la finance et à la privatisation. »* Efficacité instantanée du lobby bancaire : selon l'ONG CEO Corporate Europe Observatory, 70 % des 1 700 lobbyistes patentés qu'elle a recensés sont également membres des groupes experts de la Commission qui ont des liens directs avec l'industrie financière ; le secteur bancaire européen consacre chaque année 120 millions d'euros au lobbying. L'inceste entre la finance et la politique se consomme quasiment en public, aux yeux de tous.

Évaluation de *Libération* du 25 mai 2015 « La finance, un adversaire vaincu ? »

Évaluation très mesurée : le pouvoir régulateur de la Banque centrale européenne sur les autres banques s'est renforcé par la mise en place du mécanisme de supervision unique fin 2014 qui est chargée de faire l'évaluation complète des risques bancaires (qualité des bilans, résistance à des scénarios de crise). Il devrait donc alerter sur le risque de reprise des bulles financières. La séparation de l'activité bancaire entre activité de spéculation et activité de crédit a fait l'objet d'une loi (18-3-2013), mais elle ne doit toucher en définitive que 3 à 5 % de l'activité bancaire totale, et il n'y a que 2 banques françaises qui ont à ce jour évalué et déclaré cette activité. Selon *Le Monde* du 27 mai 2015, l'année 2015 devait être consacrée au contrôle de l'application de cette loi. La taxe sur les transactions financières attend toujours la « réunion suivante ». Quant à la lutte contre l'évasion fiscale, toujours en cours, on peut dire que la France y joue un rôle « d'aiguillon ». Maigre bilan.

– Article de Walden Bello, trad. Pierre Beaudet, *Nouveaux cahiers du socialisme*, n° 25, hiver 2021. *After Covid 19, Can we tame global finance?*

Bangkok commente la santé inaltérable des banques US : depuis 2008 les dépôts ont augmenté de 43 %, les actifs de 84 %, les liquidités ont été multipliées par 3 ; les produits dérivés sont à 157 milliards de dollars, le double du PIB mondial ; les fonds spéculatifs et fonds de pension protégés par les paradis fiscaux s'élèvent à 100 milliards de dollars. Côté Chine où en est-on ? L'étau se resserre.

ANNEXE II

En vrac : le désordre du monde

Contexte : La circonférence de la Terre est de 40 000 km. C'est exactement la longueur des murs dressés en 2012 entre pays, ou à l'intérieur des pays entre ethnies ou peuples d'origines différentes. Combien en 2017 ? en 2030 ?

Libération 18-3-2015. 141 500 SDF en France début 2012 (progression de près de 50 % depuis 2001. Source INSEE).

– En 2014, 480 adultes et enfants (au moins) sont morts dans la rue. Moyenne d'âge des morts de la rue : 49 ans). Moyenne d'âge nationale des décès : 82 ans (Collectif « Les morts de la rue »).

Libération, 8-4-15. Selon Liêm Hoang-Ngoc, économiste, maître de conférences à Paris 1, le profit des entreprises est de 23 % en 1983, 32 % en 2008 et 29 % depuis (2 points au-dessus de la moyenne des 30 glorieuses). Par contre, la part des profits consacrés aux dividendes des actionnaires (25 % dans les années soixante-dix) est de 85 % aujourd'hui (entreprises non financières). L'article de A. Cailhol note : la somme versée aux actionnaires augmente de 30 % entre 2013 et 2014 (56 MM euros) et retrouve son niveau d'avant-crise (57,1 en 2007). Variation du salaire mensuel de base : −0,1 en 2011, +0,9 en 2012, +1 en 2013, +1,4 en 2014. Pendant que le nouveau patron de Sanofi, Olivier Brandicourt, reçoit une prime d'embauche de 4 millions d'euros, les employés reçoivent une augmentation de prime de 6 euros par an.

Libération du 18-5-15. Salaires de patrons US : David Saslav, groupe de télé Discovery Communications : 136 millions d'euros ; Michael Fries, Liberty Global, cablo-opérateur : 112 millions d'euros ; Mario Gabelli, président du fonds Gansco Investors : 88,5 millions d'euros ; Satya Nadella, Microsoft : 84,3 millions d'euros ; Nicholas

Woodmann, caméras GoPro : 77,4 millions d'euros ; Larry Ellison, Oracle : 67,3 millions d'euros.

La Croix, 30-1 janvier 2016. Selon un rapport publié l'an passé par les autorités américaines, les États-Unis comptent plus de 600 000 SDF (dont près de 50 000 anciens militaires). Les hommes sont majoritaires (60 %) tout comme les minorités ethniques (40 % de Noirs, 20 % d'Hispaniques).

Le Monde 20-5-15. Le rapport sur l'emploi 2015 de l'OIT note que le salariat ne représente que la moitié de l'emploi dans le monde (20 % en Afrique subsaharienne et en Asie du Sud). Et dans l'emploi salarié, les contrats permanents à temps plein concernent 40 % des personnes, soit 20 % de l'emploi mondial. Le « reste », précaires et informels, représente 80 %. Selon R. Torres, directeur du département Recherche de l'OIT, ces emplois sont une « véritable trappe à pauvreté » s'ils ne sont pas pris en charge par les syndicats. Le chômage atteint 201 millions de personnes en 2014, et doit progresser pendant 5 ans. « L'investissement productif est en panne, les profits ne sont pas assez réinvestis et l'incertitude économique reste grande en raison notamment des risques géo-politiques ». « La grande volatilité des mouvements de capitaux contribue aussi à cette croissance en berne ».

Le rapport OXFAM 2015, publié à la veille du 46e Forum économique mondial de Davos, cité dans toute la presse à partir du 18 janvier 2016, annonce que le patrimoine des 1 % plus riches du monde dépasse désormais celui des 99 % de la population mondiale, il est de 50,1 % du patrimoine mondial. En 2010, 388 individus possédaient autant que la moitié de la population mondiale (3,5 milliards de personnes) ; en 2015 il en suffit de 62. Entre 2010 et 2015, la fortune des plus riches augmente de 44 %, le patrimoine des plus pauvres diminue de 41 %. Entre 2000 et 2015, la moitié la plus pauvre de la population a pris moins de 1 % de l'augmentation des richesses et les 1 % les plus riches ont pris 50 % de cette augmentation. À quoi servent les « crises » ?

– *La Faim*, Martin CAPARROS, Buchet-Chastel, 2015.

« 25 000 hommes, femmes, enfants meurent chaque jour de faim ou de malnutrition dans le monde. Aucun fléau, aucune épidémie, aucune guerre n'a jamais dans l'histoire de l'humanité exigé un tel tribut » (Note de l'éditeur). Entretien avec l'auteur :

> J'ai choisi chacun des pays où je suis allé parce qu'ils me permettaient d'illustrer les différentes mécaniques de la faim. Le Bangladesh me

montrait comment la faim est encore utilisée par certains patrons comme un instrument de contrôle. Le fait que des femmes supportent de travailler 12 h par jour, 6 jours par semaine pour un salaire mensuel de 35 euros ne peut s'expliquer que par la faim, même en travaillant elles ne mangent pas assez, et si elles ne travaillaient pas ce serait la mort. *Alternatives humanitaires*, n° 2, mai 2016, p. 179-181.

Le Monde 6-1-17, « Une retraite dorée à 3 100 euros par jour de l'ancien patron de Volkswagen ». Il était à la tête du groupe lors du traficotage des émissions carbone des moteurs diesel.

Le Monde (23/10/14), un journaliste du mensuel américain *The Atlantic* interroge Kate Crawford, chercheuse de Microsoft : Quel serait le signe de réussite le plus prisé pour les VIP de la Silicon Valley *? « Avoir son propre État-nation »,* répond-elle. Rêve narcissique de courte portée : les États-nations sont déjà devenus chiffes molles aux mains du capital.

Politis 13-4-17, selon Adeline HAZAN, Contrôleure générale des lieux de privation de liberté, il y a 69 430 détenus en France au 1-3-2017. Durant les derniers 25 ans, 30 000 places ont été créées, et le total de places disponibles est actuellement de 59 000. Macron a annoncé la construction de 15 000 places supplémentaires, F. Fillon 16 000 et M. Le Pen 40 000. Selon D. Fassin (*Le Monde* du 6 avril 2017), la population carcérale a plus que triplé au cours des 6 dernières décennies : « À mesure que l'État social s'est rétréci, l'État punitif s'est étendu au prétexte de répondre aux préoccupations d'une population manipulée par une rhétorique de la peur. »

Manières de voir, n° 156, déc. 2017-jan. 2018, 207 millions de personnes sont au chômage dans le monde. Soit l'équivalent des populations de la France, de l'Allemagne et de l'Italie réunies.

32 salariés de France Télécom (aujourd'hui Orange) se sont suicidés en 2008 et 2009…

Le Monde diplomatique, n° 577, déc. 2018, Kumi Naidoo, secrétaire général d'Amnesty International fait une sorte d'autocritique de son ONG, qui s'est battue pour la liberté politique sans porter une attention suffisante à l'égalité sociale, cependant que Claire Brisset dans le même numéro souligne que la Déclaration des droits de l'Homme le 10 décembre 1948 « donne le vertige », parce qu'elle garantit à peu près tous les droits politiques et sociaux.

BIBLIOGRAPHIE

ACHCAR Gilbert, *Marxisme, orientalisme, cosmopolitisme,* Sindbad, Actes Sud, 2015.

ADAM Rémi, « *L'ennemi principal dans notre propre pays* » *la question coloniale dans le mouvement ouvrier en France, 1830-1862,* Les bons caractères, 2013.

AGIER Michel, *Gérer les indésirables,* Flammarion, 2008

— Le maléfice de la race et le corps de l'indésirable, *Communications, 98,* 2016.

AGRIKOLANSKI Éric, FILLIEULE Olivier, MAYER Nonna, *L'altermondialisme en France, la longue histoire d'une nouvelle cause,* Flammarion, 2005.

ARBORIO AM, COHEN Yves, FOURNIER Pierre, HATZFELD Nicolas, LOMBA Cédric, MULLER S., *Observer le travail, histoire, ethnographie, approches combinées*, La Découverte, 2008.

ATD QUART-MONDE, *En finir avec les idées fausses sur les pauvres et la pauvreté, 2015.*

ATTAC, *Sortir de la crise globale,* La Découverte, 2009.

Par ici la sortie cette crise qui n'en finit pas, Les liens qui libèrent, 2017.

AUVRAY Tristan, DALLERY Thomas, RIGOT Sandre, *L'entreprise liquidée, la finance contre l'investissement,* Michalon, 2017.

BADIE Bertrand, VIDAL Dominique, *Nouvelles guerres, comprendre les conflits du XXIe siècle,* La Découverte, 2016.

BANERJEE Paola, Femmes et frontières dans l'Inde du Nord-Est, p. 215-228, dans FALQUET Jules, HIRATA Helena, KERGOAT Danièle, LABARI Brahim, LE FEUVRE Nicky, SOW Fatou, (sous la direction de) *Le sexe de la mondialisation*, Sciences Po Les Presses, 2010.

BACCHETA Paola, Réflexions sur les alliances féminines transnationales, p. 260-273, dans *Le sexe de la mondialisation.*

BANDT Jacques de, DEJOURS Christophe, DUBAR Alain, *La France malade du travail,* Bayard, 1995.

BARRON Pierre, BORY Anne, CHAUVIN Sébastien, JOUVION Nicolas, TOURETTE Lucie, *On bosse ici, on reste ici ! La grève des sans-papiers : une aventure inédite,* La Découverte, 2011.

BAZIN Laurent, « Le travail : un phénomène politique complexe et ses mutations conjoncturelles », *Politique africaine*, n° 133, mars 2014, p. 5-23.

BEAUD Stéphane, PIALOUX Michel, *Retour sur la condition ouvrière,* Fayard, 1999.

BELL Daniel, *Vers la société post-industrielle,* Robert Laffont, 1992.

BEROUD Sophie, BOUFFARTIGUE Paul, ECKERT Henri, MERKLEN Daniel, *En quête des classes populaires, un essai politique,* La Dispute, 2016.

BEROUD Sophie, « Sur la pertinence heuristique du concept de champ syndical », dans Maxime Quijoux, *Bourdieu et le travail,* Presses universitaires de Rennes, p. 323-340, 2015.

BEZANCENOT Olivier, LOWY Michaël, *Affinités révolutionnaires,* Mille et une nuits, 2014.

BIDET Jacques TEXIER, Jacques (sous la direction de) *La crise du travail*, PUF, Actuel-Marx, 1995.

BOGANDA Cyprien, *Le business des faillites,* La Découverte, 2015.

BONNEUIL Christophe, FRESSOZ Jean-Baptiste, *L'évènement anthropocène*, Seuil 2014.

BONNET Michel, *Regards sur les enfants travailleurs*, Page Deux, 1998.

BOUANAMA Saïd, *La tricontinentale, les peuples du tiers-monde à l'assaut du ciel,* Syllepse, 2016.

BOURDIEU Pierre, *Méditations pascaliennes,* Seuil, 1997.

— (sous la direction de) *La misère du monde*, Gallimard-Seuil, 1993.

BROWN Wendy, *Les habits neufs de la politique mondiale. Néo-libéralisme et néo-conservatisme,* Les prairies ordinaires, 2007.

BRYGO Julien, CYRAN Olivier, *Boulots de merde,* La Découverte, 2016.

BULARD Martine, Des grèves sans syndicat, *Le Monde diplomatique*, février 2017.

CABANES Robert, *Économie morale des quartiers populaires de São Paulo,* L'Harmattan, 2014
CARAWAY Tery L., FORD Michèle, Indonésie, « Vers un affaiblissement du pouvoir syndical dans la fixation du salaire minimum », *Chronique internationale de l'IRES*, n° 156, décembre 2016.
CASTEL, Robert, « Penser le changement, le parcours des années 1960-2010 », dans R. CASTEL, Claude MARTIN, *Changements et pensées du changement, Échanges avec R. Castel* La Découverte, 2012.
CHAMOUX Marie-Noëlle, Sociétés avec et sans concept de travail, *Sociologie du Travail, HS*, XXXVI, 1994, p. 57-69.
CLOT Yves, GOLLAC Michel, *Le travail peut-il devenir supportable,* A. Michel, 2014.
CLOT Yves *Travail et pouvoir d'agir,* PUF, 2008.
CLOT Yves, *Le travail à cœur,* La Découverte, 2010.
Collectif, *Marx politique,* La Dispute, 2015.
Collectif, *Remporter la bataille des idées,* Fakir Éditions, 2016.
Collectif, *Penser est un sport de combat, Manières de voir, Le Monde diplomatique*, 2014.
Communications, Pauvretés, sous la direction de Nicolas DUVOUX et Jacques RODRIGUEZ, n° 98, 2016, Seuil.
CORIAT Benjamin, *Le retour des communs,* Les liens qui libèrent, 2015.
CORM Georges, *Pour une lecture profane des conflits, Sur le « retour du religieux » dans les conflits contemporains du Moyen-Orient,* La Découverte, 2012.
COUTROT Thomas, *Libérer le travail, pourquoi la gauche s'en moque et pourquoi ça doit changer,* Seuil, 2018.
COURS-SALIES Pierre, LE LAY Stéphane (sous la direction de), *Le bas de l'échelle, la construction sociale des situations subalternes,* Ères, 2006.
CRITIQUE INTERNATIONALE, « La dépolitisation des organisations internationales », n° 76, juillet-septembre 2017.
CUKIER Alexis, GALLO LASSERE David, « Contre la loi travail et son monde : autonomie et organisation dans le long mars français », *Les Temps modernes*, n° 691, Nov-Dec 2016, p. 118-137.
CUKIER Alexis, *Le travail démocratique*, PUF, Actuel-Marx, 2018.

DARDOT Pierre, LAVAL Christian, *Commun, La Découverte,* 2014, *Ce cauchemar qui n'en finit pas, comment le libéralisme détruit la démocratie,* La Découverte, 2017.
DAVISSE Françoise, *Comme des lions (*film), 2016.
DEBOUZY Marianne, *Travail et travailleurs aux États-Unis,* La Découverte, 1984.
DEJOURS Christophe, *Le choix, souffrir au travail n'est pas une fatalité,* Bayard, 2015.
— *Situations de travail*, PUF, 2016.
— (sous la direction de) Plaisir et souffrance dans le travail, *Revue internationale de psychopathologie et psychodynamique du travail,* n° 36 et 37, 2017 (réédition de 1987).
DELCOURT Roland, *Droites militantes et mobilisations réactionnaires,* Syllepse, 2018.
DELMAS-MARTY Mireille, *Le travail à l'heure de la mondialisation,* Bayard, 2013.
DESCAMPS Philippe, Une grève historique chez Volkswagen, *Manières de voir*, n° 156, déc. 2017-jan 2018, p. 80-81.
DESCOLONGES Michèle, SAINCY Bernard, *Les nouveaux enjeux de la négociation salariale internationale,* La Découverte, 2006.
DETCHESSAHAR Mathieu (coord.), *L'entreprise délibérée, refonder le management par le dialogue,* Nouvelle cité, Grasse, 2018.
DETHYRE Roland, *Chômeurs, la révolte ira loin*, La Dispute, 1998.
DOLLEANS Édouard, *Histoire du mouvement ouvrier, T. 1,* A. Colin, 2° ed, 1939, p. 277.
DONGFANG Han, La Chine s'éveille à la contestation syndicale, *Manières de voir,* n° 156, déc. 2017-jan 2018, p. 82-85.
DRESSEN M, DURAND Jean-Pierre (org), *La violence au travail,* Octares, 2011.
DUNEZAT Xavier, PFEFFERKORN Roland, Articuler les rapports sociaux de sexe pour aller à contresens, *Raison présente,* n° 178, 2011.
DUPUY François, *Lost in management, Seuil, 2011, La faillite de la pensée managériale*, Seuil, 2015.
DURAND Marcel, *Grain de sable sous le capot, Résistance et contre-culture ouvrière sur les chaînes de montage Peugeot 1972-2003,* Agone, 2006.
DURIEUX Albert, JOURDAIN Stéphane, *L'entreprise barbare,* Albin Michel, 1999.

ENGELS Bettina, “Trade Unionism in Burkina Faso”, *Revue Tiers Monde*, n° 224, oct.-déc. 2015, p. 67–82.
ERDINC Isil, Discrimination syndicale en Turquie, *Travail et emploi*, n° 146, p. 101-123.
EULALIO Alberto, PASSOS Joao Fereira, *A historia de luta dos trabalhadores na Ford, Sao Bernardo do Campo 1981-2016,* Fundaçao Perseu Abramo, 2016.
FALQUET Jules, Un monde dominé par les hommes, jusqu'à quand ? (p. 129-135) dans Bertrand BADIE et Dominique VIDAL, *Qui gouverne le monde, L'état du monde 2017,* La Découverte, 2017.
FALQUET Jules, L'État néo-libéral et les femmes, le cas du « bon élève » mexicain, p. 229-242, dans *Le sexe de la mondialisation.*
FANTASIA Rick, Dictature sur le prolétariat. Stratégies de répression et travail aux États-Unis, *Actes de la Recherche en Sciences sociales*, 2001, n° 138, p. 3-18.
FANTASIA Rick, Kim VOSS, *Des syndicats domestiqués, répression patronale et résistance syndicale aux États-Unis,* Raisons d'agir, 2003.
FASSIN *Didier, La raison humanitaire*, une *histoire morale du temps présent,* Gallimard-Seuil, 2010.
FERGUSON, James, “Global Disconnect. Abjection and the Aftermath of Modernism,” in J. X. Inda et R. Rosaldo, *The Anthropology of globalization*, Malden/Oxford, Blackwell Publishing Ltd, 2002, pp. 136–153.
Fondation Copernic, *Répression et discrimination syndicales,* Syllepse, 2011.
FROISSART Chloé, L'émergence de négociations collectives autonomes en Chine, *Critique internationale*, n° 65, oct.-déc. 2015.
GEFFRAY Christian, *Anthropologie analytique de la valeur*, Hypothèses Arcanes, 2001.
GERTZ Isaac, M.CARNEY Brian, *Liberté et Compagnie, Quand la liberté des salariés fait le succès des entreprises,* Flammarion, Clés des Champs, 2016.
GINSBOURGER Francis, *La gestion contre l'entreprise,* La Découverte, 1998.
GIRARD_René, *Le bouc émissaire,* Livre de Poche, 1986.
GOMEZ Pierre-Yves *Penser le travail avec Karl Marx,* Nouvelle Cité, 2016.
GOMEZ, Pierre-Yves, *Le travail invisible, enquête sur une disparition,* Desclée de Brouwer, 2013.

GORZ André, *Adieux au prolétariat,* Galilée, 1980.
— *Métamorphoses du travail. Quête de sens,* Galilée, 1988.
GRUNTZ Lucile, Des chercheurs d'or aux diplômés chômeurs : émigration, travail et politique, *Politique africaine,* n° 133, mars 2014, p. 93-11.
HADD Tahar, « Grèce, nouveau bras de fer avec les créanciers internationaux : quels enjeux sociaux », p. 3-18 Chronique internationale de l'IRES, n° 159, septembre 2017
HÉRITIER Françoise, *Masculin-Féminin, la pensée de la différence,* Odile Jacob, 1996.
HOUELAND Camilla, "Casualisation and conflict in the Niger delta: Nigerian Oil Workers, Unions between companies and communities", *Tiers Monde*, n° 224, p. 25-46.
HAYEM Judith, Marikana : répression étatique d'une mobilisation ouvrière indépendante, *POLITIQUE AFRICAINE,* n° 133, mars 2014, p. 111-130.
JEFFERYS Steve, « Des syndicalistes britanniques toujours blacklistés, l'antisyndicalisme patronal au Royaume-Uni », *Travail et emploi*, avril-juin 2016, n° 146, p. 17-49.
JOUNIN Nicolas, *Chantier interdit au public,* La Découverte, 2008.
— *Marchands de travail*, 2014, Seuil.
JOUSSE Emmanuel, Les internationalismes ouvriers de 1864 à 1914, dans Éric ANCEAU, Jacques-Olivier BOUDON, Olivier DARD, *Histoire des internationales, Europe XIXe-XXe siècles,* Nouveau-Monde, 2017.
JULLIARD Jacques, *Autonomie ouvrière, étude sur le syndicalisme d'action directe,* Gallimard-Seuil, 1988.
KARAKIOULAFIS Cristina, Chronique internationale de *l'IRES,* n° 159, septembre 2017, « Grèce, nouveau bras de fer avec les créanciers internationaux : quels enjeux sociaux », p. 3-18.
KERFOURN François, PORTA Michel, *Le bonheur est dans la SCOP, un patrimoine d'expériences pour demain,* Les petits matins, 2016.
KERGOAT Danièle, « Comprendre les rapports sociaux », *Raison présente,* n° 178, 2011.
FALQUET Jules, HIRATA Helena, KERGOAT Danièle, *Le sexe de la mondialisation, genre, classe, race et nouvelle division du travail,* Presses Sciences Po, 2010.
LACY SWING W, VALLET Elizabeth, État des lieux des migrations dans le monde en 2015 et perspectives pour 2030, *Diplomatie,*

n° 31, Févr.-mars 2016, n° spécial coordonné par l'Organisation internationale pour les migrations.

LANXADE Thibault, VINCENT Jean-Louis, *Patronat, syndicats, stops, et encore !* Ed Le Cherche-Midi, 2017.

LAVILLE Jean-Louis, HOARAU Christian, *La gouvernance des associations,* Ères, 2008.

LAVILLE DELVIGNE Philippe, Camille SAIAH, Fonder sa légitimité par le plaidoyer ? *Tiers Monde, n° 224, oct.-déc. 2015,* p. 103-122.

LE GALL Jacques, *La question coloniale dans le mouvement ouvrier en France (1830-1962),* Les bons caractères, 2013.

LE GOFF Jean-Pierre, *Les illusions du management,* La Découverte, 1996.

LEROY Maxime, *La coutume ouvrière,* Ed CNT-RP, 1913, Paris, 2007.

LICHTENSTEIN Nelso, « Val-Mart, John Tate et le combat pour une Amérique sans syndicats », *Politique américaine,* n° *20,* 2012, p. 15-46.

LINHART Danièle, *La comédie humaine du travail*, Ères, 2015.

LORINO Philippe, *L'économiste et le manager,* La Découverte, 1989.

LUYENDJICK Boris, *Voyage en eau trouble,* Plon, 2016

MARTIN-CRIADO Enrique, CARVAJAJ-SORIA Pilar, « Répression et syndicalisme maison en Espagne », *Travail et emploi*, n° 146, p. 75-100.

MANSOUR Sandrine, La naissance des mouvements de femmes au Levant, p. 18-34, *Nouvelles Questions féministes*, vol. 35, n° 2, 2016.

MARUANI Margaret (sous la direction de), *Travail et genre dans le monde*, 2013.

— *Je travaille donc je suis, Perspectives féministes,* La Découverte, 2018.

MASSIAH Gustave, *Une stratégie altermondialiste,* La Découverte, 2011.

MAUGER Gérard, PELLETIER Willy (coord), *Les classes populaires et le Front national,* Ed du Croquant, 2017.

MEDA Dominique, VENNAT, *Le travail non qualifié*, La Découverte, 2004.

MERLE Marcel, « L'anticolonialisme », dans Marc FERRO, *Le livre noir du colonialisme,* R. Laffont, 2010, p. 815-861.

MISHI Julian, *Le communisme désarmé, le PCF et les classes populaires depuis les années 1970,* Agone, 2014.
– *Servir la classe ouvrière,* PUR, 2009.
MOULIER-BOUTANG Yann, *Le capitalisme cognitif, la nouvelle grande transformation,* Amsterdam, 2007.
MOUNK Yasha, *Le peuple contre la démocratie*, Livre de Poche, 2018.
MOUVEMENTS, *Syndicalisme transnational, s'organiser face aux multinationales,* La Découverte, automne 2018.
MUEL Bruno, *Week-end à Sochaux* (film) 1976.
MUSSO Pierre, SUPIOT Alain, *Qu'est-ce qu'un régime de travail réellement humain ?* Hermann, 2018.
NDIAYE Pap, *La condition noire, essai sur une minorité française*, Calmann-Lévy, 2008.
OGILVIE Bertrand, *Le travail à mort,* L'Arachnéen, 2017.
PEZÉ Marie, *Ils ne mouraient pas tous, mais tous étaient frappés,* Pearson, 2008.
PIALOUX Michel, COROUGES Christian, *Entretiens,* Agone, 2016.
PERELLI A., Un nouveau paradigme pour le droit du travail entre néo-libéralisme et néo-laborisme, *Revue de droit social*, n° 12, déc. 2015.
PINÇON Michel, PINÇON-CHARLOT Monique, *La violence des riches, chronique d'une immense casse sociale*, La Découverte, 2014.
PIOTTE Jean-Marc, *La pensée politique de Gramsci,* Anthropos, 1970.
PLIHON Dominique, *Trois décennies de crises financières et économiques,* Encyclopedia Universalis, 2013.
PRICE-JONES Gareth, *Alternatives humanitaires*, n° 2, mai 2016, p. 58.
POPELARD Alland, VANNIER Paul, « Renaissance des travaillistes au Royaume-Uni », *Le Monde diplomatique,* avril 2018.
PUDAL Bernard, *Un monde défait. Les communistes français de 1956 à nos jours,* Éd. du Croquant, 2009.
VAL Philippe, *Malaise dans l'inculture,* Grasset, 2015.
QUIJOUX (sous la direction de) *Bourdieu et le travail,* Presses universitaires de Rennes, 2015.
— *Revue internationale du Travail*, L'architecture de la gouvernance mondiale du travail, vol. 155, n° 3, 2016.
— *Adieux au patronat,* Éd. du Croquant, 2018.

REVELLI Philippe, Les « maquilas » ces zones de non-droit au Guatemala, *MANIÈRES DE VOIR*, n° 156, p. 50-53.

ROCARD Michel, *Suicide de l'Occident, suicide de l'humanité,* Flammarion, 2016.

ROZENBLATT Patrick, *Razzia sur le travail, critique de l'invalorisation du travail au XXIe siècle,* Syllepse, 2017.

SASSEN Saskia, *Expulsions, brutalité et complexité dans l'économie globale,* Gallimard, 2016.

SCHWARTZ Olivier, *Zone d'instabilité dans la culture ouvrière*, Autrement, 1992.

SENNET Richard, *Le travail sans qualités,* Albin Michel, 2000.

SERRANO Melisa R, « Stratégies syndicales face à la montée de l'emploi non standard », *Chronique internationale de l'IRES*, n° 156, décembre 2016.

SEZNEC Erwan, LE SAINT Rozeen, *Le livre noir des syndicats,* Robert Laffont, 2016.

Socialisme ou barbarie, anthologie, Acratie, 2007.

STANDING Guy, « Le précariat, les dangers d'une nouvelle classe », Éd. de l'Opportun, 2017.

SUPIOT Michel, *Au-delà de l'emploi,* Flammarion, 1999 et 2016.

— *L'entreprise dans un monde sans frontières. Perspectives économiques et juridiques*, Dalloz, 2015.

TALPIN Julien, *Community organizing, De l'émeute à l'alliance des classes populaires aux États-Unis*, Raisons d'agir, 2016.

THIBAULT Bernard, *La troisième guerre mondiale est sociale,* Éditions de l'Atelier, 2016.

THORNOS Ghislaine, *Le salaire de la vie,* Don Quichotte, 2014.

Travail et emploi, 2016/2 (n° 146), Discriminations syndicales et formes d'antisyndicalisme dans le monde.

TRENTIN Bruno, *La cité du travail, le fordisme et la gauche,* Fayard, 2012.

VALEYRE A., LORENS E., Les formes d'organisation du travail dans les pays de l'Union Européenne, *Travail et emploi,* n° 102, avril-juin 2005, p. 91-105,107 et 239.

VAZ CABRAL G., *La traite des êtres humains, réalités de l'esclavage contemporain*, La Découverte, 2006.

VENTURA Christophe, « Uruguay, au pays des conquêtes syndicales », *Le Monde diplomatique*, octobre 2015, p. 16-17.

VIGNA Xavier, *Histoire des ouvriers de France au XXe siècle,* Perrin, 2012.

VIGNA Xavier, *L'insubordination ouvrière dans les années 1968, Essai d'histoire politique des usines,* Presses universitaires de Rennes, 2007.

YOUSFI Héla, *L'UGTT, une passion tunisienne, Enquête sur les syndicalistes en révolution (2011-2014),* IRMC-Kartala, 2015, p. 155.

ZANCARINI-FOURNEL Michèle, *Les luttes et les rêves, une histoire populaire de la France de 1685 à nos jours,* Zones-La Découverte, 2016.

Structures éditoriales du groupe L'Harmattan

L'Harmattan Italie
Via degli Artisti, 15
10124 Torino
harmattan.italia@gmail.com

L'Harmattan Hongrie
Kossuth l. u. 14-16.
1053 Budapest
harmattan@harmattan.hu

L'Harmattan Sénégal
10 VDN en face Mermoz
BP 45034 Dakar-Fann
senharmattan@gmail.com

L'Harmattan Cameroun
TSINGA/FECAFOOT
BP 11486 Yaoundé
inkoukam@gmail.com

L'Harmattan Burkina Faso
Achille Somé – tengnule@hotmail.fr

L'Harmattan Guinée
Almamya, rue KA 028 OKB Agency
BP 3470 Conakry
harmattanguinee@yahoo.fr

L'Harmattan RDC
185, avenue Nyangwe
Commune de Lingwala – Kinshasa
matangilamusadila@yahoo.fr

L'Harmattan Congo
67, boulevard Denis-Sassou-N'Guesso
BP 2874 Brazzaville
harmattan.congo@yahoo.fr

L'Harmattan Mali
ACI 2000 - Immeuble Mgr Jean Marie Cisse
Bureau 10
BP 145 Bamako-Mali
mali@harmattan.fr

L'Harmattan Togo
Djidjole – Lomé
Maison Amela
face EPP BATOME
ddamela@aol.com

L'Harmattan Côte d'Ivoire
Résidence Karl – Cité des Arts
Abidjan-Cocody
03 BP 1588 Abidjan
espace_harmattan.ci@hotmail.fr

Nos librairies en France

Librairie internationale
16, rue des Écoles
75005 Paris
librairie.internationale@harmattan.fr
01 40 46 79 11
www.librairieharmattan.com

Librairie des savoirs
21, rue des Écoles
75005 Paris
librairie.sh@harmattan.fr
01 46 34 13 71
www.librairieharmattansh.com

Librairie Le Lucernaire
53, rue Notre-Dame-des-Champs
75006 Paris
librairie@lucernaire.fr
01 42 22 67 13

www.ingramcontent.com/pod-product-compliance
Lightning Source LLC
LaVergne TN
LVHW050652051026
849532LV00002B/618